何兆武文集

# 杂草集

## 西方思想史散论

何兆武 著

何兆武文集

北京大学出版社
PEKING UNIVERSITY PRESS

图书在版编目 (CIP) 数据

杂草集：西方思想史散论 / 何兆武著 .—北京：北京大学出版社，2019.1
（何兆武著作集）
ISBN 978-7-301-29963-0

Ⅰ.①杂… Ⅱ.①何… Ⅲ.①思想史–西方国家–文集 Ⅳ.① B5-53

中国版本图书馆 CIP 数据核字 (2018) 第 233782 号

| | |
|---|---|
| 书　　名 | 杂草集：西方思想史散论<br>ZACAOJI：XIFANG SIXIANG SHI SANLUN |
| 著作责任者 | 何兆武　著 |
| 责 任 编 辑 | 刘书广　张晗 |
| 标 准 书 号 | ISBN 978-7-301-29963-0 |
| 出 版 发 行 | 北京大学出版社 |
| 地　　址 | 北京市海淀区成府路 205 号　100871 |
| 网　　址 | http://www.pup.cn　新浪微博：@ 北京大学出版社 |
| 电 子 信 箱 | zpup@ pup.cn |
| 电　　话 | 邮购部 010-62752015　发行部 010-62750672<br>编辑部 010-62755217 |
| 印 刷 者 | 北京中科印刷有限公司 |
| 经 销 者 | 新华书店 |
| | 650 毫米 ×980 毫米　16 开本　18.5 印张　266 千字<br>2019 年 1 月第 1 版　2022 年 5 月第 2 次印刷 |
| 定　　价 | 69.00 元 |

未经许可，不得以任何方式复制或抄袭本书之部分或全部内容。
**版权所有，侵权必究**
举报电话：010-62752024　电子信箱：fd@pup.pku.edu.cn
图书如有印装质量问题，请与出版部联系，电话：010-62756370

1980年代在美国

2005 年在清华（秦颖摄影）

# 目 录

## 辑 一

**西方哲学精神**　3
第一讲　西方哲学概述　3
第二讲　西方古代哲学　27
第三讲　中世纪和近代的西方哲学　52

## 辑 二

"从身份到契约"
　　——重评梅茵的公式　79
卢梭和他的《社会契约论》　94
卢梭《论科学与艺术》及其他　98
激进与保守、革命与改良
　　——读柏克《法国革命论》　108
评柏克的《法国革命论》
　　——两百年后的再思考　114
关于柏克《法国革命论》
　　——我的一点答复和意见　127
天赋人权与人赋人权
　　——卢梭与柏克　131
自然权利的观念与文化传统　140

## 辑 三

孔多塞《人类精神进步史表纲要》译序　159
卡尔·贝克尔《18世纪哲学家的天城》译序　164
梅尼克《德国的浩劫》译序　166
读G.E.史密斯的《人类史》　179
盖伦和他的《科技时代的心灵》　183
原子、历史、伦理
　　——读《费米传》书后　187
读杜兰《世界文明史》　195
谈有关西方文化史的介绍　201
当代西学翻译与出版的病灶　205
致孙开太同志书　209
记《中国思想发展史》阿拉伯文译本的出版　211

## 辑 四

"中学"与"西学"
　　——从李陵说起　217
谈中学与西学
　　——和清华大学中西文化综合班的谈话　223
中西文化与全球化　245
中西文化交流与近代化　261
中学、西学与近代化　272
展望新世界的世界和平和世界文化
　　——在第24届世界和平国际会议上的发言　280

辑 一

# 西方哲学精神

## 第一讲　西方哲学概述

这门课讲三次,实际上是概述的性质,并不是一门整课,因为一门课要讲一个学期或者一个学年,现在我们只讲三讲。我考虑这三讲应该怎么讲,恐怕只能等于是一个概述的性质。特别是我希望和大家能够有一个交流,所以一次两个小时,一个半小时我讲,半个小时大家提问题,免得像是灌输一样。如果灌输就意思不大了,教科书上都有,没有必要老师在这里灌输,最好是有一个交流。我想把这个课分成三讲,今天的第一讲序论,就是一个概述,或者说是一个前言,是一个引子,或者说是中国旧小说里的"楔子"。第二讲讲传统哲学、传统的西方哲学精神。第三讲是近代西方哲学精神。近代和传统之间应该划分为两个时期,为什么这样划分,我们下一讲再讲。今天就只谈西方哲学精神的绪论。本来这个课的名字不是我安排的,我假定同学们都没有正式上过西方哲学这门课,所以我从头来讲。至于"精神"这两个字却不是我加的,是安排课程的人加的。大概觉得加这两个字更好一点,其实讲的内容就是对于西方哲学的一个简单的介绍。今天讲的是绪论,讲一下西方哲学大概都是一些什么内容,再着重介绍一些参考书。

一

中国古代没有"哲学"这个词,我们中国古代叫做"道学",有的叫做"理学",也有的叫做"玄学"。"道学"就是讲"道",实际上也是讲"哲学",

但是中国古代叫做"道学"。后来有的叫做"理学"。"理学"就是"道学"。在魏晋的时候，大家讲"玄"，所以也叫"玄学"。我们到近代才用"哲学"这个词。这个词是从西方来的，源于希腊文的 philosophy，philo 是爱，sophia 是智慧，所以 philosophy 这个词从词义上来说就是"爱智"。在明朝末年的时候，这个词最早从西文翻译成中文，那个时候天主教的传教士把这门学问叫做"爱智学"或者"爱知学"。智就是知，智慧也要有知识，没有知识就不会有智慧。

大家知道，我们对于西方的知识有很大一部分都是清朝末年从日本转手而来的。19世纪60年代，日本经过了明治维新的阶段。日本原来和中国一样，也是一个闭关锁国、落后的国家，后来当西方的势力打进来之后，日本进行了变法维新，采取一种新的制度。所谓新的制度，简单地说就是学习西方，或者日本人所说的"脱亚入欧"。日本的明治维新成功了。中国到了19世纪末年（清朝末年）的时候，也觉得自己落后了，也要变法维新，那么就有个现成的样板，这个样板就是日本。所以中国的学生大量去日本，结果从日本转手介绍了很多西学。一直到20世纪的30年代，我们有很多关于西方的知识，包括关于马克思主义的知识都是从日本转手的，所以很多词大多是从日本人那里转译过来的。

哲学的"哲"字，也是从日本人那里翻译而来的。日本人为什么叫它"哲学"，我不太清楚。不过中国有一句古话，叫做"知人者明，自知者哲"，你了解别人就是"明"，你了解自己就是"哲"，这就是中国俗话所说的"明哲"。为什么用"哲"这个字呢？我的推想是这样的：大家知道有一个故事，说是古希腊的时候，雅典有一个德尔斐（Delphi）神坛。这个神坛是纪念太阳神阿波罗（Apollo）的，是最有名的神坛。雅典人有什么事情往往就先到神坛去祈祷，神坛就给他一个神谕、一个指示。有人曾到神坛去祈祷，问："谁是雅典最聪明的人？"神坛就传谕说："苏格拉底是全雅典最聪明的人。"大家知道，苏格拉底（Socrates，公元前468—前399）是西方哲学的祖师，他的地位相当于我们中国的孔子，是最早、最大的圣人。苏格拉底知道这个说法以后，觉得他自己并没有什么学问，没有什么知识，为什么他是最聪明的人呢？他就跑去问了很多人，和很多人谈话，谈话的结果是他发现那些人一点知识都没有，但是都自以为自己非常有知识。他说只有我知道我自己什么都不知道，我知道我自己一无所知，在这一点上，我比所有的人都聪明。所以苏格拉底的教训最重要的就是——你应该知道你自己(know yourself)。大概哲学就是这么讲起来的。

西方哲学的精神和中国的传统精神有一点不同：中国的传统精神特别注重伦理道德、特别注重一个人的修养和德性；西方的哲学传统相形之下似乎更强调的是认识，是知识和论证。应该指出的是，这两个东西并不是截然分开的，并不是说你重视知识就不要德行，有德行就不要知识，但是毕竟有所偏重。有的人更重视知识，有的人更重视德行。中国传统的哲学精神始终似乎都是特别重视德行，而西方的传统更重视知识，这一点可以说是西方哲学的精神。

这里再说明一下，"西方"这个词，在过去，从19世纪一直到1949年，到我这一代作学生的时候，那时都叫做"西洋"，叫"西洋史""西洋哲学"，而不叫"西方哲学"。"洋"字和"方"字的意思似乎有一点不同。你要说"方"字，那是个地理的概念，你在西方我在东方，这是地理的概念。如果是说"西洋"的话，那是对"东洋"而言，"东洋的精神""西洋的精神"，这里文化的涵义更多一点，不但是个地理的概念，而且是个文化的概念。但是1949年以后一般都用"西方"，不用"西洋"了。大家知道，你要说东方、西方，这两个词是eastern, western, 如果带有文化内涵的话，那么东方是Oriental, 西方是Occidental。

什么叫做哲学，我刚才介绍了第一种定义，哲学按字面说就是"爱智学"，智慧就要有知识，所以任何知识都是哲学。在西方，一直到中世纪，学问叫哲学。所以一直到今天，很多的博士都是哲学博士(Ph. D.)，就是Doctor of Philosophy, 还是在用传统的意义，就是什么知识都是哲学。后来科学发达了，哲学的地盘就越来越小，因为知识都专业化，各个领域就都给别人了。但是哲学是不是还保留有它自己的领域呢？到了近代，就有了另外一种观念来界定哲学。我们对于外界有很多知识。比如说冰是冷的，火是热的，这是我们对外界的知识。我们的知识就是科学，科学(science)一词本求就是指知识(scientia)。我们的科学可以说是我们的知识，比如说水到100℃就沸腾了，水到0℃就变成冰了，这是我们的知识。科学是研究什么的呢？科学是研究我们所认识的世界的。水也好、火也好、任何现象也好，都是我们研究的对象。就是说客观世界所存在的东西都是我们研究的对象，这个知识就是科学。那么应该还有一种学问，这种学问的研究对象不是我们的具体知识,不是研究水在多少度结冰、多少度沸腾,这种知识所研究的对象就是我们的知识、我们的科学,这种学问就叫做哲学。换句话说,哲学是科学的科学(the science of science)。我们有各种具体知识,比如说我们对于人的生理的知识(the science of the body),或者我们对于地球的知识(the science of the Earth)。哲学的研究对象不是任何具体的知识,而是科学,就是研究我们的知识是如何成立的,这应该是两个不同的层次。

"哲学是科学的科学"或"研究科学的学问",这个定义如果对于西方的某一派哲学来说,是很确切的。因为西方的哲学很多走的是知识的道路,或者说走的是逻辑的道路,走的是推论的道路。但是这个定义如果放到中国的传统中来说,就不太适合了。因为中国哲学强调的是道德修养。道德修养当然也可以作为一种知识来研究,但它本身不是一种知识。比如说《孟子》中讲人的道德是天生的,举了一个有名的例子:一个人看到一个小孩掉在井里,他马上就去把他拉上来。为什么去拉他呢,并不是因为你拉他,你就可以发财,也不是大家会赞美你,你就有了好名声。不是为了名,也不是为了利。你之所以要把小孩拉上来,孟子说是因为"恻隐之心,人皆有之"。"恻隐之心"就是同情心,这种同情心是天生的,是每一个人内心中都有的。道德是一种先天的东西。孟子仅仅举了这么个例子。中国的哲学不太追究例子能否成立,我们完全可以举出相反的例子。前几年报道了一件事,四川一个地方有人掉到水里,就呼救,岸边上的人先讲价钱,给多少钱才去救,不给多少钱就不去救。我们完全可以举和孟子相反的例子。换句话说,你的知识怎么样才能够成立,就是说,你这个推理是怎么成立的,这一点在中国不太重视,而在西方哲学中比较重视。这一点可以说是中国哲学和西方哲学的不同。

二

下面,我要明确一个观念,就是从清朝末年起,一直到1949年,在中国的思想界有一个争论,争论中学与西学的关系。中国有中国的学问,西方有西方的学问。中学和西学是指什么,有什么关系?大家知道最有名的一个口号就是"中学为体,西学为用",即"中学"是本体,"西学"是拿来应用的。这个本体不能变，但是用起来还要用"西学"。这个理论最有名的代表人物是清朝末年的张之洞。这个理论虽然不是他首先提出来的，但是是在他那里成熟的。张之洞做过湖广总督、军机大臣，是大官僚，而且是清朝末年洋务派的代表。

18世纪末年，英国曾经派一个使臣马嘎尔尼到中国来见乾隆皇帝。当时英国已经是世界上最大的商业贸易国家。马嘎尔尼到中国是希望打开中国的市场，他到中国来后就要求见乾隆。乾隆有一个谕旨，说我们中国是一个天朝上国，是个大国，我们什么东西都有，根本不稀罕你们外国的玩意儿，如果我们允许你来，是表示我们的宽大，并不是我们需要你们什么东西。这是当时中国的心态。中国认为自己的文化在全世界最发达，中国不了解世界，对世界其他国家也看不起。

但是到了1840年鸦片战争以后，情况就完全变了。1840年的鸦片战争，中国打了败仗，不但割地、赔款，还五口通商，订了《江宁条约》，也叫《南京条约》。《南京条约》割地赔款，丧权辱国。鸦片战争之后，英法联军又火烧圆明园。本来圆明园是皇帝的行宫，按照清朝的体制，正式的宫殿在城里，就是今天的故宫。但是皇帝一年四季很少真正住在宫里，都是住在别墅。这相当于法国的凡尔赛宫，本来是皇帝的离宫。他住在这里，因为这里面有风景，住在宫里面没意思。所以除了重要的事情，如过年、大典，他才住在宫里，一般他都住在圆明园里。圆明园被烧了之后，慈禧太后就扩建颐和园，慈禧大部分时间都在颐和园里。所以戊戌变法的时候，光绪每天要跑到颐和园去向慈禧请示。接着，中国连续打败仗，一直到最后八国联军把北京都打下来了。

这个时候，很多人都觉悟到中国的体制不改不行了，还是原来的老一套，不能够应付现在的世界。所以中国也想变法维新，最有名的就是1898年康有为的戊戌变法。戊戌变法最重要的内容就是要学习西方的体制、思想和学术。当时中国很多人都想，中国为什么会失败呢？中国是一个天朝上国，为什么会打不过洋鬼子？因为洋人的船坚炮利，它的船结实，它的炮厉害，中国没有船坚炮利，所以会失败。中国要打败洋鬼子，非得也船坚炮利不可。所以当时的口号叫做"师夷之长技以制夷"。"师夷"就是把夷人当作老师，学习西方的长技、优点来对付西方人。师夷之"长技"是什么呢？无非是船坚炮利，所以中国一开始也得学"船坚炮利"，没有船、没有炮,你就没有办法对付外来的侵略者。但是经过了一段时期以后,就觉得光是船坚炮利并不够,因为船坚炮利得要有基础知识。数学、物理、化学知识都没有,你怎么造船造炮。造火药要有化学知识,造船、开炮总得有点物理学、数学的知识。所以基础的科学知识还是需要的。戊戌变法最重要的一点就在于它的认识又进了一步,光是学习西方的技术也不行,光是学习西方的科学也不行,因为科学和技术是一定社会条件下的产物,社会体制若是和它不配套,你就不可能有孤立的科学和技术。科学技术是社会的产物,必然要求社会制度与之配套。可以说,它是一套系统工程。比如过去是科举制度,要背四书五经,考及格就可以做官发财,否则一个知识分子就没有出路。所有的知识分子都学习四书五经,好不好是另外的问题。但是这个东西没法现代化,你就把经书背得烂熟也不能建立起一个现代化的国家。要建立现代化的国家一定要有现代的科学技术。那么我们的教育、考试体制就得变,所以后来就废科举、兴学校。废科举就是不采用八股文的考试形式,而是建立现代化的学校,包括京师大学堂,那是戊戌变法的产物。这已经认识到社会体制的改变才是关键所在。

但是在戊戌变法失败之后,中国人的认识又提高了一步,就是认为社会体制的改变还不够,我们的思路或者说思想方式也要改革或革新。所以,从清朝末年起,西方的哲学、文学就开始进到中国来,因为没有这些东西也不行。你不能只学他的物理或数学,数学和物理也不是孤立的,是和整个社会与思想意识配套的。社会也不是孤立的,它还有思想背景,你得有一套思想背景和这个社会配套,这个时候就出现了"中学"与"西学"之争。"中学"就是指中国传统的学问,孔孟之道,讲仁义道德。"西学"是什么?最开头是声光化电,后来内容也不断地改变。我们刚才讲了提出"中学为体,西学为用"口号的最有名的代表人物就是张之洞。"中学为体,西学为用",就是说,中国传统的政治社会体制还是不能变,叫做"中学为体",把"中学"作为一个体,把"西学"作为一个用,我们应用的技术是"西学",但是我们的"体"还是要保持中国的传统之体。这个"体"究竟指什么东西?我觉得在"张之洞"的理解里是非常明确的,那就是中国传统的"三纲五常":君为臣纲、父为子纲、夫为妻纲。比如专制君主是神圣的,他是绝对的权威、绝对的领导,所有的臣民都应该服从他,都应该向他效忠,这就叫"君为臣纲"。因为这个体制一变的话,他的政权就没有了。当年戊戌变法的时候,梁启超提倡民权。当时戊戌变法有一个中心在湖南,湖南巡抚是陈宝箴,他是在全国最早推行新学的当权者,在湖南办了一个学堂叫时务学堂。"时务"意思就是注重现实,反对传统的经书,请了梁启超做总教习。梁启超提倡"民权平等之说",认为人民有权,应该平等,遭到反对派的攻击。他们反对说,"民有权则君无权矣",问题在于权究竟应该归谁,提倡民权,那么皇帝还有没有权?在他们看来,君为臣纲,皇帝的权是绝对的。换句话说,他们要维护君主专制的制度,所以权一定要归皇上,而不能归下边。

这一点要附带作一个说明。我们的思想往往只能采取语言的形式,我们用语言来表达思想。可是用语言来表达,也有一个缺点,就是往往内容已经变了,可是我们的语言还没有变,所以这里边就出现了一个理解的问题,或者用现在的话来说,就出现了一个解释学的问题。语言是同样的,可是内涵已经完全不同了。比如在经济学里面,早些时候,"保守"指的是要求完全由市场来调控经济,反对一切国家的干预。凯恩斯主义盛行很长时期,变成经济学的主流后,"保守"指的则是坚持认为必须有国家力量的干预,经济领域不能完全由市场说了算。字义完全不变,可是内涵却完全不同了。中学与西学的问题也有这个问题。

什么是中学?什么是西学?再作一点更多的解释。20世纪30年代的时候,冯友兰先生(现在已经去世了)在清华教中国哲学史,写了一本《中国哲学史》,是当时有名的学术著作,也是当时我们的标准教材。写完之后,学校要两个老师写审查报告,这两位老师,一个是陈寅恪先生,是老一辈史学家,另外一个是金岳霖先生,是老一辈哲学家。金先生有一段话,我现在介绍给大家,借以说明这个问题。金先生说:有没有一个东西叫做"中国哲学"?我们说有一个人写了一本书,叫做《英国物理学史》,那么是不是有一个东西叫做"英国物理学"?严格地说,没有一个东西叫做"英国物理学",因为我们没有所谓"法国物理学""德国物理学",也没有"中国物理学"。物理学就是物理学,没有所谓"英国物理学"。那么"英国物理学史"这个意思是不是不通呢?也通。这个所谓的"英国物理学史"确切的意思是指物理学在英国发展的历史,而不是有一个东西叫做"英国物理学"。这个分辨是很值得我们思考的。并不存在英国物理学,全世的物理学都一样，比如说牛顿万有引力定律对全世界都一样，在中国也一样有效，无所谓英国物理学我们中国人不能用、牛顿万有引力定律我们中国不能学，真理是放之四海而皆准的。牛顿是英国人，他提出万有引力定律，最初是在英国提出的，写英国物理学史的时候可以提上一笔，但是牛顿的东西可不是英国物理学。大家知道，牛顿的物理学体系是在17世纪提出来的，但是18世纪的时候在法国非常之流行，实际上牛顿体系的弘扬，法国人比英国人做出了更大的贡献。18世纪的法国学者（分析学派）都是引用牛顿的物理学来解释一些物理问题，所以法国分析学派对牛顿物理学的贡献比英国人要大得多。牛顿的万有引力定律算不算英国物理学？应该说：它就是物理学，而不是什么英国物理学。我们如果写一本《英国物理学史》，是写物理学在英国的历史，而不是写"英国物理学"的历史。这个问题对于物理学比较好解释，对数学也好解释。英国数学史是指数学在英国的历史，中国数学史是指数学在中国的历史，并不是说有一门数学叫"中国数学"，另有一门数学叫"英国数学"，2加2等于1。中国数学是2加2等于4，英国数学也是2加2等于4。这里无所谓中国数学、英国数学。如果问2加2等于4是英国数学还是中国数学，这种话是没有意义的。比如一个英国人学习几何学的三角形，英国的几何学说三角形 $ABC$，你们看清朝末年的书，中国的几何学不说 $ABC$，而是说甲乙丙，那么是不是一个三角形甲乙丙就是中国的几何学？三角形 $ABC$ 就是英国的几何学？几何学作为几何学是一样的，中国文字和英国文字不一样，但是几何学的内容都是一样的。不能说你的三角形内角之和等于两个直角，我的三角形内角之和等于三个直角。不会发生这样的问题。几何学的内容完全一样，不一样的是它所使用的文字，换句话说就是没有"中国几何学"。如果说"中国几何学"，那只能是说几何学在中国。

现在我们的问题就不光是几何学或者物理学的问题，我们把它转换一下，有没有中国哲学？有没有西方哲学？这就似乎比较难以回答。因为有的人认为有中国哲学，中国哲学和西方哲学不一样。有的人认为没有中国哲学，哲学就是哲学，只不过是用不同的文字来表述而已。我要说明一下，这一点在1949年前后重点有所不同。在1949年前有很多学者倾向于认为中国哲学有中国哲学的特色，所以确实有中国哲学，西方哲学有西方哲学的特色，所以确实有西方哲学。但是1949年后反而有一点不同了,50年代的时候推行"全面学习苏联",那时的教科书都是苏联的教科书,苏联的哲学教科书对我们的影响是非常之大的,大家都是用苏联的教本,都按苏联的讲法。苏联的讲法引用恩格斯的经典定义:哲学的根本问题就是思维对存在的问题。认为思维是第一性的就是唯心,认为物质是第一性的就是唯物。如果是这么说的话,那就无所谓中国哲学和西方哲学。任何国家的哲学的根本问题都是思维对存在的问题,你认为思维是第一性的你就是唯心论,你认为思维是第二性的、物质是第一性的你就是唯物论。哲学的根本问题就是唯物对唯心的问题。后来又进了一步,不但是观点的问题,还有方法的问题。在思想方法上就是辩证法的和形而上学的对立。你是形式推理,非此即彼,这种方法就是形而上学;相反,如果你采取另外一种灵活的方式,认为矛盾双方是统一的,那么就是辩证的。所谓哲学的根本问题就是两个问题:一个是唯心论对唯物论,另一个就是形而上学对辩证法。

下面,关于方法论再补充一点,这就是中国哲学和西方哲学双方的不同。或者更精确地说,就是哲学在中国和哲学在西方的不同。究竟有没有"中国哲学"这个问题另作别论。我们暂时这么用:哲学在中国,哲学在西方。哲学在中国和哲学在西方有一点不同。哲学是 philosophy,这个词如果变成动词就是 philosophize,就是怎么样进行哲学推论,或者变成名词化就是 philosophizing。有的哲学比较重视结论,有的哲学比较重视推论。我随便举个例子,比如说信宗教的人认为上帝存在,无神论者就认为上帝不存在,那么这个就是有神论对无神论,也可以说是唯物论对唯心论。因为有神论当然是唯心论,无神论就宗教信仰来说它是唯物论的,这是结论。但是有的人的研究重点不在于结论,而在于推理。他感兴趣的不是上帝是否存在这个结论,他最感兴趣的是你怎么推论出来上帝是否存在的,他对推论的过程要比对结论更重视。一个是结论是什么,另一个是你是怎么样推出来的。推论过程就是 philosophizing,你是怎样对它进行哲学加工的。比如说,认为上帝存在的人可以有这样的推论:你看世界真奇妙极了,如果没有一个伟大的智慧,世界怎么能够这么奇妙?这个推论就是说,因为世界真奇妙,所以一定是后面有一个伟大的智慧安排好了的,不然怎么会这样。英国著名物理学家 James Jeans 是 20 世纪 40 年代去世的,他最喜欢说的一句话是:上帝是一位数学家。为什么?你看,到处都是按数学的关系安排的，极其精确的数学关系摆在那里。为什么会这样。只能认为是有一个最伟大的数学家在那儿设计的，不然的话，它怎么会那么精确。我们知道，古希腊也有一句谚语，叫做 God geometrizes everywhere。希腊人认为，上帝把全世界都纳入了一个几何的模型，世界上任何事物都有一个几何的关系，好像是上帝把几何学的规律安排到一切事物里。一个有神论者可以说上帝是一个数学家，他的推论是这么来的：因为宇宙是这么奇妙、世界是这么奇妙，所以说必定一个伟大的智慧在安排，这个智慧就是上帝。而一个无神论者则可以这么说：你什么时候看见了上帝、你什么时候摸到了上帝？上帝看不见、摸不到，所以它是不存在的。存在的东西我们总可以看得见、摸得着。这是一个桌子，我们看见了这是一个桌子，或者我闭上眼睛摸到这是一个桌子，假如你看不到也摸不着这个桌子，你怎么说这个桌子存在？这也是一种 philosophizing，是一个推论的过程。就是说看得见、摸得着的才能认为它存在，看不见、摸不着的就不能认为它存在。反过来，有神论者又可以这么答复说：上帝就是看不见、摸不着的，你不能想象上帝是一块石头，石头可以看得见、摸得着。在古希腊就已经有了这类辩论。古希腊有一个辩士说：人总是把上帝看成是人的样子，那么一个公鸡就想象上帝是公鸡的样子了，而上帝本来就不存在什么样子，要你能看得见、摸得着。神灵是无形的，你看不到他的样子，他没有什么样子。这也是一种 philosophizing，是一个推论的过程。

有的人重视结论，你是唯心论，他是唯物论，这个说唯心论要打倒，那个说唯物论是错误的。有的人不在乎结论，只在乎推论过程，你的推论如果合理，他就不管你结论是什么。我们有很多东西都是这样，比如说在数学上，我们没有预先假定的结论，我们都只是去推论，推出结果是什么就是什么，比如说最后证明 $a$ 等于 $b$，就是等于 $b$，证明 $a$ 不等于 $b$，那它就不等于 $b$。这完全看你的推论，至于结论是什么，一个数学家并不太关心也不预设一个结论。因为那个和数学本身没什么关系，他重视的是推论过程。可是有的人就重视结论，在现实生活中，这一点就更突出。比如说袁世凯做皇帝的时候先要制造一个舆论，这也可以说是一个 philosophizing 的过程。本来中国已经推翻帝制了，袁世凯是大总统，他要做皇上。中国皇帝专制有两千多年的历史，从秦始皇到现在有两千二百多年了。当时刚刚推翻帝制,根据什么他做皇上?这得找一个理论的根据,得讲出个道理来。他就请了一个美国人,叫做古德诺,是位宪法专家,写了一篇文章。古德诺这篇文章就是要从理论上考虑(所谓学理上,就是 philosophizing 的过程)中国究竟是适合于君主专制还是适合于民主共和。后来袁世凯组织了一个"筹安会","筹安会"名义上是一个民间的学术组织,找了几个名人参加,要讨论中国究竟是适合君主专制还是适合民主共和,结论当然是中国最适合君主专制。那原因据说是中国人的素质太落后,知识太不开通,要是由他们搞民主的话社会就会混乱。一定要有一个英明的领导,这个领导就是皇上,只有这样国家才能治理好。我们可以说,这也是 philosophizing。你的重点可以放在结论上,比如袁世凯就把重点放在结论上,就是要当皇上,而且还非得他不可。可是如果从"筹安会"的表面上来说,它是作为学理的讨论。我们在学术上可以讨论,中国究竟适合于什么制度,是适合君主专制还是适合民主共和,我们可以讨论。讨论的过程就是 philosophizing 的过程。这个例子是要藉以说明哲学的重点可以侧重不同的方面,可以侧重在结论上,也可以侧重在推论的过程上。或许可以说"爱智慧"理应包括两个方面:即爱智慧本身和爱对追求智慧的探索。真理并不存在于某个地方,而只存在于对真理的追求过程之中。哲学上的真理并不存在于某个论点之中,而只存在于如何思考和论证该论点过程之中。你可以更重视前者,也可以更重视后者。哲学的价值更在于它启发你以各种不同的思路或者说思维方式,而不在于它告诉你什么结论。

有没有中学和西学呢?可以说有,也可以说没有,要看你是在哪种意义上论说。你如果是在下面这种意义上说,那么就有"中学"和"西学":毕竟有一些思想、理论和学问是在中国发生的,那么这叫"中学";有一些思想理论和学问是在西方发生的,那么就叫它"西学"。确实,每一个国家和别的国家所出现的问题、所出现的思想理论并不完全一样,中国的思想理论和西方的思想理论并不一样,在这个意义上可以说是有中学和西学。在另外一种意义上说,也可以说没有中学与西学之分,那就是说学问作为学问而言,只有真假之分,只有是非之分,而没有所谓中西之分。比如说数学,2 加 2 是不是等于 4?或者一个三角形的三内角和是不是等于两个直角,你要说它不等于就是你错了,说它等于就是你对了,这只有是非之分,没有中西之分。不能说中学认为 2 加 2 就等于 4,西学认为 2 加 2 就等于5,这个问题不存在。几何学在历史上发生于希腊,中国古代没有几何学。但是不能说几何学是"希学"。因为别的国家(例如中国)同样可以研究几何学,同样可以研究得很出色。知识或者学问作为真理来说只有真假之分、对错之分,是非之分,但是没有中西之分。在这种意义上,没有中学、西学。

每一个名词之所以有意义,往往都是要在具体的社会历史条件下才有意义,换一个语境的话,可能就变成没有意义了。中学、西学之分只在清末的条件之下才有意义,清末有什么意义呢?它有一个具体的规定,所谓"中学"是指"三纲五常",你要维护君主专制制度,要君为臣纲、父为子纲、夫为妻纲。但是如果脱离了那个背景,就没有意义了。今天说的"中学"是指什么呢?还是指君为臣纲吗?中国的君主制度早已经不存在了,怎么还能说有"中学"呢?再比如说,夫为妻纲,那时是男权主义,妇女的地位是屈从于男子的,所以妻子要听丈夫的话。那时候一个女性是很不幸的,"在家从父"——绝对服从她的父亲,"出嫁从夫"——绝对服从她的男人,"夫死从子"——丈夫如果死了,就要听从她的儿子。这是绝对的男权主义。这个问题今天已经不存在了,在法律上男女是平等的,不能再说"夫为妻纲",妻子在家里一定要听丈夫的话。无论是在法律上,或者是在社会的实践上,或者是在一般人的心理上,都不会发生这个问题了。所以中学和西学之分的意义就不存在了。清朝末年为什么有意义呢?因为当时中国确实没有近代的数理化,近代的数学、物理学、化学都是西方来的。一直到今天,我们学的数学、物理学、化学都是从西方来的,不是中国自己原有的。所以在当时的历史条件下,中学、西学有它的意义。这种提法有它的具体的内容。可是今天这么提就没有具体的内容了。今天一个人学习物理学,难道会说学的是西学吗?中国人就不能学习物理学?中国人研究物理学就不能有进步?中国人一样可以学习物理学,而且一样可以学得很好,一样可以发展物理学,一样可以有贡献。在这种意义上,没有所谓"中学""西学"。我的意思是说,某一种概念只有放在一定的历史条件下才有它的具体意义,否则就没有意义。现在再把这个问题炒出来,再提中学与西学之争似乎就没有意义了。我不太理解,为什么在前几年忽然又提出中学与西学之争这个命题来?在真理的面前无所谓"中学""西学",只有真假、好坏、高低,而无所谓中、西。在哲学问题上也应该如是。

哲学只有好坏、对错,但是无所谓中西。

有没有中西之分?如果有中西之分的话,那么这个中西之分也是后天形成的而不是先天注定的。先天的是指它本来就是一个问题,它始终都是这个问题,比如说一个三角形,是不是三个内角之和等于两个直角?这个可以说是一个先天的问题,因为这是对任何民族始终都存在的问题。但是有一些问题是后天的,它是特殊的环境造成的,比如说中国过去认为的最大的道德——忠孝。我们往往认为忠孝是"中学"的内容,但是西方也讲忠,比如说忠于国家,封建时代忠于领主,这也不能说是中国的特色;或者孝,中国人注重孝,为什么中国人比西方人更注重孝?我想现在也不那么重视孝了,为什么?因为社会条件变了,社会条件是后天造成的。因为过去中国父家长的体制比西方浓厚,父家长的体制就强调孝,所以中国特别重视孝。但是时代变了、环境变了,"孝"也就变了。这是后天的,而不是先天注定了中国人一定要重视这个孝,西方人就一定不可能重视。这是后来的具体的社会条件形成的。后天的条件可以改变,今天比起一百年前,孝的程度已经大大减低了,孝道要比一百年前差得非常之多了。一个母亲也不必"夫死从子"。这是后天的不同所造成的。在这种意义上,可以说中国和西方有所不同,但在先天的意义上并没有不同,并不是说先天注定了中国人就得是这样,西方人就得是那样。环境条件改变了,"孝"的内容就可以大大不同。西方人对中国人的孝好像不太能够接受,可是中国现在的"孝"的含金量和从前绝对的孝也大有不同,那是由于社会条件变了。并不是说上帝造人的时候就先天注定了中国人特别注重"孝",没有这个道理。所以在先天的意义上,没有中学、西学之分,也没有中国哲学与西方哲学之分。那么有没有不同?当然有不同,这个不同是后天条件造成的。不能认为中西的不同是天然的,即由于他们天性的不同所使然的。各民族之间思维方式假如先天就(真)有什么本质上的不同的话,那也是微不足道的。

后天条件造成了中国哲学与西方哲学之分,因为中国从古代就是血缘非常浓厚的宗法社会。关于这一点,你们可以看一下恩格斯的《家庭、私有制和国家的起源》中的论点。那本书说到西方经过一个民族大迁移以后,它原来的血缘纽带就解体了,形成了以地方为单位的制度。这种制度就与中国以家庭的血缘关系为基础而形成的社会有很大的不同。因为中国、至少是汉族,古来的血缘关系特别浓厚,宗法制度也特别厉害。所以中国人特别重视宗法。比如说,从语文里面就可以看出来,中国人对于血缘关系,每一个字都规定得非常严密,比如说伯父、叔父、舅父,意思都不一样。可是在西方文字中都是一个词,在英文中都是 uncle,伯父是 uncle、叔父是 uncle、舅父也是 uncle,因为它不太重视血缘的关系,所以都是同样的一个字。可是在中国由于血缘关系非常重要,所以中国的血统论非常浓厚,一直到今天都非常浓厚。里根做美国总统的时候,有一阵美国的经济状况不太好,《人民日报》刊登了一段消息,说里根的儿子失业了。意思是要用这段消息来证明美国的经济情况不好,连总统的儿子都失业了。那时候我在历史研究所,有一个青年就说,美国总统的儿子都失业,我们这里公社书记的儿子都失不了业。为什么?因为中国的血缘关系今天还是很重要的社会关系,因为我们有几千年的深厚的血缘传统,当然西方也有,但是没有我们这么深厚。为什么?因为这是后天的条件不同,不是说中国人生来就要讲血统论,而是长期的社会形成了血统论。社会是靠某些传统来维系的,某些思维方式或思维定式也是这样形成的。所以中学和西学有没有不同?我可以说有不同,但这个不同是后天形成的,而不是先天注定的。作为真理来说,它只有真假、好坏、是非之分,无所谓中国和西方之分。真理是放之四海而皆准的。用哲学家康德的话来说就是 universally valid,valid 是有效,universally valid 是普遍有效,真理的条件必须是普遍有效。2 加 2 等于 4 是普遍有效,在中国是 2 加 2 等于 4,到了英国也是 2 加 2 等于 4。它为什么是真理?就因为它是普遍有效,即我们常说的"放之四海而皆准"。假如它不是普遍有效,它就不成其为真理了,所谓真理也就是说它是普遍的有效。在这种意义上来说,没有中学和西学之分。

在 1949 年前,国民党反对马克思主义也有各种理论,其中有一条最为振振有辞的理论,就是马克思主义不适合中国国情,说马克思主义是外来的东西,所以中国不能用它。那么有没有中国国情呢?当然有中国国情,每个国家的情况都不一样,不能说每个国家的情况都一样,中国当然有中国的国情。比如说前面提到的"孝"。中国对于孝道非常重视,而西方对这一点就显得不如了。但是这并不意味着马克思主义就不适应于中国,因为马克思主义作为真理来说,它应该是普遍有效的,是"放之四海而皆准,俟诸百世圣人而不惑"的。就是说过了一百代以后,有圣人出来他都不会怀疑的,也就是说它是永恒的。正如2加2等于4是永恒的,即使再过一百代有圣人出来也不会怀疑它。真理之所以成其为真理就在于它的普遍有效性,这一点我们暂可以假定是能够成立的。所以我们不能特别强调后天的特征,用它来抹煞真理的标准。真理的标准只能有一个,但是同时我们也要承认它的特殊性。特殊性就是后天的、具体的、特殊的环境所造成的。比如说,孝是不是一种道德?孝作为一种道德在中国特别强烈,是因为中国的血缘关系特别浓厚。今天反贪,如果抓住一个人贪污,那么往往是和他有血缘关系的很多人都参与了的,这一点也可以说是中国的"特色"吧。但是这一点是后天的,不是先天的,不是说先天注定了中国人就一定是这样,其实很多国家也不同程度存在着同样的现象。我们首先要明确的是,真理是普遍有效的;再其次,也要承认确实其中也有不同的精神和形式,但那是后天的。

这种后天的精神表现在中国哲学和西方哲学有没有不同?当然会有,刚才也说过的:比如西方是主智的,比较重视知识和智慧;中国是主德的,比较注重德行。这一点也是和历史条件有关系的。西方主智,所以着重法治。我们现在则在法治以外又强调德治了,中国历来是注重德治的。德治与法治虽然并不矛盾,不过侧重点不同,你注重"智"也好,你注重"德"也好,"德"和"智"不是截然分开的,但可以侧重点不同。正如前面所说的哲学,你可以注重它的结论是什么,你也可以注重它的推论过程。

双方的社会历史发展不同,所形成的心态(mentality)也必然会有不同,我们也可以说它是精神面貌的不同。最近看了一篇文章引起我的一些想法,这篇文章是评论一本给李陵翻案的小说。我没有看这本小说,我只看了这篇文章。我们知道李陵是汉奸,李陵和苏武是好朋友。汉武帝时,李陵去打匈奴,李陵战败了,被俘虏,被俘虏后就投降了。苏武后来作为汉武帝的使臣出使匈奴,匈奴把他关起来,可是苏武始终不投降。后来苏武被放逐到北海,北海就是贝加尔湖,他在冰天雪地的地方呆了十九年。苏武是"丁年奉使,皓首而归",他是成人的时候到匈奴去,过了十九年,头发都白了才回来。所以中国的传统中都赞美苏武的气节,都是骂李陵是个叛徒。1937年卢沟桥爆发抗日战争,很多学校包括北大、清华都搬到后方去了,那时有个鼎鼎大名的文学家周作人留在北京没有走。后来胡适曾给他写信,还附有一首诗,希望他能够走。北大很多人也给他写信,希望他能够走。他回信说,希望你们把我当作苏武,不要把我看成是李陵,即不要把我看作投降的汉奸,我和苏武一样在这里守节。但是后来周作人还是做了汉奸。周作人叛国做了汉奸是铁案如山的,不过现在也有人为周作人翻案,有各种说法,其中有一种说法是说他做汉奸还是为了国家的,还是爱国的。他自己的辩护词是说日本人威胁他。李陵的祖父是有名的李广,是汉朝的飞将军,唐朝诗人王昌龄曾说:"但使龙城飞将在,不教胡马度阴山。"李广是个非常有名的将领,李陵本人也是当时出色的将领。李陵投降之后,大家都骂他,但是有一个鼎鼎大名的人出来保他,就是司马迁。后来司马迁因为保李陵而下了狱。小说是要给李陵翻案,我对这段历史没有研究,不知道李陵应该不应该翻案,我这里要讲的是一个心态的不同。

中国自古以来都是只有断头将军没有投降将军的,打了败仗也宁死不屈,所以中国历史上赞美的都是英雄烈士,谁要是投降就是奇耻大辱。说个小故事:1944年,日本人在打通大陆交通线的时候,一直打到湖南的衡阳。那个时候守衡阳的是蒋介石的一个军长,叫方先觉,还算是不错的,打了48天,最后投降了。他偷着跑到当时临时的首都重庆,在重庆开会的时候很多人都攻击他,国民党实际还是保护他的,但是不敢为他公开辩护。还有一个人,叫庞炳勋的,是老西北军的总司令,后来被日本人俘虏后就投敌了,日本人给了他一个编制,也是什么总司令之类的。国民党官方还宣布,庞总司令被俘虏,本来是要自杀,就是说国民党也认为投降是件非常丢脸的事情。

还有一个相反的例子,日本发动太平洋战争的时候,打香港、新加坡、菲律宾、印度尼西亚,势如破竹。因为当时西方国家根本没有准备,当时菲律宾和印度尼西亚都有美国军队驻守,但是力量很薄弱。司令官叫温赖特(Wainwright),最后退到巴丹(Bataan)岛上,这是太平洋战争初期非常重要的一次战役,守不住后也是举着白旗投降了,投降后成了日本人的俘虏。后来双方交换俘虏,温赖特被交还美国。美国举国若狂地欢迎他,比凯旋将军还热闹。美国人认为他打得非常英勇,打不过的话投降是合理的。不但美国的人民欢迎他,美国的官方也欢迎他。这个例子表明中西文化心态的不同。后来日本投降的时候,代表盟国签字的是总司令麦克阿瑟,每个国家也都有代表签字,美国代表是尼米兹,站在尼米兹身旁的就是温赖特,作为特邀代表出席。那是个非常荣耀的位置,无论是国家、政府或者是人民,都给予了他很高的荣誉。这在中国几乎是不可想象的。

还有个例子,在19世纪初年,英美有一次战争,美国有一个军人叛变投敌,做了间谍,后来又被美国人抓住,这个人现在在美国还有一个纪念馆,让人参观。这在中国也是不可想象的事情,居然纪念一个投敌的间谍。我的理解是,如果是作为历史来看,角度不同,也不妨这样做。我们中国从长远的历史的角度也可以这样,我们从来都是对秦始皇的评价很高,尤其是1949年以后。可是我们知道秦朝历史很短,秦朝成立不久,马上就是陈胜、吴广起义,接着就是楚汉相争,刘邦、项羽都来反秦,这些我们今天也给予肯定。那么,到底肯定谁?是肯定秦朝的政权,还是肯定刘邦、项羽、陈胜、吴广呢?我们双方都肯定,既肯定秦始皇的功绩,又肯定反秦者的功绩。假如今天,无论秦始皇,还是陈胜、吴广,或是刘邦、项羽,如果他们有什么东西留下的话,我们都作为历史文物保留,并不因为我们肯定谁、反对谁而有所不同。假如再过一两千年,不管是曾国藩、左宗棠或者洪秀全、杨秀清,他们的东西我们都作为历史文物来保留,照样给他们建纪念馆。这是看事物的角度不同了,角度的不同反映出心态的不同,这一点表明了中国和西方的文明气氛所造成的心态的不同。正因为这个缘故,所以在哲学上有很多的问题,其实它本身的问题并不重要,它的重要性在于反映了它的精神面貌或者一种心态,这点是有不同点的。正如我刚才举的对于投降的例子,明明是已经战败了,如果硬要牺牲的话,似乎是很无谓的。但是也可以从长远的眼光来看,不能只看一时的失败或成功,而是要看它长远的意义。历史上的英雄人物,虽然失败了,可是他们那种精神是永垂不朽的,永远是对后世的一种激励。以上所说,类似题外的话。但是如果我们不能很好地理解不同的历史文化所积淀的不同心态,恐怕就很难于理解不同哲学在深层的不同倾向。哲学既有纯推理论证的一面,又有其深层的历史文化的背景,也可以说是人文背景的一面。我们必须通观这两方面才能更好地理解一种哲学的真相。

## 三

下面,介绍一下有关西方哲学精神的一些读物。因为不可能一下把所有的问题都讲到,只有在读书的过程中逐步体会,所以这里介绍一下有关读物。我把有关的读物分为两类,一类是原著,一类是现代的作品。原著一定要看,如果你不看原著的话,你就无法了解前人,比如说孔子。孔子是几千年来中国的圣人,但是后来反孔也反得非常厉害,从五四运动提出"打到孔家店",到"文革"时就彻底砸烂曲阜孔庙,现在看到的曲阜孔庙是后来修复的。对于孔子就有很多不同的看法,那么究竟孔子是怎么回事,我们只听别人说是不够的,最重要的是要直接看一下孔子,比如说孔子的书。孔子自己没有写书,不过《论语》是关于孔子最权威的材料,《论语》都是孔子的弟子或者是再传弟子记录孔子的言行,这是研究孔子的第一手材料。还有孟子,孟子自己写了《孟子》一书,如果研究中国哲学的话一定要看。孔子、孟子都不看,就没法讲后来的东西了。无论怎么看后人讲孔子、孟子,都是间接的或转手的,最好是首先直接看原著。可是原著太多,我们看不了那么多,那么怎么办?这里给出一个最简单的书目,大家可以从其中挑选来看,不必全都看,但必须挑几种看。

## 关于西方哲学的原始材料

### 1. 古希腊哲学

柏拉图是苏格拉底的学生。柏拉图的《对话录》是他的全集,内容非常之多,他的《对话录》基本上以苏格拉底为主角。这里有一个物质条件。中国古代书写是非常不方便的,所以甲骨文都非常简单,一个字写起来非常不容易,要刻在甲骨上,后来是刻在竹简上,也是非常困难的。古希腊用的是纸草,纸草写起来非常方便,所以他写得非常之多。柏拉图的《对话录》很多,如果不是专门研究,没有必要每篇都看,我只提两篇。

(1) 柏拉图(Plato):《申辩》(*Apology*)。

这是苏格拉底在法庭受审判时自己的辩护词,从中我们可以了解苏格拉底的一生。苏格拉底自己没有著作,都是他的学生记录的,最主要是柏拉图记录的。这和孔子一样,孔子本人也没有著作,他的思想都是他的弟子记录的。苏格拉底在法庭上为自己作的这篇辩护词里面并没有谈很多的哲学,但是如果你对这本著作不了解的话,你对于西方古代哲学就会有隔膜。

(2) 柏拉图:《理想国》(*Republic*)。

Republic 意思是共和国,我们也翻译为《理想国》,这本来是作者虚构的一个国家。每一个哲学家都有他的理想国,柏拉图也有他的理想国,我们从他们的理想国来看他们的思想。中国近代的康有为也有他的理想国(《大同书》),人们在那个境界里面都变成了神仙一样,每天都享乐,我觉得这一点恰好反映出康有为的浅陋。他的理想国是一个享乐的理想国,一个理想国不应该单纯是享乐。孙中山也有他的理想国,特别是三民主义中的民生部分其实也是他的理想国。毛泽东搞人民公社也是希望造成一个理想国,当然那个理想国没有实现。理想国有个缺点就是太理想了就太不现实了,太不现实了就实现不了。可是如果很现实就不理想了,现实总是有缺陷的,不会是理想的,这一点好像是一个永恒的矛盾。

## 2. 中世纪哲学(中古哲学)

圣奥古斯丁是中世纪最早、最权威的神学家。他有两本书,可以选择来看。

(1) 圣奥古斯丁(St. Augustine):《忏悔录》(*Confessions*)。

中世纪的人宗教信仰非常浓厚,宗教信仰浓厚的话就有一个系论(corollary):悔罪,不断的悔罪。西方历史上有两部《忏悔录》是最有名的,一部是圣奥古斯丁的,一部是近代的卢梭的。你们如果比较这两本《忏悔录》,可以看出很大的不同。奥古斯丁的完全是宗教徒的忏悔的心情,卢梭的则带有个性解放的意味。

(2) 圣奥古斯丁:《上帝之城》(*The City of God*)。

奥古斯丁的另一本书是《上帝之城》。他认为有两个城:一个是世俗的城,即罗马;另一个就是天城。世俗的城是堕落的城,人们应该追求的是完美的天城。它表现出中世纪的宗教理想,也可以说是宗教理想国。

(3)但丁(Dante):《神曲》(*Divine Comedy*)。

但丁是意大利诗人。这是一部中世纪的文学作品,它有助于我们了解中世纪的世界观和人生观,所以这本书倒是最好的关于中世纪的哲学读物。这本书是一部史诗,讲作者怎么遍游三界,游历了人间现实的世界,然后游历了地狱,又游历了天堂。这三界即现实的世界、地狱和天堂,在中世纪人的观念中都是实有的,不是虚构的,我们今天认为那是神话,但当时认为是实有的。本书系统地描述了中世纪的人生观和世界观。这个世界观也是非常具体的,地球是世界的中心。这里有一点要说明一下,因为总有人犯错误,以为直到哥白尼才知道地球是圆的,其实早在哥白尼之前人们就知道地球是圆的,古代和中世纪的人就知道地球是圆的。但哥白尼是太阳中心说,中世纪是地球中心说。中世纪的世界观认为,大地像一个漏斗一样,有三层世界。罪恶越大的人越在下面。在地心里是罪恶最大的三个人,其中就有出卖耶稣的犹大。在地球的外面有九重天,天都是绕着地球在运行,灵魂在这里越升越高,最后可以升到第九重天。这是一幅代表中世纪的世界构图。介绍这本书是为了使大家知道中世纪的世界观和人生观是怎样的。

## 3. 近代哲学

(1)培根(F. Bacon):《论说文集》(*Essays*)。

培根是16世纪末17世纪初的英国人。介绍读他的书是因为他可以说是近代科学之父,他的思路突破了宗教的束缚,走上一条另外的路。培根的《论说文集》内容很多,大家可以选他讲思想方法的那一部分来看。他的思想方法完全摆脱了中世纪的思想方法。中世纪的思想方法是目的论(teleology)的。什么叫做目的论?即中世纪的宗教信仰认为世界上的每一件事情都有着一个神圣的目的。后来18世纪的启蒙学者伏尔泰写了一本小说《老实人》,《老实人》里面嘲笑这种目的论说,世界上为什么有老鼠,老鼠就是为了给猫吃的。中世纪的目的论是说任何事物都有一个神圣的目的,都有神意。这可以说是一种神学的思维方式。

(2)笛卡尔(R. Descartes):《方法论》(*Discourse on Method*)。

笛卡尔是近代的大数学家,也是大哲学家,他关于哲学的著作英译有两卷,你们可以看其中一篇,就是他的《方法论》。他提出的新的思想方法与旧的思想方法相对立。旧的思想方法是目的论的,认为一切事情都贯穿一种神圣的意义。笛卡尔的《方法论》突破了旧的思想方法,代表近代的思想方式。

(3) 帕斯卡(Pascal):《思想录》(*Pensées*)。

和笛卡尔同时的,还有个大数学家帕斯卡。他也是法国人,杰出的数学家和物理学家,也是大气压的发现者,概率论的奠基人。他写了一部哲学著作,但没有写完,都是一些片断,后来有人把它们整理成为这本书。其中涉及宗教神学的可以不看,大家可以看涉及思想方法的那部分。

## 4. 德国古典哲学

18世纪末到19世纪初,德国出现了一批哲学家,出现了一个哲学繁荣的时代,我们称之为德国古典哲学。德国古典哲学,最重要的有两个人,一个是康德,一个是黑格尔。两个人的书都非常难读,因为当时的文风是非常之冗长,一个句子套一个句子。中文都是简单的句子,没有套句子的complex sentence,而英文里可以有,英文如果长的话,可以套好几层句子。我们中文一句话往往不过是一行,他们可以有四五行。但是,18世纪的德文,还可以再套,套得往往一句话是一页或者两页。你们看黑格尔的著作,一句话就是两页长,一个句子套一个句子,文风非常之冗长。不过,也不必害怕,实际上最难读的是某些当代的哲学著作。当代的哲学著作,句子有的非常简单,可是你根本不知道它是什么意思。虽然德国古典哲学的著作中句子非常冗长,可是仔细看的话,他的意思非常明确,没有你看不懂的时候,只有你看得非常吃力的时候。我介绍康德两本比较浅近的、好看的、代表他的哲学思想的著作。

(1) 康德(I. Kant):《导言》(*Prolegomena*)。

康德这本书全名叫《对于任何未来形而上学的导言》(*Prolegomena zu einer jeden künftigen Metaphysik*)。就是说,未来你要研究任何形而上学的话,就请你先看这本书,这本书是个导言。这本《导言》的意思是要说形而上学是不可能的。因为过去的哲学就是要建立一套形而上学,就是讲宇宙的根本大道理,他认为这些是根本不可能的。这是他讲知识论的一本书。

(2) 康德:《道德形而上学的基础》(*Grundlegung zur Metaphysik*

*der Sitten*）。

康德这本书讲的是道德伦理学。

（3）黑格尔（G. Hegel）:《历史哲学》（*Philosophy of History*）。

德国古典哲学有两位大师:康德和黑格尔。黑格尔的书也非常难读,这里介绍一本最容易读、又能代表他的哲学精神的书,就是他的《历史哲学》。人类的历史有没有一个道理存乎其间？他认为有,这就是他的历史哲学。哲学本来就是说出一个根本的道理,历史有没有贯彻着自己的根本道理？照他看是有的,历史的发展过程就是人类理性发展的过程。他把人类的理性和现实的历史打成一片。应该指出的是,讲到具体的历史他讲得一无是处,因为黑格尔不是一个好的历史学家,讲的好多都错了。但是作为一个杰出的哲学家来说,他确实很能够把握一种精神,能从历史中看出理论的线索,这是很不容易的。我们研究中国历史,你可以把"二十四史"倒背如流,可是你却未必能看出并解说其中贯穿着什么线索。

## 5. 马克思主义哲学

关于马克思主义哲学,介绍三本最简要的书。

（1）马克思:《共产党宣言》。

这本书也是一部历史哲学,讲人类历史发展的进程。

（2）恩格斯:《费尔巴哈和德国古典哲学的终结》。

（3）恩格斯:《自然辩证法》。

这本书讲的是自然科学的哲学,讲的是科学的哲学。其中,前面那部分讲近代史的特点,讲近代和古代的不同,这一部分是很有哲学深度的历史哲学。

## 6. 当代哲学

（1）罗素（Russell）:《哲学问题》（*Problems of Philosophy*）。

罗素是当代著名的西方哲学家。他写了很多哲学著作,这一本是最简单的,概括了他早年的哲学思想。这是他中年时写的,晚年时思想又有变化。这本书的优点是在很短的篇幅里把哲学的重要问题都谈到了,而且谈得很清楚,虽然未必很正确。它是一家之言,代表了当时新实在主义的观点。

(2) 维特根斯坦(Wittgenstein):《逻辑哲学论》。

维特根斯坦是罗素的学生,已经去世几十年了。这本书非常短,句子简单,可是非常难懂,但是只要你看得懂的地方,你就会觉得他非常有深度,无论你同意或是不同意他。这本书用了一个拉丁文的名字,叫做 *Tractatus Logico Philosophicus*。罗素是他的老师,给这本书写了一个序言,而且坦率承认这本书他也有好多地方看不懂。这本书是当代西方哲学的重要代表。

(3) 怀特海(A. N. Whitehead):《科学与近代世界》(*Science and Modern World*)。

怀特海是罗素的老师。他是个大数学家。这本书是很小的一本书,是一部讲演录。这本书分为两部分,前面一部分讲从16世纪开始的西方思想史和哲学史,下一部分是发挥他自己的哲学。怀特海的哲学很不好懂,但是前一部分讲得非常好,讲的是科学在近代世界与近代思想中所起的作用。

上面所介绍的都是原著,所提到的书大多都有中文译本了。这些书已经是损之又损,简到最低程度了,再简就谈不到读原著了。原著是一定要看的。但是除了原著,还要看当代人写的一般的介绍。

## 7. 当代的介绍性书籍

(1) 罗素:《西方哲学史》(*History of Western Philosophy*)。

写哲学史的有两种人,一种他本人是哲学家,他有一套哲学见解,这种书往往有深度,能够看出很多问题。但是这样的书也有它的缺点。正是因为他是哲学家,他有自己的观点,常常根据自己的观点来评论别人的哲学,所以往往不客观,凡是不同意他的观点的都要予以否定,其中带有他自己的偏见。这是每一个思想家都免不了的缺点。反过来,一般的教科书是很客观、很系统、很公正的,可是往往很肤浅,没有深刻的思想,只能是肤浅地评述别人。罗素的一个优点就是他的文字非常浅近,外行人都看得懂,所有的哲学家里面,我认为罗素最大的优点就在这里。别的哲学家,你往往都看不懂,你不容易懂得他是什么意思,只有罗素的文章非常浅近,非常容易懂。

（2）文德尔班（Windelband）:《哲学史》(*History of Philosophy*)。

文德尔班是德国哲学家。在19世纪德国古典哲学以后，出现了两大哲学潮流，一派是新康德主义，19世纪末年在欧洲大陆非常流行；另一派是新黑格尔主义，从某种意义上说，马克思主义也是新黑格尔派之一，在英国和欧洲大陆都非常流行。文德尔班就是新康德派。很不幸的是第二国际觉得马克思主义哲学不够完备，他们提出了"回到康德去"，想要用康德的哲学来补充马克思主义。但是第三国际反对第二国际，所以也就否定了第二国际的理论基础——新康德主义。应该说，学术观点正确与否是一回事，政治观点正确与否又是另外一回事。第三国际是政治挂帅，把新康德主义都否定了。文德尔班有一个优点，就是他是一个哲学家，他的缺点乃是他本人是一派的哲学家，所以把别的派别都否定了。他还写过一套两卷本的《近代哲学史》，这部书分三部分，第一部分是前康德哲学，第二部分是康德哲学，第三部分是后康德哲学。整个近代哲学就是围着康德一个人在转，康德就变成了唯一重要的哲学家，这非常鲜明表现出他的派性。

（3）苏联科学院:《哲学史》。

这部书共四卷本。我们读这本书不仅可以了解苏联正统的看法，而且也可以了解当时中国的看法。我们从20世纪50年代以来，基本上都是按苏联哲学史的这种路数在讲哲学史的。此外，中国写西方哲学史的已有多种，请大家自己去看。

## 第二讲　西方古代哲学

由于我们的时间非常少，只有三次课，讲三讲。前一讲是个概述，后面的这两讲所能讲的内容也非常之少，所以我把这两讲浓缩成两节，一节讲古代，一节讲近代。今天这讲就是讲古代西方哲学。

### 一

所谓古代往往包括中世纪，具体时间是公元前5世纪到公元后15世纪，大概是两千年左右，我们就把这段时间的哲学叫做古代哲学。从16世纪以后直到今天，大概4个世纪，这400年的哲学我们叫它近代哲学。为什么要这么分，为什么要以16世纪作为这一个分界线，来分成古代哲学和近代哲学？因为我们的历史是这么划分的，分古代、中世纪和近代，古代和中世纪我们简称"古代"，近代和现代我们简称"近代"。我们历史既然是这么分，以16世纪作为界线，所以对应这种历史的划分，我们便把古代的哲学叫古代哲学，把近代的哲学叫近代哲学。

历史为什么这样划分？为什么要把历史分成这样两段？人类在地球上究竟有多久了，这是人类学的问题，是人类学研究的对象。过去"北京人"至少说有50万年，现在，全世界人类学家的发现都集中在非洲，特别是东非，人类的起源就推得更早了，推到二三百万年以前，反正人类绝对不止于5000年的历史。我们说中国文明是5000年，或者现在可以推到6000年。全世界最早的文明是古埃及、古巴比伦，到现在也不过是六七千年的历史。我们所说的历史仅仅是指人类文明的历史，文明以前的历史叫做"史前史"，就是历史以前的"历史"。这个名词本身似乎不通，难道历史以前还有历史？历史以前怎么还有历史呢？其实那意思是指文明史以前的历史，那并不是历史学研究的范围，而是人类学研究的范围。我们所说的历史,是指人类文明的历史。人类文明的历史到现在推到最远,大约可以推到六七千年之前。

什么叫做文明?姑且用一个简单的解释。当然,文明一词不太好定义。一般来说,文明有两个标志。一个标志是文字,出现了文字就算有文明了,文字出现以前的历史就是文明的前史或者前文明的历史,也就是文明以前的历史。有了文字,知识才可能有积累,有前人的积累,后人的知识才可能有进步。任何其他物种无论如何聪明,都没有知识的积累和进步。第二个标志是人类有了国家,有了有组织的社会,有权力的关系,有支配与被支配、统治与被统治的关系。我再简单解释一下为什么要用这两者作为文明的标志。

第一个标志是有了文字。人类的文明与其他的物种或者与史前史的自然文明不同在哪里?自然文明就是自然人的文明,就是在自然状态里的人的文明。有些物种也非常聪明,比如狗、马,可是我们说它没有文明的历史。人类应该是很聪明的了,可是在10000年前的人,也不能说有文明的历史。为什么?因为文字这个工具是一个非常奇特的工具,所以许多民族都出现过仇恨文字的现象,把文字看成一种罪恶的象征。我们中国也有这种传说,据说古代仓颉造了字以后,"天雨血,鬼夜哭",天下雨时都不下雨,下血,鬼晚上都哭。为什么?因为这给人类带来了最大的灾难。别的民族也有类似的传说,古希腊有一个神话,说普罗米修斯偷了天火,天火是智慧,他把智慧带给了人类以后,普罗米修斯就被锁在高加索山上,每天有鹰来叨他的肉,叫他受酷刑。为什么?因为他把罪恶带给了人。在这种意义上,人类好像内心深处就有一种禁忌:好像越有知识越反动,最好是没有知识,没有知识的人就没有痛苦,有了知识以后就有了痛苦。知识就是原罪,《圣经》一开头"创世纪"就是这样讲的。

不管我们怎么说,人类有了文字以后,就有了一个最大的特点,就是知识可以积累了。没有文字以前,人类的知识不可能有系统积累。这一点与原始人、自然状态下的人或者和其他物种一样,不管你怎么聪明,一切都要从头开始。所以他一生积累的知识就无法通过文字记载传给后代。有了文字记载以后,我们的知识可以传给后代,所以每一个后代都比前一代的人高明,并不是他天生就聪明,而是因为他可以学习古人,站在古人的肩膀上。有一种流俗的观念认为书本上的知识是靠不住的,一切要靠实践。所以我如果说颐和园在清华西边两千米,假如写下来,你认为这是靠不住的,书本是靠不住的,实践出真知;于是你向北走,走一天没有走到颐和园,然后你向东走一天也没走到颐和园,又向南走一天也没走到,最后你向西走了两千米,走到了颐和园,这是实践出真知吗?我想可以说,这叫做愚蠢。

为什么人类的知识可以不断进步?就因为有前人积累的知识。开头的时候他不知道去颐和园怎么走,他要试着走,但是后来他走到了并用文字把它记录了下来。文字的记录也是前人实践的知识,所以我们不能说书本的知识都是靠不住的,恰好书本的知识正是前人的实践,正因为有了前人的实践,所以后人的知识在前人的基础上可以很快地得到发展,所以文字是人类文化积累的最重要的一个因素。没有这个工具的话,人类的文明就不可能积累。正因为有了这个工具,所以人类的文明可以不断积累,每一个后代都比前一代要聪明,每一代的知识总的说来要比前一代更高明,因为他是站在前人的肩膀上,这是牛顿的话。牛顿发现了一点东西,是因为站在巨人的肩膀上。前人给他积累了很好的基础和成果,没有这些,牛顿不会取得更高一级的成就。所以说文字是文明进步的一个标志。

文明的第二个标志就是有了国家。国家要有几个条件:一是有一个固定居住的地方,就是城,我们知道古代大都是城邦,一个城就是一个国。中国或许也是这样,当然这还有争论,不过西方是这样。中国的"國"字也是这样,"國"有一个范围或领域,里面有人、有武力(干戈的"戈"在国里面),有统治权,那就是他的国家。人类文明的进步要靠它能定居,如果没有定居,是不大可能有文明的。道理很简单,不定居就很难有文化的积累,文化总要靠前人的积累。所以历来都把焚书看作最大的罪恶,比如过去的传统都骂秦始皇"焚书坑儒",因为他把书焚掉以后,就把前人积累的文明给消灭了。我们要把文明保存下来,必须要有定居的生活,如果没有定居的生活,逐水草而居,到处去流浪,文明就难以保存下来。而且,知识必须是人类有组织的社会积累,所以一定要有一个国家的组织,有一个社会的组织,文明才能够延续,才能够发展。可是这一切都要求有一个物质条件,就是人类必须有农业。有了农业才能保证人类的定居,没有农业,就不能保证人类定居。人类靠狩猎为生的时候,每天的生活不固定,而且要靠运气,比如打鱼打猎的渔猎生活。可是农业能够保证有收获。可以把农产品收藏起来。这可以保证一个比较安定的生活,从而为文明的发展创造条件。传统社会是一个农业社会,这个社会到16世纪为止。到16世纪为止,文明世界基本上都是农业社会,包括中国在内。

农业社会有一个特点,它基本上是单纯的再生产。所谓单纯的再生产就是每一年的生产与前一年的生产基本上是一样的,我们可以设想一个传统社会里面的农民,他年年的生活基本上是一样的,年年的劳动基本上是一样的。当然不是说没有变化,也有变化,比如说找到了新的品种,不过那个过程变化是非常缓慢的,大体上是年年不变的,每一年都是前一年生活方式的重复。

近代的社会是一个工业社会,包括农业本身也工业化了。今天的农业本身是高度工业化的,所以它也是工业社会的一部分,并不像是传统的那种农业了。近代社会的一个特点在于它的生产是扩大再生产。所谓扩大再生产就是生产规模不断扩大,今年的生产就比去年高10%,明年的生产又比今年高10%,这样一年高10%,积累下来,10年就不得了,100年就完全改观了。我们可以想象,100年前还没有飞机,飞机是1903年莱特兄弟发明的,到现在还不到100年。我们现在看到最开头的飞机非常简单,是人手工做的,像一个蜻蜓一样。可是百年以后的今天不仅有了最先进的飞机,而且连人造卫星也有了。这是100年的进步。我们看100年前的汽车,在照片上看那种很古老的汽车,现在的汽车就高明多了。这不过是100年的时光。工业社会是扩大再生产,这个特点表现在人类的生活上,则是人类的思想意识也不断进步。我们的思想本来就是与社会生活紧密结合在一起的,是一定社会生活的产物。人类社会的生活不断变化、不断进步,我们的思想也不断进步,近代这400年的思想也是在不断日新月异。这一点与传统有很大的不同,当然传统的思想也在不断变化,可是那个变化是很缓慢的,不像我们现代这么快。

## 二

历史可以分为这样两段,一段是传统社会,就是古代与中世纪的社会,一段是近代(现代)社会。我们先讲古代社会。

古代社会可以叫做传统社会。古代的思想是适应于这个社会的，它就是传统思想。应该说，有了人类就有思想，不过在人类有文明以前的思想没有记录，真正具有比较完整的记录的人类思想，到现在大约3000年。最早的中国的经书也不过2000多年。西方最早的经书比《圣经》还早的，如古埃及的"死者之书"，也不过是公元前3000年左右的。人类的智慧有一个特点就是不断的积累，因为积累的缘故所以它可能加速度地进步。它的快不是每100年增长多少，而是这100年要比前100年更增加多少倍。比如20世纪到现在，100年刚刚结束，这个世纪所积累的知识，大约要超过过去2000年所积累的知识。知识是不断快速地发展的，而比较有系统的思想或者比较完备的记录，到现在为止，不过3000年左右。

人类史上有一个奇特的现象，就是最早的灿烂的文明几乎是同时出现在三个国家里，一个是中国，一个是印度，一个是希腊。至于比希腊再早，埃及、巴比伦等国家，我们到现在还没有很确切的根据来证明他们有了比较完整的哲学理论或思想体系。比较成熟的思想，恰好就都出现在公元前4至前3世纪。为什么在这个时候，全人类的文明都出现了一个古典时代，这是非常令人惊奇的事情。在中国从公元前大约600年到前500年的时候，就开始出现古代的经典，中国古典的"六经"（实际是"五经"，因为有一个经典《乐经》失传了）定型了。印度佛教也是这个时候出现的，还有其他教像耆那教等，当时共有96外道。外道就是我们今天所说的邪教或者异端邪说，就是邪门。从正统的观点看来它是异端邪说，按照当时的说法它们叫做"外道"，外道就不是正道。在古代希腊，这一段文明，从公元前6世纪到公元前3世纪这300年间，是古代希腊的最繁荣时代，是古代人类文明史的一个高峰。

西方哲学史从古代的希腊文明讲起。西方古典文明晚期兼有希腊的文明与罗马的文明，罗马文明基本上继承了希腊的文明。后来在希腊北部的日耳曼人经过一场各民族的大迁移，形成了新的国家，这些国家就是今天欧洲国家的祖先。这些国家所继承的文明就是希腊罗马文明，所以西方国家文明的传承应该从希腊文明讲起。

希腊在巴尔干半岛的南端，今天的希腊是在那里，但是古代的希腊要比今天的希腊范围大得多，当时叫做大希腊（Magna Graecia）。这个大希腊包括今天的希腊,包括土耳其半岛的沿岸。希腊靠海,他们是航海的民族,所以海上的交通非常多。我们说过,古代一个国家就是一个城,一个城就是一个国家、就是一个邦。其中最重要的一个是雅典。古代的雅典最繁盛的时候,人口30万,自由人只有3万人。当时希腊的那些著名哲学家,包括鼎鼎大名的哲学家亚里士多德,都认为奴隶制是非常之自然的。在我们今天看来,奴隶制是非常不自然的,人剥削人,人压迫人。可是在当时看来却是非常之自然的。人的等级观念被认为是天生的。在古代,文明的起源必须是出现一批一不耕田、二不做工的人。雅典30万人,不是人人都做工,人人都耕田,有一批人从体力劳动中解放出来,主要从事脑力劳动(思想、科学和艺术),这样就形成了雅典文明。正是因为有了这样一批人,所以在某种意义上说,文明的进步,就是看能解放出多少人,一不耕田、二不做工。比如说艺术家、音乐家、舞蹈家、明星这些人,他们都是不搞生产劳动的。如果所有的人都做体力劳动,整天面朝黄土背朝天,那么就不会有希腊的古典文明。《圣经》上说,人类犯了罪要加以惩罚,所以人类就被放逐出乐园,然后"满面流汗、终身荆棘",面孔上流着汗,一辈子都在荆棘里面讨生活。人类的文明在一定的程度上就看有多少人是从这里面解放出来,从事艺术和学术活动。我们今天已经大大解放了,但是没有彻底解放,总还要有一小部分人是要耕田、做工的,但是从事脑力劳动的人大大增加了。美国今天是非常发达的国家,美国耕田的人现在已经缩小到不到总人口的2%,只有1%多一点的人。我们中国前些年多一些,现在农民比例也大为减少了,1949年以前有90%的农民,也就是说要9个人才能够养活1个人。现在美国的水平,一个人大概可以养活90多个人。我们还可以设想,在将来有许多许多的人不必耕田了,做工的人要少得多了。在20世纪初年的时候,美国的工人差不多要占到三分之一的样子,现在大概降到了近十分之一,我们可以设想,还可以再少。人类的文明在某种意义上说就是看能有多少人解放出来,如果有一部分人一不种田、二不做工,那么他们就可以有时间来从事各种精神文化的活动,思考各种问题,研究各种问题。

## 三

最早的一批希腊的哲学家叫做自然哲学家。这一点与中国颇为不同。从一开始起,西方的哲学与中国的哲学就走上两条不同的道路。中国的哲学走的是"主德"的路,西方哲学走的是"主智"的路。"主德"的路重点放在德行上面,中国古代哲学的重点都是归本于德行。西方哲学从古希腊一开始,就是走的一条知识的道路。最早的一批自然哲学家,他们研究自然是怎么回事。我们中国很少有自然哲学家,有兴趣的人也只占很少的一部分,并非主流。对于自然界感兴趣的,当然也有。《庄子》里就有一段,说有一个人要问为什么会有风云雷霆?为什么刮风?为什么打雷?为什么下雨?缘故是什么?这当然也是在探索自然界的问题,但始终未成为哲学的主流。古希腊的哲学家最早的一批就是自然哲学家,他们研究世界是什么东西做成的,它的本质是怎么回事。希腊哲学家走的是"智者"的道路,中国哲学家走的是"仁者"的道路。哲学所关心的问题是宇宙和人生的根本问题。"德"是人生的根本问题,"智"是宇宙的根本问题。"德"要靠内心的修养,"智"要靠思辨的探求,

古希腊的哲学家最早一批人是自然哲学家,他们主要研究外在的世界。在这以前,各种古文明也提出过不同的说法,但都带有很大的神话的性质。比如说巴比伦有一种说法,说我们所生活的世界是在一个大乌龟的背上,这个大乌龟是在大海上,这都是属于神话的性质。

古希腊哲学开始脱离神话的性质,用理智来思考。有的人就提出,世界是水做成的,提出这种说法的是泰勒斯(Thales)。为什么说是水?我想,第一个是因为希腊人面向大海,什么事都容易和水联系起来。第二个也许是因为水没有固定的形态,你要说世界万物是用水做成的,你就比较容易想象。你可以设想它结成这种固定形式就是这个东西,结成另外一种固定形式就是另外一种东西。当然也有别的哲学家就认为世界是火构成的,用火来解释一切。大家知道列宁是非常欣赏这位哲学家的,他就是赫拉克利特(Heraclitus),他认为世界是火构成的。后来希腊另一位哲学家恩培多克勒(Empedocles)提出来四个元素"土、水、火、气",不光是水,也不光是火,四个元素凑起来形成万物,这就更进一步了。将物质世界用

这四个来解释,好像很容易解释,世界确实像是某几种基本元素构成的。

我们知道中国古代有五行的观点,所谓"五行"就是五种元素:金、木、水、火、土。中国人喜欢"五"这个数目。古代的印度人也是讲四种元素"土、水、火、气"。是不是与希腊同一个源?我们不知道,但是古印度哲学是四种元素,古希腊哲学也是四种元素。中国却用五种元素,中国对于"五"这个数目比对"四"这个数目好像更有偏好。从古代以来就讲五行,五行就是五种元素,它解说了物质世界是什么构成的。

仅仅谈物质的构成还不够,哲学还得要有更多的东西,那就是你得要把道理说出来,把事物变化的所以然说出来,它是根据什么原则在运作的。这就有了两种理论,都是非常值得我们注意的,因为这两种理论对于后代有着非常深远的影响:一种理论是数论派,另外一种理论是原子论。

数论派的代表是毕达哥拉斯(Pythagoras)。现在我们中学里还在学毕达哥拉斯定理,这个定理是说一个直角三角形斜边的平方等于另两边的平方和。毕达哥拉斯所创立的数论派非常有似于印度的数论派。印度古代也有数论派,但是中国古代看来好像没有数论派。从古代以来,似乎中国思想或者说中国文明的发展方向就和西方有所不同。西方一直到近代,走的基本上是数论派的道路。

"数"这个东西好像非常神奇,好像全世界任何的东西都有着某种数量的关系,所以数被认为是一个很神秘的东西,它在规划着世界。我们说过了古希腊有一句谚语,叫做 God geometrizes everywhere。Geometry 就是"几何学",geometrize 就把它变成动词了,意思是"上帝把世界几何化了"或者"上帝以几何学规划着一切",也就是说世界的一切都在遵守几何的原理,上帝把世界几何化了。20世纪英国有位数学家和天文学家 James Jeans,他也喜欢说一句话:"上帝是位数学家。"上帝在制造这个世界时,仿佛处处都是按照数学原理安排的。比如万有引力定律是符合数学原理的,引力与距离的平方成反比,与质量的乘积成正比,这完全是一种数学关系。任何事物都会不违反万有引力定律,都符合这个数学原理,这是为什么?

有人简单回答说科学只能够问 how,不能问 why,即你只能问它是怎么样的,而不能问它是为什么。如果科学是这样,则哲学却要问 why。我们说万有引力定律,无论什么东西从高处掉下来,都要服从这个定律,石头掉下来要服从这个定律,鸡蛋掉下来也要服从这个定律,如果一个人从悬崖上失足掉下来,也要服从万有引力定律。任何事情都不能违反万有引力定律。甚至于林黛玉要哭,她的眼泪也一定符合万有引力定律,所以她的眼泪不往上流而往下流。为什么会有万有引力定律?为什么?好像是上帝已经规范好了这么一个数学关系。万有引力定律所描述的是how,它描绘给你它是怎样在运作的,但是你却不能问它为什么。

这里要说明一下,"为什么"这个词有两个不同的涵义。第一个涵义是说,为了什么目的,比如我为什么喝水,因为我渴,喝水是为了解渴。这是说为了什么目的。第二个意义是说由于什么缘故,比如说水倒在火上,火就灭了,为什么?这不是问它为什么目的,而是问由于什么原因。我们在问这个话的时候,是在问由于什么原因,是出于什么原因。水倒在火上,火为什么灭了,因为它把空气隔绝了,空气隔绝了就没有氧气了。火是激烈的氧化作用,你把水一浇上去,空气一断绝,就没有氧气,它就不能氧化,于是火就灭了。这里是在问由于什么原因。当然两个你都可以问,比如有人放火了,你可以问为什么放火,也许放火是要害什么人,这是why的第一种意义,就是为了什么目的。why的第二种意义是由于什么原因。按照中国的思路,往往都是第一种意义,大都是目的论的,都是要求按照目的论去问它是为了什么。例如人生的意义都是为了完成某种伟大的神圣目的。第二种意义都是由于什么原因。我们说,第二条路似乎是科学的路,第一条路似乎是伦理的路,这是两条不同的路。数论派的思路就是在回答我们所说的第二个为什么,宇宙是按照数学的模式来建构的,所以就按照这个来解读。其实,这个区分也就是中世纪神学思维方式与近代科学思维方式的区别。目的论的思维方式问"何以故",是要问为了一个什么目的;非目的论的思维问"何以故",是要问由于一个什么原因。

古希腊第二个的贡献是原子论,这一点也与中国传统有重大不同。古代印度有原子论,古代希腊有原子论,古代中国没有原子论。原子论的影响是深远的,特别是影响近代科学的形成,近代科学的形成基本上走的是原子论的道路。今天的科学理论,基本粒子大大增多了,但是基本粒子仍是脱胎于原子,它的思路基本上是原子论,也就是说世界上万事万物都是由非常小的性质类似的粒子构成,不过组织方式不一样,所以表现的形式就不一样,功能就不一样,但是说到最后都是原子组成的。这个观念一直到近代都在支配着科学的思路,不仅是西方,而且近代中国科学也是走这条路。

为什么古代中国没有原子论?有些历史考据,你可以找史实、找史料来确定,但是有些你就只能凭猜想了,因为我们找不出确凿的根据来。中国确实是没有原子论。有的人说中国有原子论,《墨子》里有原子论,还有人说《庄子》里有原子论,当然也有所牵强附会。但事实上中国的自然哲学,并没有原子论作为思想基础。一个原因恐怕是和中国没有个人主义密切相关的。原子论在社会上相应的就是个人主义。社会是由每一个个人组成的,每一个个人就是社会的原子。中国从古代以来,个人主义始终没有市场,始终没有形成一个个人主义的思想体系。这一点折射到自然世界上,于是自然世界也就没有原子论。

为什么中国没有个人主义?恩格斯的《家庭、私有制和国家的起源》里面讲,西方民族经历了一个民族大迁移以后,血缘的关系破裂了,破裂之后社会组织就以地区为单位,而不是以血缘为单位。但是中国的血缘意识非常强烈,一直到今天血缘的关系始终没有破。中国没有西方的那种宗教,恐怕和这个原因也有关系。在西方,个人主义总得有一个寄托、有一个依靠,这个极终的寄托或依靠只能是宗教或上帝。中国有一个血缘的大家庭,用不着依靠那个上帝,依靠血缘关系是非常起作用的。是不是这样,只是我个人的猜测。但是从古代到近代,在西方科学传入中国之前,中国没有原子论,也没有个人主义,这是事实。西方的原子论与西方的个人主义很有关系。比如说古代希腊的民主,只是古典的民主制。因为那时候城邦很小,开会的时候全国的公民都来出席。雅典是当时的大国了,只有三万自由民,其中有一半女性,一万五不能来,再除掉老人和小孩,再除掉有病残的,都不能来,那么来的只不过几千人。每一次大会是真正的公民大会,所有能来的人都来了,一共几千人。几千人开大会很简单,是直接民主制,不是间接的。现在的国家太大了,所有的人都来开会是不可能的事,所以只好选人民代表。所有国家都这样,这就是间接的民主制或代议制,不是直接的,选民只能选代表去,自己不去。但是古代的城邦有这个条件,全体公民几千人开大会,在这个大会上,每个人都有一票,这个是古代的民主。这时候,每一个个人都是以个人的身份来投票。

中国没有这样的传统：开个国事大会，所有的公民都来投票，这是不可能的事。从古以来，中国的社会性质就与西方有所不同，所以它的思路也与西方的不同。

这里要说的是数论派与原子论这两个东西，不仅大大影响了古希腊的思路，而且也影响了近代西方科学与哲学的思路。这是早期古希腊哲学的背景。

## 四

及至古希腊哲学高度发达时期，哲学家们讨论的重点就从自然哲学转移到了人生与社会的深层问题上来，而不单纯考虑自然世界的问题了。这样希腊就进入了一个高度成熟的阶段，这个阶段在一般哲学书上就称之为系统哲学时期(Systematic Philosophy)。

为什么叫系统哲学？就是出现了一批哲学家，这批哲学家建立了一个较为完整的哲学体系，所以这个时期就叫"系统哲学时代"。系统哲学时代的最大的三个代表人物恰好就是三辈老师学生。这三个人是大家都熟悉的：第一个人是苏格拉底(Socrates，公元前469—前399年)，第二个人是柏拉图(Plato，公元前428—前347年)，第三个人是亚里士多德(Aristotle，公元前384—前322年)。苏格拉底是柏拉图的老师，亚里士多德又是柏拉图的学生。

苏格拉底在西方哲学史上地位太重要了，可以说大致就相当于我们中国的孔夫子，凡是讲哲学的人几乎没有不讲苏格拉底的。

在苏格拉底以前，希腊就出现了很多的哲学家。这些哲学家后来人们叫他们为诡辩派(Sophisto)，希腊语中sophia是智慧，所以今天翻译为"智者派"，过去翻译"诡辩派"。他们非常类似于中国的名家。中国当时有一批人叫做名家，他们专门提出一些理论来是平常人所不能接受的，可是他们言之有理，可以和你大大地辩论一番。比如公孙龙的"白马非马"，人家都知道这是个有名的命题，白马不是马，因为黑马也是马，所以白马不是马，黑马也不是马，马才是马。当然这样说也可以有其道理。智者派类似于中国的名家，为什么会出现这些派别而且居然很流行？讲中国哲学史的人，都没有能讲清楚。有些乍听起来似乎是诡辩，可是为什么这种诡辩在当时却能那么流行？应该有它的社会基础和社会原因，而且这些东西在当时反对它们的人对它们是深恶痛绝的。可以推想这些在当时一定是涉及某些人的根本利害乃至于关系到人头落地的问题，不然为什么这些东西那么有号召力？而反过来，反对他们的人又为什么非把他们置之死地不可？本来你愿意提出一个新的理论，你就提好了，反正人家也不会相信你，但是为什么并不是那么简单？智者派提出来很多在逻辑上好像自相矛盾违反常识的问题，这些肯定代表他们对当时现存制度的一种不满，所以就用各种渠道反对现成的学术，你们这么讲我就偏那么讲。你们说白马是马，我就偏说白马不是马，实际上代表一种逆反的心态，是对当时社会的一种反抗，"智者"是现行体制的反抗者。

　　我们上次已经介绍了，苏格拉底是雅典最聪明的人，这是有德尔斐神坛上所传的神谕为证的，所以苏格拉底名气非常大，有很多人追随着他，于是苏格拉底就被人怀疑是一个智者派。其实苏格拉底本人不是智者派，而是一个保守派，那些智者派实际上是激进派，是反对现存秩序的，而苏格拉底是维护现秩序的。可是苏格拉底终于被雅典法庭判了死刑。罪状是什么呢？是说他蛊惑青年，把天上的说成地下，把地下的说成天上。蛊惑青年的罪状是重大的。蛊惑青年，青年都跟着你跑，带头闹事，影响社会的安定和现存的秩序，所以苏格拉底被判了死刑。

　　苏格拉底在思想史上或者哲学史上的地位还有一点和孔子非常相似的，就是他教了很多学生。孔子本人没有著作，《论语》是记录孔子的言行的，都是孔子学生所作。苏格拉底本人也没有著作，记录苏格拉底言行、思想的也都是他的学生，其中最重要的就是柏拉图。柏拉图的著作我们叫做《对话录》(*Dialogues*)，是他们谈话的记录。《论语》其实也是师生的对话录，学生问孔子什么，孔子就回答什么。不过《论语》的对话非常简短。柏拉图本人具有诗人气质，应该说，柏拉图是一个大文学家。如果在历史上给他定位，他的文学地位应该不亚于他的哲学地位。正好像如果我们在中国找一个与他相似的人，我想应该是庄子。庄子是个大文学家，当然他也是个大哲学家，庄子的哲学也非常深邃，但是他的文章漂亮极了。你读庄子的文章会觉得美妙极了，你读柏拉图的文章也同样会感觉美妙极了，非常吸引人，非常之漂亮。他的文章内容是谈话，不断地谈话。通过谈话发挥他的哲学。他早年的对话录，记载苏格拉底的比较多，到晚年他自己的思想成熟了，就记载他自己的比较多了。雅典分为十个区，其中有一个区叫做Academia，他在那里成立了一个学园，在那里收弟子，亚里士多德就是他的弟子，这个学校也就叫做Academia。我们今天的科学院就是Academy这个字。柏拉图的晚年就主持这个Academia。

柏拉图的对话录有很多篇，其中有几篇是非常之有名的。上一讲介绍了一篇，就是他记录苏格拉底在法庭上的辩护词或者叫"自辩篇"(*Apology*)。今天再介绍很短的一篇，叫*Symposium*。*Symposium*是什么？英文字典里也有这个字，就是大家坐在一起喝酒谈话，所以中文翻译为《筵话篇》或《会饮篇》，就是在筵席上的谈话。这里有一段是讲爱情哲学的。我们知道，《庄子》的特点是"寓言十九"，这是他自己说的，里面都是寓言。比如说《庄子》一开头就讲"北冥有鱼，其名为鲲。鲲之大，不知其几千里也。化而为鸟，其名为鹏。……怒而飞，其翼若垂天之云"。这是非常优美的文学作品，当然世界上并没有鲲鹏，这都是他的寓言。所以庄子说他自己的著作是"寓言十九"，即十分之九都是寓言，所以理解庄子也有困难，不知道其中哪些是真的，哪些是假的，只是寓言。比如他说惠子做宰相，庄子到惠子那里去，惠子怕庄子夺他的宰相，就到处去抓他。这不知是真是假，很难说。又如他记载孔子见盗跖，盗跖大骂孔子，肯定都是寓言。"文革"批孔，还据以为史料。柏拉图的*Symposium*是讲男女之间的爱情的，显然是个神话。他说，古代的人跟今天的人不一样，今天的人是两条腿走路，古代人四只手，四条腿，走起路来像车轮那样转，四只手加四条腿转着走。后来神把人劈成为两半，变成了两个人，于是一个人就只有两只手两条腿。但是因为一个人变成了两个人，于是每个人就总是去追求自己的原来的那另一半，这就是人类的爱情。今天英文里还有这种说法，一个情人去找他的 better half，就是去追求自己更好的那另一半。

柏拉图的哲学中很多都是这类文学的描写，有些就像《庄子》的那样，你不知道哪些是真的，哪些是寓言。柏拉图的哲学中有两点对后世影响是最重要的。曾有一种说法是说如果你懂得了柏拉图的哲学，你就懂得了全部的西方哲学，西方的哲学全部都包含在柏拉图的哲学里面了。是不是这样？无论如何，柏拉图这一关是绕不过去的，要了解西方哲学的话，一定要读柏拉图的哲学。

这里只简短介绍柏拉图的两个学说，一个学说是柏拉图的观念论（Theory of idea），idea这个字我们过去都译"观念"，后来学港台的流行术语改成"理念"。老一辈学者陈康先生当年讲希腊哲学时翻译成"相论"。柏拉图的观念论是什么意思，这里试做一个比较简单的介绍。

首先，让我们想一下"数"的特点，柏拉图是受了数论派影响的。就某一个观点来说，数学这个东西是一门很奇怪的学问。我们知道，闭门造车不行，一定要出门合辙。你造了一个车，这个车能不能用，你得拿出门去，看看它合辙不合辙，不合辙就不能用。我们说，水到了零度就结冰，是不是零度就结冰，你得试试，看看到了零度水结冰没有，水没有结冰，那就不是零度结冰；如果水结冰了，那就是零度结冰。造车也是这样，闭门造车，你得出门合辙，什么事情都要经过实证的检验，或者说实践的检验。但是只有数学这个东西是非常奇怪的，它是闭门造车的东西，但你不用担心它是不是出门合辙，它出了门绝对不会不合辙，绝对会合辙。假若它出门不合辙，那么问题在辙上，而不在它的身上，也就是说一定是辙有毛病，不是车有毛病。这就好像算账，算一笔账，假如这笔账的结果与你现在手头的现款不符合，你再算还是这样，那肯定是现款出了毛病，而不是算法出了毛病，算法不会有毛病。你算我应该有10 000元，那就应该有10 000元，假如手头只有9 000元，那么一定是丢了、弄错了，而不会是算错了，只要算法是严格的，就不会算错。数学奇怪的性质就在于它不依靠实践，它不依靠实证或者试验。只要你算对了，它就绝对是正确的。三角形三个内角和就等于两个直角，这是先天就可以推论得出的。假如三角形三个内角之和不等于两个直角，那说明是三角形出了问题。出了什么问题？比如，它是一个球面三角形，不是个平面三角形，如果是球面三角形，三角形三个内角之和就不等于两个直角了，我们讲的是平面三角形的三个内角之和等于两个直角。数学有这样一种特点，这种特点假如应用到我们的知识上面来，我们的知识里面有没有一种成分是先天的成分，好像是数学那样一种先天的成分。罗素转述过一则古希腊的故事，是说找了一个小孩子来，让他算几何学，结果算出来了。他说，你看，小孩子都可以算出来，可见他原来就知道。我们学了几何学也知道，你给我一个定理，我照着这个定理就可以推理出来一系列结论。那么这个知识从哪里来的？好像天生脑子里原来就有这么个东西，不过你不记得它，等到给你点明了，你想起来了,原来就是那么回事。这就等于先天的知识了。例如,你告诉我两点之间直线最短,我就可以推论出来三角形两边之和大于第三边。推理是绝对不会错误的,这是数学的特点。哲学推理是不是也是这样,也有先天的成分呢？近代初期好几位大哲学家都是这样认为的,并且是按照这种方式建构他们的哲学的。

知识还有一个特点,这个特点就是,我们的知识所采取的形式必然是概念的形式。我们说这个桌子是方的,或者说这个椅子是圆的,或者说这个石头是白的,这是我们的知识,它们都是采取概念的形式。什么叫概念的形式？比如2加2等于4,2是个概念。客观的物质世界上没有"2",物质世界只有具体的东西,没有2,2是我们抽象的概念。世界上可以有两个鸡蛋,但是你不能说两个鸡蛋是2,世界上没有"2"。世界上也没有方或者圆,我们说某个东西是圆的,这个知识采取的是概念的形式。某种东西是圆的,但世界上并不存在"圆",圆是我们概念里的东西,世界上任何东西都不圆。它是圆形,但它并不是"圆"。比如平面或直线,世界上也没有绝对的平或直。无论这个东西怎么平,你仔细把它放大,它还是有不平的地方。无论这个东西怎么直,怎么圆,仔细推究都不会是绝对的。绝对的圆或直只存在于我们概念里。又如 $a+b=c$。$a$ 是什么？世界上没有 $a$。$b$ 是什么？世界上也没有 $b$。那么 $a+b=c$ 是什么？如果在具体物质世界里找相应的东西,那是根本没有的。它们只存在于我们概念里,在概念以外就是并不存在的。世界上没有 $a+b=c$ 这个东西。但是我们所有的知识都是采取概念的形式,假如我们没有概念,我们不可能有知识。概念作为概念来说,它本身是绝对的、是完美的,但是在物质世界、现实世界里是不存在的。

柏拉图的相论,或者概念论,或者理念论,认为真正可靠的知识就是概念的知识。不是概念的知识,便仅仅是我们的感觉,它不是真正的知识。我们的感觉不是知识,我们觉得很硬或者很软,或者很热,或者很冷,那是你的知觉,但这不能算是知识,知识必须采取概念的形式。那么概念是什么呢？概念就是 idea。世界上绝对不变、绝对正确的知识只有概念的知识。那么我们感知的现实世界又是什么？它不过是概念的一个摹本,一个 copy。世界上有圆的东西,但那个圆的东西实际上是圆的一个摹本,所以它不可能是真正的圆,真正的圆存在于哪里呢？永恒的、绝对的、真正的圆,只存在于概念的世界中。

这一点也包括有中国哲学与西方哲学所走的路数的不同。中国哲学走的路始终都是一个世界,西方哲学走的路则是两个世界。西方把世界分为两个,一个是永恒不变的绝对的世界,还有一个可以说是形而下的世界。这个形而下的世界是我们感知的世界,这个世界是不断变化的,不是绝对的,而是相对的。西方的两个世界这一点或者可能和他们的宗教信仰有关。因为中国(至少汉民族)没有宗教信仰,只有一个现实世界,所以中国哲学讲到最后总是不脱人伦日用,也就是不脱离我们的现实生活。但是西方的世界最后追求的,是一个脱离现实世界的世界,可以说是一个完美的、绝对的、永恒的世界。这可以溯源于柏拉图的相论。这个问题柏拉图本人并没有很好地解决,如果按照罗素的说法,任何真正的哲学问题永远都解决不了,将来永远要追问下去的。例如人们常常要问的人生究竟有什么意义?这个或这类问题,北京大学张世英先生说了,乃是千秋万世的问题,永远都不会有最后的答案。这里的问题也是一样,这种问题总是要不断追究下去的。两个世界的划分,是一直影响着后世的西方哲学思想的。

柏拉图的思想里,一个是我们介绍的相论,还有一个是他一篇非常重要的著作《理想国》($Republic$)。

英文的 republic 是从拉丁文来的,拉丁文中 res 是事,public 是公众,所以此字在字源上是公众的事情。孙中山有一个有名的定义,《三民主义》开头就讲,什么是政治?"政者,众人之事;治者,管理",政治是管理众人之事,也就是这个 republic。这是孙中山的定义。

柏拉图的这一篇对话录是谈论国家的,我们过去译作《理想国》,现在改作《国家篇》。这一篇的内容,实际上是在谈他的理想国。每一个思想家、每一个哲学家都有他自己的理想国;或者反过来说,没有自己的理想国的,就不是一个哲学家或者一个思想家。中国的哲学家不例外,也都有自己的理想国。比如老子是中国古代的大哲学家,他就有理想国。"小国寡民","鸡犬之声相闻","民至老死不相往来",这就是他的理想。近代也有近代的理想国,康有为写了一部《大同书》,那是他的理想国。毛泽东提出人民公社,农林牧副渔,工农兵学商,一应俱全,这是毛泽东的理想国。每一个思想家都有他的理想国,古今中外,莫不皆然。如果一个哲学家最后没有自己的理想国,那么这个人就不成其为一个哲学家了。西方最完备最早的理想国,就是柏拉图这部名篇所提出的理想国。

柏拉图的理想国并不像我们后来通常所认为的那么空想,其实他的理想国在很大程度上是以古代的斯巴达为蓝本的。古希腊城邦里最有名的两个国家,一个是雅典,一个是斯巴达。雅典的文化是最发达的。斯巴达的精神则是尚武的,是非常注重军事训练的,对于文化并不重视。

柏拉图的《理想国》是这样设想的:治理国家是一件非常复杂的事情,要把国家治理好,就需要治理国家的人是一个非常有智慧的人,是明白各种大道理的人,否则就不配治理国家,所以一个治理国家的人必须是一个哲学家。柏拉图的理想要有一个"哲人王"(philosopher-king),即由哲学家来做王。国家那么复杂,要治理好一定要由有最高智慧的人,也就是哲学家来统治,所以哲人王是他的理想。当然国家不止是王一个人,在哲人王的下面,就应该还有一部分人,这部分人是管理国家和保卫国家的人,这种人叫做 guardians,是保卫者或卫国者,他们是第二等人,实际上在管理国家的事务并且保卫同家。除了这两种人以外还有广大的平民百姓,这些人是工人、商人、农民,都是老百姓。他所设想的实际上是一种等级制的国家。这种等级制度古今中外都有,事实上也不可能大家等级都一样。为什么这三种人不同呢?据他说,有的东西是用金子做的,有的东西是用银子做的,有的东西是用铜和铁做的。人也一样,有的人是金子做的,那就是哲人、哲学家,懂得各种大道理;有的人是用银子做的,品质非常好,就是保卫国家的这种人,即 guardians;第三种人就是铜铁了,甚至于是破铜烂铁做的,这种人就是老百姓。如果要一个国家治理得好,就必须这三种人都各守其分,在哪个岗位上,就都要把本职的工作做好。你是哲学家,你就把国家管理好;你是保卫者,你就把保卫国家的任务担当好;你是平民百姓,你就老老实实把工作做好。如果各安其位各守其分,那么这个国家就会稳定持久了。这是他的理想。

但是柏拉图也看到了另外一方面,国家未必都是那么理想、那么美妙。是由于什么原因呢?原因有两个。一个是私,自私。人都有私,一有私就不好,就不安分了,或者想要有更高的地位,或者想有更多的权力和财富,所以一个国家的教育首先就是要把私去掉,用现代的术语,叫"破私立公"。一个国家为什么不好的第二个原因就是愚,愚昧(ignorance)。

一个人他没有受教育就不懂得道理。所以愚也是造成社会混乱和不安的原因。如果国家要治理好，第一就是要去掉私，第二是要去掉愚。怎么去私？怎么去愚？有一个现成的模型，就是斯巴达，柏拉图所设想的办法很大程度上是从斯巴达那里来的。

我们应该看到一点，柏拉图的理想国实际上是有普遍性的，后世所有的理想国在某种意义上都是继承或者说分享他的这个理想国，包括康有为的《大同书》里面也是讲去私界，就是消除人类的自私。实际上康有为不一定真正读过柏拉图的《理想国》，也不一定真正模仿柏拉图的理想国，而是人类的共同的理想国必然包括有这样几点成分。

柏拉图的理想国要去私去愚。私是什么？私最重要的表现就是有人"吃小灶"，所以就要把小灶去掉，小灶是一定不能要的，所以一个理想国首先是要吃大锅饭，这是非常重要的一环。历来所有的理想国包括太平天国这种理想国都必然要吃大锅饭，只要一吃小灶，里面就有私。要打破小灶就一定要打破家庭，家庭是私的起源。不过这一点对于中国似乎比较困难，历次革命（包括太平天国）在某种意义上说都要打破私，这就意味着要打破家庭。古代斯巴达是打破家庭的，小孩子一生下来是属于国家的，不是属于家庭的或个人的，所以小孩子无论是男是女都过集体生活，没有私人生活，以免有私。破私立公，这是任何理想国最重要的一点。一旦有了私，就无法做到大公无私。理想国都是要大公无私的，所以一定要破私，一定要破小灶，破家庭。另外，愚怎么破？这比较简单，就是靠教育。教育一定要由国家来主持、来管理，不能有私人的教育。中国古代在战国时候有一种情况，术语叫做"处士横议"，就是说知识分子乱发议论。这是不行的。因为知识分子乱发议论会造成人们的思想混乱，思想混乱的结果就造成了愚，这个愚就是不符合作为统治者的哲学家的要求的，所以那是制造混乱的根源。为了避免混乱，就必须由国家控制教育，反对"处士横议"。这一点到了后世也是所有理想国所向往的东西，也就是要用一套他认为是最正确的理论或者是最正确的思想来教导人民，大家都服从这一套思想理论，不许有别的非官方、非正统的理论。所以教育的大权、宣传的大权一定要掌握在统治者的手里，掌握在最有智慧的那个人，即哲学家或哲人王的手里。

可以看出这在理论上有说不通的地方，因为哲学家也可以有各式各样的哲学家,有各种不同的哲学,并不是只有某一个人可以垄断的。但是当时的人都没有想到或者不愿承认这一点,都认为只有自己的哲学是唯一正确的哲学,所以不容许任何别的哲学存在。因为别的哲学一出来,异端邪说一出来,就成为最危险的东西,可以蛊惑民心,动摇国本,使国家动荡不安,所以一定要禁止各种异端邪说的出现。这样做当然对于学术的发展是很不利的。不过即使在近代也不免有这种情况。20 世纪 30、40 年代德国所谓"犹太人的物理学",20 世纪 50 年代苏联所谓"孟德尔—摩尔根反动的资产阶级遗传学",都是例证。当然这种由政治出面干涉一种学术思想,有其好处,就是大家思想都一致,谁要是不同意,他就成为敌人了。可是这对于学术的发展却是很大的不利。学术思想应该是百家争鸣,百花齐放,一旦定于一尊,以你为准,那么学术就没有进步可言了。

时间太短,《理想国》就介绍这些。这个理想国里面不管有多少缺点,但是它涉及了一切理想国的最根本的一些问题,这些问题,所有后来的理想国,不论是中国的还是外国的,从理论上说基本都没有超出这个范围,都是按照这个模式来规范的。这一点可以说是柏拉图的远见卓识,他看到了理想国的问题所在。

柏拉图死后,他最有名的弟子是亚里士多德。亚里士多德是古代哲学家里集大成的百科全书式的人物,他的著作包括全部古代的知识在内,有生物学、物理学、形而上学、逻辑学等等,可以说当时几乎所有的学问都谈到了。他是最大的一个宗师,他的重要性不仅是在当时。值得注意的是,中世纪(一般说是从 5 世纪到 15 世纪是西方的中世纪,或者中古时代)这一千年的西方思想史上,有两种思想是非常奇怪地结合在一起的,一种是基督教的学说,一种是亚里士多德的学说,这两者是结合在一起的。

我们上次介绍了但丁的《神曲》。但丁是 13 世纪初年的人。他是中世纪最伟大的诗人,他的大著是《神曲》。《神曲》中描写了地狱和天堂,地狱和天堂之间的那一层叫做 limbo,这一层中文可以叫做"惨淡世界"。住在这一层的是些什么人呢?住在这一层中的人是非基督教徒,非基督教徒没有希望升天堂了,但是他们又都是很有贡献的古代贤哲,这些人都住在 limbo 里,亚里士多德就住在这个 limbo 里。后来美国的哲学家桑塔亚那(Santayana,1863—1952)写了一本书叫做 *Dialogues in the Lim-*

bo，就是在 limbo 里面的对话，把古代的哲学家都找来在那里面对话。

亚里士多德在逻辑学方面的影响极大，一直到 17 世纪为止，西方的逻辑学都是亚里士多德的逻辑学。亚里士多德的逻辑学基本上是三段论的逻辑学，三段论就是一个大前提、一个小前提、一个结论。比如说所有的人都会死，这是大前提；小前提是苏格拉底是人；结论就是苏格拉底必然会死。这是三段论的推论，现代逻辑学认为这种逻辑等于什么都没有说，自己兜圈子，不算逻辑。当然近代逻辑学与古代逻辑学不同了，问题是这种逻辑学统治了一千多年。最重要的是，中世纪的基督教哲学都是采用三段论的形式来推论的。比如说，万事万物都有一个创造者，一张桌子一定有一个木匠来做，不然怎么会出来一个桌子？世界怎么来的呢？一定是有一个创世主，不然怎么会有世界的呢？这种推论方式，就是证明一个上帝的存在。

在中世纪，基督教虽然有很多神学，但总的来说还是与中国的思路有其不同的地方，它们许多是按照逻辑推论的，像证明上帝的存在，就是按照逻辑推论的。中国的推论不大注意逻辑而是喜欢用比喻。比如人性，人性是什么？回答说，人性好比是水，你往东边引，它就往东边流；你往西边引，就往西边流。当然也可以往南流或者往北流，看你怎么引。这不是逻辑推论，而是比喻。为什么说人性应该像水，为什么人性不像火？中国的方式与西方的思维方式在历史上各有特色，尽管作为哲学问题本身而言，并无二致。

## 五

亚里士多德有一个学生，在历史上赫赫有名的，就是亚历山大大帝。他是马其顿的国王，马其顿在希腊的北边，原是希腊的一个邦。亚历山大大帝是古往今来最伟大的征服者，他率领他的军队不仅征服了全希腊，而且征服了今天的近东，征服了小亚细亚，征服了波斯，一直打到印度河，建立了古代最大的一个大帝国。他死了以后，这个帝国分裂成三个部分，其中有一部分是在埃及，亚历山大的部将成为当地的统治者。他有一个部将在埃及建立了一个王朝叫托勒密王朝。历史上古代的国家、甚至于近代的国家，往往是建立了一个大帝国以后，就又分裂了。一个真正的大一统帝国很少有能够长期维持下去的,往往都分裂。大概是帝国太大了,不便于一统,所以分裂了。分裂后希腊本土已经衰落,希腊的文化中心反而转移到了埃及。埃及的北部有一个港口,这个港口以亚历山大命名,叫做Alexandria,这时候就成为古希腊文明的中心。这时候,希腊早期的繁荣已经成为过去,文明史已经进入了晚期的希腊时代,这个时代叫做"希腊化时代"(Hellenistic age)。这些地方都受到希腊化的影响,晚期以后希腊文化就在那里流行。

希腊化时代是一个分裂和不断战争的时代,人们的注意力逐渐转到人生问题上面来,研究什么是幸福以及人怎么去追求幸福?怎么渡过一个混乱的时代,混乱的世界?我们应该说,从前的自然哲学时代是一种健康的心态,表现了人对于自然世界的兴趣,他研究自然世界是怎么回事,是什么东西造成的?这是一个向外开放的、健全的心态。而凡是哲学过分追求自己的内心的时候,往往总是一个动乱的时代。它对于外在世界已经没有兴趣了,只对自己的生活感兴趣,怎样延长自己的生命,怎样保存自己的生命。希腊哲学已经内向化,只关怀一己,于是进入了它最后的阶段,这个阶段叫做伦理阶段(ethical period)。

伦理阶段各家各派的学说都是以怎样来追求自己的幸福为目的的。这时在希腊原来的土地上出现了好几派哲学。这几派哲学都有一个共同点,就是力争在一个痛苦和绝望的环境之下,怎样能够保全自己的生命,怎样保持自己避免不幸。就这一点说,中国的杨朱、老庄都有这种倾向,力求在乱世中怎样追求自己的幸福。当然最简单的一种就是一味享乐。不要去管身外的事,能够享乐就尽情享乐,忘掉其他一切,今朝有酒今朝醉,但是这不是一个根本的解决办法。因为你今朝享乐之后,明天就会更痛苦,所以最好就是根本不要去享乐,根本不去享乐,你就不会有这种痛苦。希腊哲学后来分成好几派,有名的有两派,一派是伊壁鸠鲁创立的叫做伊壁鸠鲁主义(Epicurism),另一派是斯多葛主义(Stoicism)。这两派哲学主要都是讲怎么样能够保持最大的内心幸福,最好不要追求物质欲望,保持自己心态的平衡,特别是保持道德的安宁。因为一个人保持了道德的安宁,他才能够保持一己的幸福。

这一点应该是常识,是可以在日常生活中直接体会到的,真正的幸福必须自己觉得自己在道德上是无瑕的。比如说一个人贪污了一大笔钱,也许觉得有这一大笔钱很幸福,其实他内心未必幸福,因为他觉得这笔钱是贪污来的,内心里会感到不安,因而不会有幸福可言。真正的幸福必须自己觉得行为得当而高尚。所以伦理学派最后归本于伦理道德的诉求。

这两派都追求道德的完美。固然这是好事,但是同时这也象征着一种哲学上的堕落。哲学所追求的不仅仅是个人的"幸福",还要追求知识上的完美,要研究世界是怎么回事,人生是怎么回事,不应该仅仅是局限于个人生活的小圈子里,考虑的只是个人的得失。

随着古代世界的没落,不但出现了各种伦理学派,也涌现出来了各种宗教。宗教涌现出来大多是在动乱的时代,假如一个时代很太平、生活很幸福的话,人们不太需要精神上的安慰和寄托。马克思说过宗教是人们精神的鸦片烟,宗教无疑地有这个功能。所以在不幸的时候、流离的年代,宗教总是很流行的,其中从1世纪开始流行的就是基督教。

基督基是耶稣(Jesus,公元前5年—公元33年)创立的,耶稣是犹太人,犹太人信奉犹太教。犹太教的经典就是今天《圣经》中的《旧约》。基督教是犹太教演变来的,但它是另外一种宗教。犹太教的经典与基督教有所不同。《旧约》相当中国的"五经",假如孔子是教主的话,孔子以前的经典就是"五经",或者"六经"。在犹太人那里,耶稣以前的那些文献,也像中国一样,有历史、有诗歌、有各种文告,合起来就叫做《旧约》。相对于《旧约》的就是《新约》,《新约》是记载耶稣诞生后耶稣的教训及其门人弟子的活动和教诲,所以叫做《新约》。这类似中国的"四书","四书"是孔子诞生后孔门最重要的经典著作。犹太人信奉的是《旧约》,《旧约》是犹太教的经典。按照犹太人的史传,犹太人是亡了国的,亡国以后犹太人总想复国,总想有一个救世主出来,这个救世主能够领导他们恢复他们的王国。救世主就是基督(Christ),基督就是救世主(Messiah,弥塞亚)的意思。后来耶稣出来传教,有的人认为耶稣是救世主。但是犹太人一般不认为耶稣是救世主,所以凡是承认耶稣就是救世主的人,即承认耶稣就是基督的人,就属于基督教。直到今天,犹太人并不承认耶稣是救世主,所以今天犹太人信奉的还是犹太教,而不是基督教。《旧约》是犹太教和基督教都信奉的,但是《新约》则是犹太教所不信奉而基督教则同样奉之为圣经的。分歧在于是不是承认耶稣就是基督,或者说Messiah。Messiah是犹太人的救世主。凡承认耶稣是Messiah的人,就是基督教,他们就信奉《新约》。《旧约》是两个教都相信的,但是《新约》则是耶稣基督的教训,耶稣基督的教训是犹太教所不相信的。所以在某种意义上,对于基督教来说,《新约》就比《旧约》更重要。这就好像"四书""五经"的关系一样,从某种意义上来说,"四书"的地位比"五经"更重要,因为孔孟之道、孔孟的学说是在"四书"里面,而不是在"五经"里面,"五经"是孔子以前的东西,而真正孔孟的教训是在"四书"里面,正如真正耶稣的教训是在《新约》里面。

《新约》是耶稣逝世以后大约一两百年由他的信徒们写成的。《新约》包括几个部分:一部分是他的信徒们所写耶稣的传记,这是《新约》的福音书部分;后面部分是几个使徒(Apostle),也就是他的大弟子,所写的书信教导,包括最有名圣保罗所写的那些教诲信众的书信。

除了基督教之外,当时还有各种各样的教派,特别是从东方传来的教派,传到了西方,非常流行。人的思想非常复杂,吸收各种不同的来源,不能说是只受某一个人或某一派的影响或者某一部书的影响,思想的来源是非常复杂的。我们吃东西,并不是只吃某一种东西,营养不是只从某一种东西来的。人的思想也是一样,所以思想一定要严格划分的话,有时候是很难划分的,因为每个人的思想总都有不同的来源,有不同的成分。世界好多大宗教都是从近东一带开始的,东方有好多宗教都非常流行,其中有一种是古波斯的宗教,叫做拜火教。拜火教后来在中国也很流行,叫做祆教或拜火教。

拜火教的创始人叫做 Zoroaster,所以这个教派又叫做 Zoroastrianism,在中国就是祆教。火代表光明,所以他们都拜火。这种教派的理论比较简单,这种简单,易于为人接受,但这种简单的理论是人们思想深处根深蒂固的东西,每个人都很容易采取这种简单的思路:世界上的一切事件和历史都是两种势力的斗争,一种代表光明,一种代表黑暗。火就代表光明,光明与黑暗的斗争,最后必然是光明战胜黑暗。历史上一切的宗教及其理论和学说,假如我们把它简化成为最简单的字句,都可以简化成为拜火教式的教义:世界上的一切无非是光明与黑暗的斗争,结果是光明战胜黑暗。这就像代数学那样,把它简化到一个最简单的代数公式里。这种简单的代数公式几乎是每一种学说都可以接受的,因为每一种学说都可以最后简化为这样一种公式:光明与黑暗的斗争,最后是光明战胜黑暗。所以这种理论非常容易流行。后来这种理论西传，就与基督教结合在一起，形成为聂斯脱教派（Nestorianism）。

早期的基督教的来源是非常复杂的。不仅是早期基督教，世界上各大宗教，或者任何一种大的思想理论体系，从来没有纯之又纯的。我们知道，马克思主义后来也有多少种，各式各派的。要找一种百分之百、纯之又纯的宗派或教派是没有的。因为时代不断在变，人不断在变，不可能每个人都是百分之百的原装或原教旨主义者。这不像酒，一瓶酒保存了几百年不开封，它是原装，可是既然开了封以后，酒就变了味道，就不是原装的了。

古代末期，在罗马帝国，基督教作为一种异端邪说是受压制，被认为是邪教的。但是基督教的力量终于不可抗拒，这不可抗拒的原因是什么？第一个原因是罗马帝国本身的腐化。罗马帝国本来是一个强大的帝国，但是它本身腐化之后，丧失了支持的力量。这时候，人们就追求一种安慰、一种信仰、一种精神的寄托，基督教许给了他们一个天堂，于是他们就相信了基督教，这就找到了一种思想感情的依靠。第二个是因为罗马帝国是被欧洲北部的蛮族日耳曼人所灭亡的。那时候，日耳曼蛮族还没有步入文明，没有国家，也没有文字。他们信奉的异教，是自然神教，所有的民族在原始的时候信仰的都是自然神教。比如打雷相信有个雷神，下雨相信有个雨神，这些都是自然神教，是原始的宗教。后来多神教变成了一神教。日耳曼人的文明本来是非常落后的，所以它很容易就接受了一种较高的文明。基督教是当时西方希腊化文明时代的产物。一种落后的民族接受一种高等的文明，这原是很自然的事情。文明水平的高低，不看武力的大小。比如满洲人，他们征服了汉族后，汉化得很厉害。乾隆皇帝是满洲人，但是他作汉诗，到处题汉诗、用汉字。他们汉化得非常厉害，为什么？因为汉族的文化水平比他高，无论是物质文化还是精神文化，最初满人连文字都没有，汉字有几千年，诗词的水平要高得多，那么在文化上会被同化。满人是游牧民族，吃的东西很简单，无非把肉在火上烤一烤。汉族文明几千年了，各种饮食肯定比他们的高明，他们自然会接受汉族的东西，在文明进行较量的时候，总是落后的文明去吸收先进的文明。作为先进文明的代表，基督教很快就被野蛮的日耳曼民族所接受，所以日耳曼民族文化的发展，跳过了古代的阶段，或者说中世纪实质上是日耳曼的"古代"。按照人类文明发展的步骤来看,应该先是古代,然后是中世纪,然后是近代。但是日耳曼民族跳过了古代而进入到中世纪,他们有个希腊罗马古典的古代给他们垫底。日耳曼接受了基督教的文明之后,下面的历史就进入了中世纪的时代。

# 第三讲　中世纪和近代的西方哲学

时间太短，讲不完整个中世纪和近代，我想最简单地提一下中世纪的几个特点，然后讲一下近代主要的脉络。

一

现在用非常短的时间介绍一下中世纪西方的思想和哲学。中世纪西方历史的主角是日耳曼民族，不是古代的罗马帝国。西方的中世纪是日耳曼人在罗马帝国的废墟之上新建立的蛮族国家。日耳曼人当时是野蛮人，他们连文字都没有。一个民族连文字都没有，自然是非常落后的。他们崇拜的是原始的自然神，如风神、雨神、雷神这些东西。罗马帝国在晚期是非常衰落而且非常腐败，使日耳曼民族有可能大举侵入罗马帝国。中国历史上也有这种情形。一个王朝没落的时候，就受到外族的侵略，尤其是野蛮民族的侵略。日耳曼民族大量侵入罗马帝国以后，罗马帝国灭亡了。日耳曼民族由于是一个落后的野蛮民族，所以很快接受了一种宗教，那就是罗马帝国原有的基督教。野蛮人的精神状态是空虚的、是落后的，所以非常容易接受一种宗教信仰；但是一旦接受了之后，非常难改。这就好像个人习惯一样，一个大人学别人话要困难些，一个小孩很容易学会说话，但是一旦会说话以后，再叫他改一种别的语言，是非常困难的，这个是先入为主的缘故。不但改另一种语言非常困难，就连语音的改变也非常困难。一个小孩说着乡音，过了一些年以后，要他改掉他的乡音，他就难以改掉了。日耳曼民族一旦接受了基督教之后，这个宗教就深入到这个民族的内心。这一点看来和中国有所不同。我们中国，至少是汉族，没有那么浓厚的宗教信仰。为什么没有那么浓厚的宗教信仰？我以为有一个物质上的原因，就是中国的血缘关系始终没有断绝，所以中国有一个浓厚的血缘的背景,宗法的背景,这个背景形成了中国一种特殊的以伦理道德为中心的集体主义,有了这样一个集体主义,个人就不太需要有宗教的信仰了。西方由于经过了民族大迁移,原来的血缘关系解体了。所以从一开头,西方的个人主义成分就比中国的更多。越是个人主义大概就越需要宗教信仰,因为一个人的精神总需要有一种支撑。在中国,这种支撑就在伦理道德里面,这个伦理道德就是君为臣纲、父为子纲,即对于君父、对于家族无限的崇拜。而这种成分在西方较少。所以在日耳曼民族里,一个重要的思想上的因素就是基督教的信仰。

也因此,在中世纪的时候,西方的学术中心主要是在教会里,特别是在修道院里。这一点与中国背景也有所不同。中国过去或者是私人讲学,或者是家学,特别是在乱世、蛮族入侵的动乱时代,一般都是家学,因为中国家族的团聚力量特别大。西方家学的比重很少,所以西方的学术都集中在寺院里或者修道院里。修道院或者教堂成为保存学术的中心。当然,它也会有一个缺点,那就是宗教性太浓厚。

在另外某些方面,中国和西方也有相似的地方,那就是中世纪的学问基本上都是经学(scholaslicism)。所谓经学,就是对经书的解说。经书是神圣不可侵犯的最高指示。所谓学术就是对经书的解说。这一点中外古今并无二致。它和近代学术的最大不同在于:近代学术的目标是求真。譬如自然科学,我们的自然科学的目标是求真,所以我们在自然科学研究里,并不崇拜某一个教条,认为它是绝对正确,字字都是真理,一个字都不能改,似乎学术的任务就是怎么样来无限崇拜这个教条,宣扬这个教条,用血和肉保卫这个教条。但宗教却就是这样,宗教信徒对宗教就是这样崇拜。我们知道,学问是从怀疑开始,至少近代的学问是这样。后面我们会讲到笛卡尔的追求,笛卡尔的哲学一开头就从怀疑开始。但是中世纪的学问是从信仰开始。在中国,中世纪的学问也是这样。你的学问仅仅就是怎样来体会、来发扬经典。经典是摆在那儿的,《圣经》是摆在那儿的,是一个字都不能更动的,中世纪的所有的学问就是研究《圣经》,也就是你怎么体会《圣经》、解释《圣经》、发扬《圣经》。这和中国一样,中国中世纪的学问基本上都是经学。我们也可以说,经学的态度和科学的态度是两种不同的态度。当然,并不能说宗教或者经学就毫无价值,经学可能有经学的价值,宗教可能有宗教的价值,但是它不是科学的态度,也不是科学的价值。这是两种不同的价值,经学是信仰的价值,科学是求真的价值,这两种价值取向是不同的。中世纪的学问就是经学。西方经学就是拿《圣经》,看你怎么讲。在中国,中世纪的学问,一直到清朝的学问,清朝考据学的学问,都是经学,也就是拿经书来,看你怎么讲,你怎么解释它。这就是你的学问,你的全部学问就在这里面。当然,西方中世纪也有别的学问,但是那些学问讲到最后是要为经学服务的,如果你的学问不能为经学服务,你的那个学问就没有价值了。所以西方有一句话,叫做"哲学是神学的婢女",是侍奉神学的,为神学服务的。当时的哲学指其他所有的学问,即是所有世俗的学问、所有非宗教的学问。物理学、化学都是哲学,所有的学问归根到底都是要为神学服务的。中国也是一样,中国学问的内容是义理、辞章、考据。义理就是讲道理;辞章就是你的文章写得好;考据就是考订,哪个字应该怎么讲,哪个句子应该怎么讲,哪个经学家怎么讲。西方的和中国的经学其基本的精神和思路是一样的。当然,中国的"经"和西方的"经"并不一样,中国的经书是"四书""五经",西方的经书是《新约》《旧约》。经学的绝对统治地位大约延续了整整一千年,从4、5世纪到14、15世纪这一千年是西方的中世纪,西方的中世纪比中国的中世纪短。中国的中世纪从汉代开始。汉代就讲经学了,所以我们中国传统的学问叫汉学,汉学就是以汉儒为标准的经学。西方也是这种情况,西方的早期经学叫做教父学。教父是什么,教父就是宗教里面最早的大学者,后来讲经学的都以他们为准。这就好像中国讲经学以汉儒为准。为什么以汉儒为准?因为汉儒离先秦的经书最近,他们的讲法最有权威,所以中国讲经学就叫汉学。西方讲经学的人就都回归到教父学,就是最早的一批宗教学者。

关于西方中世纪的学问,我只介绍两本书。一本书是上次提到的但丁的《神曲》。我们知道但丁是意大利的诗人,是翡冷翠人。"翡冷翠"一词是徐志摩的翻译,后来有人给它改,认为不必一定要翻成三动听的字样,应该翻成佛罗伦萨,就是今天所说的佛罗伦萨。那个字在英文(或法文、德文)里,是佛罗伦萨,意大利文是翡冷翠(Firenze)。但丁不是哲学家,为什么要介绍他的书呢?因为他那部《神曲》反映的是中世纪的人生观,是非常完美的中世纪人生观。但丁被称为西方四大诗人之一。西方四大诗人是哪四位?一般认为一个是古希腊的荷马、一个是中世纪的但丁,一个是近代英国的莎士比亚,另一个是近代德国的歌德。他们号称"四大诗圣"。但丁的《神曲》是一首长诗,表现中世纪的宇宙观和人生观。另一本书就是阿奎那(Thomas Aquinas,1225—1274)的,他是意大利的神学家,他把中世纪的神学完全系统化了,变成了一套系统的理论,这本书的名字就叫《神学大全》。这本书不用全部看,看起来又很繁琐。中文很早有个译本,是明末耶稣会士带过来的一本教科书,这本神学书基本内容就是阿奎那的《神学大全》。这本书后来是叫明末学者李之藻翻译的。非常有意思的是,西方和中国这两方面文化背景毕竟差异太大了,所以李之藻的译本在中国没有得到流传。阿氏的书一直是天主教正宗的理论,到了现代还出现了新托马斯主义(托马斯即阿奎那)。近年来各种西方的"后学"都在中国流行,但似乎很少有人介绍新托马斯主义。

## 二

现在我们转入近代。中世纪和近代最大的不同,物质层面上来说,近代是扩大再生产,中世纪是简单再生产。因为中世纪是简单再生产,所以中世纪的思想也是长期停滞的,思想总是和时代的物质条件相适应的。中世纪的生产几乎是年年重复不变的,所以它的生活方式几乎是年年不变的,所以它的思想方式几乎也是年年不变的。我们知道,生产方式决定了生活方式,生活方式决定人们的思想方式。由于近代是扩大再生产,物质基础就年年变化。结果物质基础变化了,生活也就随之变化了。我们今天生活在21世纪,就和20世纪生活不一样了,思想也当然会不一样了。因为我们根本的物质基础不一样了,我们的物质生活不一样了,我们的生活方式就不一样了,我们的思想方式当然也就不一样了。近代的思想方式改变了,近代的思想内容也改变了,但是改变的不仅仅是思想。物质基础变了以后,上层建筑也随之而变,生产方式变了,思想的方式也随着变,思想是和社会配套的,思想毕竟是社会的产物。所以近代和中世纪的不同,不仅仅是思想上的不同,而且还有社会政治生活方式的不同。没有整套近代的不同于中世纪的社会政治生活方式,就没有近代的思想方式。

一种思想,除了要有社会条件、政治条件的配套外,还要有社会思潮与之配套。如果没有整个社会思潮的配套,一个人的思想是很难起作用的。我们可以举一个例子:文艺复兴时代,有一位大师,就是达·芬奇(Leonardo da Vinci,1152—1519)。大家都知道他是著名的画家,创作了著名的绘画《最后的晚餐》和《蒙娜丽莎》。中国人把《蒙娜丽莎》称为《永恒的微笑》,现存巴黎的卢浮宫里。这幅画的标题是拉·吉奥康达(La Giaconda),吉奥康达是名字,拉·吉奥康达就是吉奥康达夫人的画像。大家都知道达·芬奇是名画家,其实他是位多方面的天才,他又是建筑家,又是科学家。但是最可惜的是他的科学手稿遗失了,遗失了很久,多年以后才被发现。他是远远超前的,那个时候还没有人有他那么深刻的科学思想,但是当时意大利的条件没有可能和他的思想配套,所以他不具备必需的那个社会条件,他的思想被埋没了。这种情况非常之多。一个人的思想可能超前,但是如果整个社会背景不成熟的话,他的思想就变成了彗星一现。

## 三

近代从什么时候开始揭幕?可以说它是从15世纪到16世纪这100年间开始的。标志它的揭幕有两件大事。

第一件大事就是哥伦布发现新大陆,广义地说应该是地理大发现。不仅是哥伦布发现了新大陆,而且很多海外的新航线都发现了。那个时候,达·伽马发现了印度洋的航路。本来,西方不知道到东方怎么走,一般都是经过阿拉伯世界,再从阿拉伯世界到中国。后来达·伽马发现可以绕非洲南部的好望角到非洲东岸,然后过阿拉伯海,就可以到达印度,这样就发现了一条印度洋的航线。西方到东方来,不必再像从前那样走陆路了,可以走海路。哥伦布发现新大陆,也就是发现了一条大西洋的航线。后来,麦哲伦在16时纪初年的时候,又有一次大航行,成功地环绕了地球一周,这是全世界第一次的环球航行,从事实上证明了地球是圆的。但那时转地球一周花了三年的时间。今天,我们转地球一圈,三天都不要,一天就可以绕地球一圈了。这表明近代是怎样的进步。地理大发现开辟了一个世界市场。过去的市场仅仅限于西欧的几个国家,地理大发现开辟了整个世界作为市场,这大大刺激了资本主义的原始积累。因为资本主义是扩大再生产,所以就像是滚雪球一样,越滚越大。资本积累越来越大,所以生产规模就越来越大,就可以不断地扩大再生产。而中世纪是无法扩大再生产的。当然,这并不是说中世纪的生产就没有进步了,但那进步非常之慢,从表面看,几十年、上百年几乎看不出什么重大的进步来。但是我们知道,"进步"在近代是加速度发展着的。三年五载就有重大的变化,变化之快是难以想象的。100年前的东西,现在绝大多数都不存在了,都不使用了,我们用的都是最近100年发明的东西。但是在中世纪的时候,它的物质生活过了100年,和100年前的东西不会有很大的不同。这是近代第一桩大事,地理大发现算是近代的揭幕。

第二件事就是宗教改革。西方的中世纪,是罗马教会的一统天下。罗马的宗教是天主教,就是以罗马为中心有一个教皇,下面有一个教会组织,这个教会组织全盘控制着人们的精神生活和社会生活。那时候,教会不仅仅是一个宗教性质的组织,不是像我们今天一样,今天的教会仅仅是一个精神的组织,仅仅涉及人们的精神信仰。中世纪的教会掌握有很多社会的乃至政治的职能。大家读历史可以常常看到这类故事,一个中世纪的国王或皇帝,他的继位合法不合法,要由教皇来加冕承认,如果教皇不给他加冕,他的统治就是不合法的;甚至于到了19世纪初年,拿破仑在法国称帝的时候,还请教皇给他加冕,认为这才是真正受命于天。这是教会对政治的控制,教会还控制了人们的生活。比如说结婚,一定要到教堂去结婚,否则就是无效的、非法的。生了孩子要到教堂去登记,等于我们民政的户籍,不然的话,就没有合法的身份。所以当时教会的势力是非常之大的。教士大致分为两种,一种是社会上普通的教士,还有一种是专门清修的教士。后一种教士在修道院里,把自己一生全心全意的都奉献给耶稣基督,他们终生就是"劳动"和"祈祷"。其中也包括研究学问,中世纪的学问主要集中在教会修道院里。当然,这也有一个很大的缺点,就是学术思想不能自由发展。《圣经》作为一个框架紧紧笼罩着人们的精神,你只能搞经学,经学以外东西都是离经叛道,神学是绝对真理。16世纪,马丁·路德的宗教改革,第一步突破了天主教教会的精神专制。我们知道,有精神专制就谈不到学术思想的进步,学术思想的进步首先就在于它自由的创新精神。科学的进步已完全证明了这一点,科学的进步就在于创新,就在于独立精神的创新,而不是跟在权势者后面人云亦云。这一点恰好是经学的精神所不可能容忍的。经学拥有绝对的权威,你必须跟着这个绝对权威走,不能超出它去创新。超出这个范围去创新,你就变成"非圣无法"了,而这正是马丁·路德宗教改革的贡献所在。这一点,如果和中国对比的话,相当于五四时候打倒孔家店。五四运动是新文化运动真正的奠基,当然也可以说这个运动早就开始了。1898年戊戌变法也可以看作是一个开始,但是一直要到1919年的五四运动,打倒孔家店才真正成为合法而深入人心。因为孔家店作为一个"店",实际上是一种文化的专制主义,这样学术思想是没有进步的,所以一定要打倒这个"店"。这和对孔子本人怎么评价,应该是两回事。孔子本人怎么样,耶稣基督本人怎么样,那是另外一回事。不过作为一个"店",作为一个教,垄断了学术思想,那对于思想的进步是非常不利的。从马丁·路德以后,西方就涌现了很多的新教派,在某种意义上,都是反对罗马天主教独尊的。后来在18世纪的天赋人权里面就是要肯定人的权利是天生的,是自然的。天赋人权中包括有思想自由和每个人有按自己的方式崇拜上帝之权。每个人都可以崇拜上帝,而且每个人都可以按照自己的方式崇拜上帝,亦即可以不认同某种权威所规定的方式。这是思想上的一次大解放,因为过去教会是绝对的权威,每个人信奉上帝的时候,决不能你爱怎么信奉就怎么信奉,一定要遵照教会规定的方式,也就是说,必须服从教会的权威。现在要承认,每个人都有按自己的方式崇拜上帝之权,也就意味着否定教会对个人进行思想专政的那种权力或权威。可以认为,思想的解放是以16世纪宗教改革反教会权威而开始的,虽说它还仅只是一个开始,神学的思想统治形态是只适合于落后的中世纪的社会形态的。

另有一个促进人们思想从中世纪步入近代的重要因素,就是文艺复兴。文艺复兴是一个思想文化的运动,这个运动最初出现在意大利。这场思想运动最开头是借着复兴古学的名义在创新。梁启超写的《清代学术概论》,那里面也采用了这个观点。他认为,清代的学术是通过复古在创新,就是说,以复古的名义否定当时流行的思想认识,名义上是复古,实际上是一种创新。文艺复兴是复什么"古"呢?就是复古代的古典文化,也就是复希腊罗马之"古",因为希腊罗马文化有着很浓厚的人文主义精神。什么是人文主义?人文主义又叫做人本主义,也就是以人为本的主义。它的对立面则是神本主义,是以神为本的主义。中世纪的宗教是神本主义,以神为本,一切都以神学为最高指示。现在人本主义把这个以神为本的最高指示改成为以人为本,每个人愿意怎么想就怎么想。实际上这是一种个人主义,就是每个人可以按照他的想法来想,或者说每个人都有按自己的方式崇拜上帝之权。当然,这也有其缺点,文艺复兴时代的社会风气是非常糜烂的,用我们今天的话来说,是非常腐化堕落的。因为它是人性解放,凡是历史上人性解放的时代,必然出现它消极的一面。中国也有类似的情形。六朝时期的士大夫也讲求思想解放、个性的解放、性灵的解放。这一解放也出来很多问题,社会风气是非常糜烂的,非常奢侈,非常荒淫。一旦人欲横流,这些问题都会出现。因为它要求个人和个性的解放,摆脱一切从前礼教或者礼法的束缚。这样一解放之后,必然出现很多问题。在西方文艺复兴的时候,薄伽丘《十日谈》中所指的社会风尚的败坏,马基雅维里的《君主论》里面所讲的各种权术,尔虞我诈,争权夺利,实际上都是对当时社会生活很真实的写照。

近代社会的基础,是扩大再生产。这个扩大再生产靠的是什么?是什么因素使得人们有可能扩大再生产?并不是像我们通常所想象的,要起早贪黑,要不断流汗,一天要干8小时,一天要干16小时。这种加强劳动强度、延长劳动时间所得到的提高是非常有限的。但近代的扩大再生产是无限的。它不是说翻一番就完了,而是可以不断地翻。过去我们用钢铁,但以后很可能我们不用或者日益少用钢铁了。过去用煤,以后可能少用或者不用煤了,例如我们可以用原子能来发电,它比煤更干净,而且效率更高。在这种意义上,近代的扩大再生产主要靠什么?要靠近代科学(技术可以说是科学的应用)。科学是可以不断进步的,不需要你增加劳动强度,也不需要你延长劳动时间。一个爱因斯坦一天用不着工作24小时,他也不过和平常人一样,你一天工作几小时,他也工作那么多时间,他不必开多少夜车,晚上不睡觉,假如他天天不睡觉,也继续不下去。那么,他为什么可以突破前人?科学本来是不断积累的,基于不断积累之上的创造就可以突破前人。中世纪的数学,一个大数目的除法一算就要算一整天,可是我们现在算起来非常快,一个小学生也会算,几分钟就算出来了。现在有计算机,一按就出来,算都不用算。科学是不断积累的,我们之所以可能超过前人,是因为我们可以利用前人的劳动成果。前人做出他那成绩花了一辈子工夫,我们学他那套东西,不必一辈子,我们可以花个一两个月或者一两天就学会了。我们可以在他的基础之上不断进步。近代扩大再生产之所以可能,最重要的一点就在于科学的进步。

## 四

现在,我们把近代的哲学分成几块来讲。

我们先讲近代科学的进步这一块,重点介绍几个人物:哥白尼(Copernicus,1473—1543),开普勒(Kepler,1571—1630),伽利略(Galileo,1564—1642),牛顿(Newton,1642—1727),孔德(Comte,1798—1857),达尔文(Darwin,1809—1882),普朗克(Planck,1858—1947),爱因斯坦(Einstein,1879—1955)。

近代的科学,从哥白尼开始。哥白尼(Copernicus,1473—1543)是天文学家,你们看了但丁的《神曲》以后,就知道西方中世纪的世界构图是怎么样的。像但丁所描写的世界构图是很真实的,而并不是空虚的、抽象的东西。按照神学的传统来说,天上的事物都是神圣的,神圣的东西一定是纯洁的,所以日月星辰都是透明的。如果有人说月亮上有黑斑,太阳上有黑子,——这都不对,这都违反神学的观点。因为太阳上绝对不可能有黑子,月亮上绝对没有黑斑,天上的东西一定是完美的。什么形状是完美的呢?圆是最完美的。所以日月星辰必定都是圆的,而且日月星辰运行的轨道也都必然是圆形的。按照中世纪的说法,大地是世界的中心,这种说法是很自然的。我们中国也这么认为,大地是世界的中心,天体是围着大地运转的。大地是球形,古希腊人就已经有这个知识了,中世纪人也有这个知识。哥白尼的贡献,不在于知道地球是圆的,而是认为太阳是中心,叫做 heliocentric theory,helio 是太阳,centric 是中心。本来中世纪的观点是地球中心说,叫做 geocentric theory,geo 是大地。太阳中心说在哥白尼之前也有人提出过了。哥白尼是在近代历史上第一个提出太阳中心说的人。但是当时他不敢正面提出这个学说,因为正面提出就动摇了中世纪统治的意识形态。这里面涉及一个很微妙的问题,就是学术和政治的关系,这两者既是分开的,又是相联系的。我们说,没有任何学术是绝对超出政治之外的。像哥白尼,像下面我们所说的达尔文的学说,都曾引起当时宗教界、政治界的极大轰动。这一学说一经提出,就把《圣经》给否定了。《圣经》一旦被否定,就等于把教会的权威给否定了,这一下就引起了极大的震动。明末利玛窦到中国来的时候,画了一幅世界地图。那时候,中国还没有世界的观念。本来西方的地图都把中国画在边上,把大西洋放在中间。但为了迁就中国的观念,中国的位置是一定要放在正中间的,所以他改作把太平洋以西的中国放在中间。一直到了19世纪末年,戊戌变法的前夜,那时候也是一场启蒙运动。曾有一个通俗的宣传品,里面有这么两句话:"若把地球详来参,中国并不在中央。"过去以为中国是天朝上国,非得位于世界的中心不可,所以中国一定得放在中央。到了那时,人们的思想解放了,中国也就不必一定在世界的中央,所以才说:"若把地球详来参,中国并不在中央。"哥白尼的太阳中心说是个革命。但是哥白尼一直到死都不敢正式公布他这个学说。

后来又有个人,是捷克人,也是个天文学家,叫做第谷·布拉格(Tycho Brahe. 1546—1601),他主持布拉格天文台。开普勒(John Kepler, 1571—1630)到布拉格天文台做第谷的学生,他后来利用第谷收集的大量资料,研究天体运动,发现了天体运动的三条规律。这就改变了历来神圣的观念,而这个观念一经改变以后,就把很多天体运动都解释通了。按照神学传统的理论,天体是神圣的,所以天体的运行轨道一定是圆的,因为圆是最完美的。按照天体运动的轨道一定是圆的这一理论,历法老是不正确,大轮之外再加小轮,即天体运动不光是按照大轮转,还按照小轮转,大轮解释不通了,就加一道小轮,再解释不通了,就再加一个小轮,一直加到三重四重,这里有个形而上学的假设,即天体的运动必须是圆的,所以一定要按圆来解释,可是按圆解释怎么也解释不通,解释不通就再加圆再解释。就是说,一定要用某一个观点去解释,这是一种形而上学。其实某一个观点解释不通的时候应该放弃,应该用别的观点来解释。但是他一定要用这种观点来解释,神圣的观念和观点一旦放弃,就会动摇神圣体制的基础。但结果总是解释不通。后来,开普勒把圆轨道改成椭圆轨道。圆是椭圆的特例。椭圆有两个圆心,当两个圆心合一的时候就成为一个正圆了,两个圆心离开时就是一个椭圆。椭圆有两个圆心,天体运动的现象都可以解释得通。开普勒提出了他的天体运行定律。

开普勒以后,意大利有一位近代实验物理学的鼻祖伽利略(Galileo, 1564—1642)。伽利略进行了一系列重要的实验。有一个最有名的故事,但这个故事不是真的,仅是传说。科学史上这类传说很多,例如说,牛顿的万有引力定律,大家都传说他是看见苹果落地受到启发。这个故事大概也是假的。还有一个故事是说伽利略在比萨斜塔上把大小不同的两个球丢下来,它们同时落地。按照亚里士多德的理论(并且中世纪继承了他的理论),应该是大球先落地,小球后落,因为大球比小球重,所以大的应该先落地。但是,实验证明是两者同时落地的。这个故事是假的。但是他的一系列重要的实验是真的。伽利略进行了很多的实验,奠定了古典物理学的基础。

后来到了牛顿(Isaac Newton,1642—1727),总结出一套万有引力定律和其他的运动定律。牛顿是英国人,剑桥大学的学生。我们知道,剑桥大学是近代科学史上贡献最多的大学,一直到今天,都是获诺贝尔奖最多的学府之一。牛顿总结出来了万有引力定律和其他的运动定律,一直到今天,在很多场合都还是适用的。当然,它有它的局限,今天已经突破了它的局限。怀特海评价哥白尼、开普勒、伽利略、牛顿所建立的近代科学体系,说他们几个人的工作和是自从一个婴儿诞生在马槽里以来(指耶稣诞生)人类历史上最伟大的功业,最有意思的是,牛顿还是一个神学家。所以有人说,牛顿是最后一个"魔法师"。不但牛顿是神学家,近代的哲学家很多都是神学家。比如说帕斯卡,他既是实验物理学家,又是数学家,也是神学家。下面我们要讲的贝克莱也是,他是个数学家,但同时又是个神秘主义者。对此我们可以说,科学不是万能的,科学的有效仅仅是在科学的范围内有效。就是说,什么东西的有效性都有一定的范围,你要把它无限扩大的话,就没有意义了,它就超出了它的有效性的范围,所以也要警惕,不可轻易地陷入唯科学主义。任何理论都在某个一定的范围内是有效的,超出这个范围以外它就无效了。世界上没有包医百病的万灵丹。有效的范围是有它的限度的。例如说,除了在沙漠里,凡是有人的地方,凡不是沙漠的地方,都有阶级斗争。我们可以承认这一点。但是牛顿的万有引力定律就是在没有人的沙漠里也存在,但是毕竟不能用万有引力定律来解决一切问题。万有引力定律是普遍存在的,一切现象都要服从万有引力定律,但是,万有引力定律并不是充分的,它并不能充分解说一切现象。比如上次提到的例子,林黛玉和贾宝玉的爱情,就不能用万有引力定律去解释,你解释也解释不通。当然,林黛玉和贾宝玉的关系,也不能违反万有引力定律。林黛玉哭的时候,她的眼泪是往下流,不是往上流,原因就是万有引力定律在起作用。但是,不能用万有引力定律去解释他们的爱情。就是说,每一个论点的有效性领域都有一定的范围,你不能超出这个范围之外,什么都用这个来解释。形而上学的错误就在这里。它超出了它有效性的范围了。科学也有它自己的有效性范围。

牛顿下面还要提到19世纪的孔德(Auguste Comte,1798—1857)。他是法国的社会学家,我们提出他是作为反面教材。孔德是近代实证主义的大师。到了19世纪,自然科学的空前的突飞猛进,自然而然给人造成了一种观念:科学是万能的,科学能够解决一切,什么价值最后都要服从科学,以科学为目的。都要以科学为依归,这就形成了实证主义。什么都拿科学来实证。但是,有些东西超出了科学有效性的范围,不能强行用科学去解释。孔德的最大贡献是什么呢?就是他力图用科学来解释人类社会的运动。这个风气当时是很普遍的,包括马克思。马克思是19世纪的人,他也是要把社会运动的规律当成一种科学的规律。孔德的这个影响太大了,在19世纪的西方以及后来20世纪的中国都是风靡一时的。比如胡适,我们知道,胡适对五四之后的中国的影响还是很大的。胡适说他那理论叫实证主义,或者叫实验主义。又说,他那个是从杜威那里来的。这一点很可能表示胡适对杜威的哲学没有真正很好地理解。杜威和实证主义是两回事。我们所谓的实证主义实际上是19世纪西方的那个实证主义,它力图把人文的东西也看作和科学一样,要找出自然科学的规律那样的规律来。比如傅斯年说,搞历史就是找史料,有一分史料就有一分历史学,有十分史料就有十分历史学。这些都是受到实证主义思想的影响,把人文认同于自然科学那种意义上的科学。人文有一部分不是自然科学那种意义上的科学所能解释的,它是超出科学范围以外的,它不能违反科学,但是科学并不能充分解说它。

在自然科学方面给孔德作了最大帮手的,就是下面我们要提到的达尔文(Chares Darwin,1809—1882)。达尔文提出了物种进化论。他的物种进化论有几项基本原则,就是物种的无限繁殖,无限繁殖以后就引发生存竞争,生存竞争以后就有一个自然选择的过程,也就是淘汰。我们中国有个最简单说法叫做优胜劣汰,但这里用优劣,好像不太合适,因为按照达尔文的说法是"最适者的存留(survival of the fittest)",也就是适者生存。

最适者不一定就是最优,优劣有个价值判断的成分在里面。比如我们想象一下,有一个时期,地面干旱了,于是动物要吃树叶,谁的脖子长谁就能多吃树叶,这样淘汰的结果就剩下长颈鹿了。长颈鹿的脖子最长,它可以吃到最高的树叶,吃不到的就先被淘汰了,脖子越长的就越可能存留,我们可以假设有这么一种生存竞争。这里没有道德意义或仁义上、伦理意义上的优劣可言,它仅仅是说最适者的存留,就是最适合那个条件的可以活下来。达尔文的进化论(或者更确切地应该说"演化论",因为"进化"一词总有一种价值观念在内),今天也受到了质疑,似乎不像他想的那么简单,因为可以有灾变,灾变可以创造新局面。其实在达尔文以前,法国有位生物学家居维叶(G. Cuvier,1769—1832)就提出了灾变的学说。科学总是不断进步的,现在达尔文的学说,好像已不像当年那么绝对权威了。但是在19世纪,它是革命性的,是震撼性的。

19世纪科学革命第一步是在生物学,到了19世纪末年,科学又发生了一场革命。那是一场物理科学的革命,包括居里夫人的发现、普朗克的发现。普朗克叫做马克斯·普朗克(Max Planck,1858—1947),是德国的物理学家,也是近代量子力学的创始人。爱因斯坦(Albert Einstein,1879—1955)提出了相对论。玻尔(N. Bohr,1885—1962)、海森堡(W. Heisenberg,1901—1976)都提出了新的理论大大动摇了古典的体系。爱因斯坦本来是德国人,后来入了美国籍,因为他是犹太人,德国排犹,认为那是"犹太人的物理学"就把他驱逐了。这是又一次科学革命,这次科学革命和以前伽利略、牛顿的科学革命最大的不同是什么?伽利略和牛顿的科学革命似乎是决定论的,是定命论的,可以称之为deterministic。它是决定性的,是可以推算出来的,可以精确到分毫不差。比如说运动,一个行星怎么运动,可心算出来,一丝一毫都不错。但是科学可能并不是这么简单,可能有很多测不准的,或者说是或然的东西。20世纪以来,人们对于自然科学的观念,有了根本性的改变。它不仅是科学对社会生话的改变,而且是对哲学思想的改变。

五

我们现在从科学革命转到哲学上来。近代哲学可以分成英国经验派、大陆理性派、启蒙运动、德国古典哲学、分析哲学、大陆哲学这么几块。英国经验派的代表人物有：培根（F. Bacon, 1561—1626），洛克（J. Locke, 1632—1704），贝克莱（G. Berkeley, 1684—1753），休谟（D. Hume, 1711—1766）。大陆理性派的代表人物有：笛卡尔（R. Descartes, 1596—1650），斯宾诺莎（B. Spinoza, 1632—1677），莱布尼茨（Leibniz, 1646—1716）。下面这几个人：孟德斯鸠（Montesquieu, 1689—1755），伏尔泰（Voltaire, 1694—1778），卢梭（Rousseau. 1712—1778），亚当·斯密（A. Smith, 1723—1790），可以归到启蒙运动的行列里。实际上，这几个人都是讲政治社会的，并且都是拥护人权的。这几个人都讲人权，所以可以列入启蒙运动，还可以加上两篇历史文献：《独立宣言》（1776）和《人权宣言》（1789）。《独立宣言》是后来的美国第三任总统杰斐逊在美国独立战争时写的。另一篇是法国大革命时，1789年写的《人权宣言》。英国经验派、大陆理性派、启蒙运动这三种思潮后来就成为德国古典哲学的来源。德国古典哲学从康德到黑格尔，其间有一大串代表人物，我们不一一提到了。最为突出的两个人是康德（Kant, 1724—1804）和黑格尔（Hegel, 1770—1831）。普通的哲学史就讲这几块，但是和它同时的还有一个人：帕斯卡（Pascal, 1623—1662）。他是法国人，和笛卡尔同时，笛卡尔也是法国人。笛卡尔是数学家，帕斯卡也是数学家。有一幅名画，画的是在巴黎的塞纳河畔，笛卡尔和帕斯卡，还有一个有名的数学家，狄萨格（G. Desargues, 1593—1662），三个人在讨论数学。帕斯卡是位杰出的数学家又是实验物理学家，但他同时又是个神学家。我们知道，牛顿也是个神学家，牛顿的晚年专门研究神学。这是非常有意思的。牛顿最重要的著作就是《自然哲学的数学原理》，"自然哲学"就是物理学，就是自然科学。那个时候，因为自然科学和人文科学都是哲学，当时的哲学是无所不包的，所以《自然哲学的数学原理》实际上就是讲物理学的数学原理。但是这部书后面的一部分是讲哲学的。自然科学那时候和哲学是不分的，其实所有的自然科学讲到最后都是有其哲学思想的。所以，西方的科学家和哲学家很多时候是分不开的。这一点和中国思想史有很大的不同。你翻一部《中国思想史》或者是《中国哲学史》，中国的思想家很少有是自然科学家的。可是，你翻一部《西方思想史》，它重点是"主智"的，很多人都是自然科学家。上面说的这一批人里面，笛卡尔是第一流的科学家，莱布尼茨、帕斯卡也都是第一流的科学家,伏尔泰是科学家,康德也是科学家。康德写过一本书,中文有译本叫做《宇宙发展史概论》。其实那本书原名叫做《天体理论与自然通史》,它是讲天体的理论和自然界的历史,后来大概这个名字不太容易懂,所以被中译本改了一个名字,叫做《宇宙发展史概论》。康德本人教过多年的人类学和自然科学的课程。在现代西方大陆哲学和分析哲学两大派里面,柏格森是数学家,彭加勒是数学家,马赫是物理学家,怀特海和罗素都是数学家,维特根斯坦是数学家,哥德尔是数学家。西方的路数和中国的不同,它的哲学和自然科学是紧密结合在一起的。我们中国哲学基本上是和伦理道德紧密结合在一起,没有一个中国哲学家不讲伦理道德的,讲怎么忠君,怎么爱国,重点在于内心的道德修养,这些都属于伦理道德的范畴。但是西方的哲学家则不同,下面我们要谈到亚当·斯密,他是伦理学的教授,但他讲的经济学里面不谈伦理,他假定每个人都是最大限度地追求自己的利润的。

我们先谈英国的经验派。经验派从洛克到贝克莱到休谟,如果要以唯心唯物来划分的话,有点不太好划分。洛克可以算是有点唯物论的色彩,但是他也是唯心论。贝克莱是主观唯心论。休谟是怀疑论,由怀疑论走到不可知论,也应该说是唯心论。这里有关贝克莱要说两句。贝克莱是主观唯心论的最大代表人,也是我们中国哲学界抨击的一个对象。我们过去凡是一提到主观唯心论,就说他没有跳出贝克莱主观唯心主义的圈子。贝克莱有一句名言是:esse cst prercipi,相当于英文的 to be is to be perceived,即存在就是被知觉到。什么叫存在?存在就是指被我们所知觉。这就是贝克莱思想的核心。说这个桌子存在,什么叫存在?因为我看见它了,摸着它了,它被我知觉到了。桌子存在,就因为桌子被我知觉到了。但是你也可以没有知觉到桌子,它也存在。你没摸到它,它还存在。当然你要是站在贝克莱的立场,也可以说,你没有看到它,但是总有人看到它、摸到它,那么它还是被知觉到了,所以它还是存在。但是假如没有任何人看到它,也没有任何人摸到它,那么你说"它存在"这句话就等于没有任何意义了。这不光是桌子的问题,它涉及哲学上的很多重要问题,特别是神学的问题。比如说上帝存在还是不存在。什么时候有谁看见上帝,摸到上帝?上帝看不到,摸不着,所以上帝不存在。(洪秀全说他是看见了上帝。当然,我们认为他没有看见过上帝。)反对的人也可以说,上帝本身就是看不见摸不着的。很多东西都是看不见摸不着的,比如说空气,你也看不见空气,你也摸不着空气,但空气是存在的。世界上很多东西都是看不见、摸不着的,并不是说非得看得见摸得着的才存在。如果这样才算是存在的话,那好多东西都不存在了。上帝究竟存在不存在?最简单的无神论的论点就是:你什么时候看见上帝、什么时候摸到上帝了?反之,有神论者的论点是上帝本身就是看不见摸不着的,上帝是无所不在的,所以它并不是采取你们看得见摸得着的形式而存在的。休谟比贝克莱又进了一步,他的结论是:世界的事物归根到底是什么样以及其间的因果关系是我们不知道的。但是科学的进步好像从反面作了一个证明,就是说,我们过去所认为是确凿的东西,大概都不是像我们向来想象的那么确凿不移。19世纪60年代,牛顿的理论传到中国。第一个传入牛顿理论的是李善兰。李善兰是同文馆(京师大学堂前身)的数学总教习,相当于今天的北京大学数学系主任。他是第一个把牛顿的理论传到中国来的,他在一篇书序里面说,牛顿的体系是铁案如山,是绝对不可动摇的。可是,今天看起来好像也不是那么铁案如山、不可动摇,如果是那么铁案如山,字字都是真理的话,科学就没有进步了。科学之所以进步,就是它总有不确切、不完善的缺陷,或者有不那么正确的地方,所以科学才在前人的基础上不断地进步。

与英国经验派大约同时的是大陆理性派。英国经验派是从经验解说我们知识的来源,大陆理性派则是从逻辑推论来解说。大陆理性派的三个代表人物是:法国人笛卡尔、荷兰人斯宾诺莎、德国人莱布尼茨。那时候,欧洲大陆文化中心在法国,特别是在巴黎。所以莱布尼茨虽然是德国人,但是他长期住在巴黎,而且他很多著作是在巴黎用法文写的。在这种意义上,也可以说他是个法国人。笛卡尔是唯理论的开山祖师,唯理论的一个贡献就在于它不是唯神论。笛卡尔基本论点是:世界上的一切事物都是根据铁的法则在运转的。他认为即使是上帝存在,也要服从这铁样的法则。笛卡尔认为正确的、确凿的知识应当先从怀疑入手,一切都是可以怀疑的,但是我自己在思索本身则是无可怀疑的,认为"我思故我在"。由这一点出发,他就按几何学的方式推论出了他的一整套哲学。这一点,从人文的角度说,等于用人的理性思维在对抗神学的教条。

帕斯卡在这一点上和笛卡尔有相同的地方。帕斯卡也是神学家,他做过很多物理学的实验,都是非常有名的。20世纪60年代末70年代初,上海做出了1200万吨的水压机,当时在报纸上非常之轰动,它根据的原理就是帕斯卡的原理,而且,帕斯卡开创了好几门数学的领域。他是虔信宗教的,但是有一段时期他去参与了巴黎的世俗生活,和他的朋友一起去赌博。但他是个数学家,他在赌博时老在想从博弈中能不能找出数学规律来。后来就从这开始创立了一门新的学问,这门学问在数学上就叫做概率论。大家知道,概率论就是讲一件事的概率有多少。今天要是炒股票的话,大概也要讲究考虑概率有多少。他奠定了概率论这样一门重要的学科,这门学科今天无论在理论上或实践上都是非常有价值的学科,但是帕斯卡在晚年的时候(他是39岁就英年早逝的),就专门研究神学,研究人生。帕斯卡可以说创立了一种新学说。大陆理性派都把理性看作是至高无上的,认为根据理性就可以理解万事万物的道理,就可以获得真理,就好像可以按照数学来推那样,可以推出确凿无疑的真理。

笛卡尔、斯宾诺莎、莱布尼茨他们三位都是大数学家。帕斯卡也是数学家,可是他另外开辟了一门新的概率论,就是数学未必那么准确,一定能告诉你什么,它仅仅是一种或然,仅仅是 probable,所以这门学问叫做 probability。世界上的事物都是 probable,并不是非如此不可的,并不是那么机械、那么固定的。帕斯卡有一句名言是说,理性应该考虑到理性本身所不知道的或不可能知道的东西。笛卡尔、斯宾诺莎、莱布尼茨都是强调理性,认为理性可以给人以确凿不移的知识,所以叫做理性派。帕斯卡提出了另外一种办法,叫做以心(coeur,就是英文的 heart)思维。他说人们的思想不仅要用脑子去想,还要用心来思想。这和理性派大有不同。理性派认为,人用脑子(理性就是脑子)去想就可以得出真理来。但是帕斯卡提出,实际上人的思维方式有两种,一种是用脑子去思想,还有一种是脑子想不到的,你得用心去想,用你的生活体验和感情去想,这样才能从另外一方面得到真理。帕斯卡的思路在西方可以说是在地下进行了200年,他很早就死了,死于1662年。在他死后的两个世纪,他那一条思路到19世纪才浮出水面来。此前先在地下运行,但很多人都受了他的影响,包括启蒙运动的领袖,如伏尔泰也受了他的影响。但是这个思想始终没有正式露面,一直影响到克尔凯郭尔(Kierkegaard,1813—1855),他是丹麦人,接着是施蒂纳(Stirner,1806—1856),也是个人主义者,施蒂纳之后是尼采(Nietzsche,1814—1900)。从克尔凯郭尔到尼采这条思路,以前在西方正统的学院哲学里都不占什么地位;在西方的学院里,特别在美国学院里,占主要地位的是分析哲学。可是现今流行的大陆哲学(或者说生命哲学)却受这条思路很大的影响。笛卡尔的以"脑"思维和帕斯卡的以"心"思维这两条路线的对峙,一直延续到今天。

分析哲学的代表人物有:彭加勒(J. Poincaré,1854—1912),马赫(E. Mach,1838—1916),怀特海(White Head,1861—1947),罗素(Russell,1872—1970),维特根斯坦(Wittgenstein,1889—1951),哥德尔(Godel,1907—1978)。这一派在20世纪初就非常流行,所以列宁就写了一本书,叫做《唯物主义与经验批判主义》,或者《唯物论与经验批判论》,主要就是批判 Poincaré 和 Mach 这两个人。Poincaré,在列宁的《唯物主义与经验批判主义》里面中文翻译为彭加勒,他有个哥哥做了法国总统,这是两个人,不要弄混了。和他同时的一位物理学家叫做马赫。我们今天飞机的速度单位还是用马赫来计算,一个马赫就是一个音速单位。彭加勒提出的一个理论叫做 Convention com mode,就是"方便的假设"论(国内一般称之为约定论),就是说科学并非是必然如此,你觉得怎么方便,就可以怎么假设。这是他对于科学的见解,当然这种见解是唯心论的,所以被列宁大批了一阵。不过,彭加勒和马赫这两个人的理论在西方一直是很流行的,到今天还是如此。马赫的理论叫做 economy of thinking,就是思维经济论。你寻找科学真理,都是根据"思维上的经济"原则在进行的,思维上怎么"经济"(省力)就怎么进行。这是思想上的经济,就是你的思想是沿着最省事(最经济)的路线进行。你不可能想得很多,很费事,你就要把它损之又损,减到最低的程度,这叫做思维经济论。任何科学的理论实际上取决于看它符合不符合思维经济的原则。你有一套科学理论,我有一套科学理论,那么谁真、谁假、谁好、谁坏,那就是取决于谁更符合思维上的经济(省力)。如果都能解释相关现象,而你的想法比我的简单,那么你的想法就更能成立,我的想法比你的想法简单,那我的想法就更能成立。这是分析学派的两个先行者。

后来又有了两个人:怀特海和罗素,他们都是英国人,而且都是剑桥出身的。怀特海后来去了美国的哈佛。这三个人:怀特海、罗素、维特根斯坦,罗素是怀特海的学生,维特根斯坦是罗素的学生。怀特海和罗素两个人都是数学家,又都是逻辑学家。他们写了一本大书 *Prinicipia Mathematica*,即《数学原理》,这本书是讲逻辑学的。我们知道牛顿的那本大著也叫做《数学原理》,它是《自然哲学的数学原理》,简称也是 *Prinicipia Mathematica*。从他们开始,20世纪初年西方开始流行分析哲学。在分析哲学看来,从前的哲学,都是一团糨糊,都没有讲清楚。为什么没有讲清楚呢?因为他们没有从语言分析入手。讲哲学首先就要从语言分析入手,从语言分析上说清楚它是什么意义。没有确切的意义你就去讲,讲来讲去,讲的不免是一团糟,讲不出名堂来。但是,过去的哲学是不是完全没有价值呢?也有价值。德国哲学家把过去的哲学叫做 Begriffsdichtung。Begriff 是概念,dichtung 是诗。过去的哲学也有价值,它的价值不在于它讲述了真理,而在于它写了一篇"概念诗"。我们知道,诗人作诗,用的都是具体的形象,都是我们的形象思维。比如写一朵鲜花,写一个美人,或者说写一座山,写一条河,"无边落木萧萧下,不尽长江滚滚来",这都是用具体形象在思维,我们叫做形象思维。现在,哲学家也是在作诗,但不是用花呀、美人呀,而是用概念来写诗。比如说用"道""知觉"这些抽象的概念来组织一首诗。诗的本身也有价值,就像诗人写诗一样。写了诗也有价值,不是没有价值。但是那并不是科学的真理,所以后来这一派的一个代表叫做赖欣巴哈(H. Reichenbach),在美国写了一本书,叫做《科学哲学的兴起》,认为分析哲学才是科学的哲学,才有科学意义,以前的哲学都不是科学的哲学,都是"概念诗"。这一派哲学从语言分析入手,分析哲学后来在英国和美国特别流行。现在美国大学的哲学系,基本上都被分析学派把持着。如果你不是分析学派,你就很难混上一个职位。

罗素的学生维特根斯坦是奥地利人,他是维也纳学派最大的一个代表人物。维特根斯坦是物理学家,也是机械师。他们出身的背景,使他们都是从自然科学入手,这和我们中国哲学的入手便不同。如果我们听他们讲哲学,和在中国听中国教师讲哲学,完全是两条路数。就像讲经济学也一样。我们讲经济学,什么叫经济学,经济学讲的就是生产关系。什么叫生产关系?生产关系就是阶级斗争,所以一上来就抓阶级斗争。这样讲经济学也不是没有道理,也可以讲一大套。相形之下,西方讲经济学显得很奇怪。他们的经济学一上课黑板上就是数学公式,然后就一直演算到下课。你会以为这是一堂高等数学课,不知道它是经济学课。经济学就全是数学公式。这在我们中国会觉得非常奇怪,这怎么叫经济学。反过来,如果他们听我们讲经济学也会非常奇怪,你们怎么尽是讲阶级斗争,那跟经济学有什么关系。这是两种不同的路数,也许两种路数都有效,"各得大道之一端"——这是清朝哲学家焦循的话。什么叫一端?一端就是大道的一部分。列宁也有这样的话,他说唯心论就是抓住一点把它肿胀起来。那一点还是正确的,但你不能把它扩大,真理过了头,就成了荒谬。维特根斯坦是物理学家,又是机械工程师。第一次世界大战的时候,他参军作战,后来被俘。在战俘营里,他构思用拉丁文的书名"*Tractatus Logico-philosophicus*"写了一本书,这本书非常之短,后来成了哲学史上的经典,就是他的《逻辑哲学论》。他把《逻辑哲学论》拿给罗素去看,罗素看后写了一篇序,这篇序很有意思,罗素承认这本书他看不懂。罗素和怀特海也有一段故事。本来两个人合作得很好,后来两个人分道扬镳,走了不同的路数。罗素走分析哲学的路,怀特海不是走分析哲学的路,而是弄出一套"通体相关"(organism)哲学。怀特海说罗素写的东西都是 simple minded,头脑简单。罗素就回敬他的老师,说他的老师那些哲学都是 muddle-headed,脑子糊涂。大概两个人都有道理。怀特海有本书《科学与近代世界》,我上次推荐给大家看的,前面那部分写得非常好,后面那部分就看不懂了,全是讲很抽象的哲学,不知道他究竟是什么意思。罗素的东西非常容易懂,即使是他讲分析哲学的时候,也非常容易懂。这一派非常流行,一直到前几年去世的哥德尔(K. Gödel,1906—1978)。哥德尔在美国的普林斯顿,他也是位逻辑学家,又是数学家。他们走的都是分析哲学的道路。

当代和分析学派相对的就是大陆哲学。这一流派在欧洲大陆上很流行,特别是在德国和法国两个国家。柏格森(Bergson,1859—1941)是法国人,海德格尔(Heidegger,1889—1976)是德国人,萨特(Sartre,1905—1980)是法国人,德里达(Derrida,1930—2004)也是法国人。德里达也是这几年在我们国内被炒得很热的人物。萨特是存在主义的代表,是前几年炒得很热的。他从前的爱人西蒙·波伏娃,是女性主义者。海德格尔也是这几年在我们国内炒得很热的。这几个人基本上是沿着从帕斯卡,到克尔凯郭尔,到施蒂纳,到尼采这个路数来的,走的是大陆哲学的路数。

重点在于对人生的体验,而不在对知识的分析。这派在欧洲大陆流行,在英美不流行;在英美流行的是分析哲学。大陆哲学有很多的人在美国都是在一些较小的学校里,不是在有名的学校里。特别是在第二次世界大战时期,他们在美国的较小的学校里待上几年后又回到欧洲大陆去。

这中间还得说一下 18 世纪以来最重要的派别:启蒙运动。启蒙运动几个代表人物,孟德斯鸠,伏尔泰,卢梭,亚当·斯密。孟德斯鸠写了《法意》,这是严复的译名,原文叫做 *De L'esprit des lois*,译为《论法的精神》。在这部书里,他最早阐述了三权分立的理论:一个良好的政体应该是立法、司法、行政三种权力分开,互相制衡,叫做 check and balance,互相钳制、互相平衡。这样才是最美好的政体。这种政体后来在美国得到实现,现在美国实行的政体是三权分立的。第二个是伏尔泰。伏尔泰本人是文学家、历史学家、也是物理学家。牛顿的学说提出来以后,在 17 到 18 世纪,乃至到 19 世纪初年,最流行的不是在英国,而是在法国。对牛顿哲学在法国流行最有贡献的人是伏尔泰和他的爱人夏德莱夫人。我们知道,17、18 世纪,法国流行的风尚是结婚以后又和别人谈恋爱。所以他们的爱人都是某某夫人,都是已婚的。卢梭和伏尔泰同时代。卢梭讲天赋人权,对中国的影响也很大。人的权利是天赋的,"天赋的"一词法文原文是 naturel,即 natural,就是自然的或天然的,所以应该用"自然"权利,不用"天赋"人权。因为一说"天赋",好像带点神秘的色彩,像皇权、皇帝的权力那是天赋的,那是"奉天承运"或"受命于天"的。所以还是译作"自然权利"比较好,人的权利是自然给的。还有一个人亚当·斯密,大家都知道他是近代经济学的大宗师,他最有名的著作是《国富论》(*The Wealth of Nations*)。按那时候英国的习惯,书名都非常长,这个书名叫做 *An Inquiry into the Nature and Causes of the Wealth of Nations*,就是《对于国家财富的性质和原因的一个考察》,现在我们就简称 *The Wealth of Nations*,就是《国富论》。亚当·斯密在这本书里假定,每一个人在自由市场里面,都在追求自己的最大利润,那自然就会达到自然的,也就是理想的平衡,所以他反对国家用政权的力量去干涉市场。这里最根本的思路是一条个人主义的思路。就是说只要你给个人以最大限度的自由,每个人就能找到他的最好的道路,于是整个社会也就通达到一种最佳平衡的状态。这和卢梭一样,不过卢梭是从政治上讲,他是从经济上讲。就是说，你越干涉它，市场经济就越糟糕。你最好是不干涉它；你越不干涉它，它就会越好。自然权利的理论流行以后，就为美国和法国的革命注入了一种非常强大的动力。美国革命的思想主要表现在《独立宣言》上。美国本来是英国的殖民地，后来向英国要求独立。当然这个独立就要有一篇纲领性的独立宣言，这篇《独立宣言》就提出来人是天生自由和平等的，人天生就享有生命权、自由权和追求幸福之权。你们读美国的《独立宣言》、美国的宪法和法国的《人权宣言》，基本精神和理论是一样的，内容稍微有一些不同，不同之处就在于它们列举的人权。人权是自由权，除了自由权之外，有没有财产权？有的有财产权，有的没有财产权。美国的《独立宣言》有财产权，法国的《人权宣言》没有财产权。另外，《人权宣言》提的是"抵抗压迫之权"，《独立宣言》的提法是"追求幸福之权"。不管是什么权，实际上都是保障个人的权利。这个"人"实际上都是指个人，如果你要把"人"换作"人民"的话，这些就很难。人民是集体的观念。所谓"人"都是指的"个人"，美国的《独立宣言》和法国的《人权宣言》实际上是个人主义思潮的高峰。我们常说，权力是人民给的，"人民"是个集体的、抽象的概念，不是指具体的个人。

这三个潮流：一个是经验主义的，一个是理性主义的，再加上人权的观念，最后就形成康德和黑格尔集大成的古典哲学思想。康德除了科学论文外，还写了几本大著。第一本书是《纯粹理性批判》，这本书是讲人类的认识的，他要给人类的认识划定一个范围。人类的认识有它的有效性，但是这个有效性有一定的范围，不是到处都行得通的。我们应该首先给认识的有效性划定一个范围，你能认识什么？比如说，形而上学就是我们不能认识的。形而上学是什么？比如说，这里的第一个问题就是上帝存在不存在，这是不可能认识的。你可以说上帝存在，你也可以说上帝不存在，这不是我们所能认识的。我们所能认识的对象是什么？是我们可能经验的对象。我们不可能经验的对象，就不能成为我们认识的对象。比如说上帝就不是我们的经验所能体会的。他就这样给人类的认识划定一个框框。比如说。我们人认识三维空间，有长、有宽、有高。可是可以设想蚂蚁没有这个认识，蚂蚁的认识是二维的，它只会平面走，它走到一个立体物上面也认为是个平面，它的理解都是平面。为什么？因为它没有那个认识能力，它没有认识三维的能力。人本身的认识能力究竟有多大？

它并不是无限的,而是受到我们先天的限制的。比如说你戴个黑眼镜,那么你看到的所有事物都有点黑;你戴个蓝眼镜,你看到的所有事物都是带蓝色,你戴个什么颜色的眼镜,你看到的所有事物就都是这个颜色。那么我们人生来就戴有一副先天的认识能力的眼镜,我们只能按照这个认识能力去理解世界。他这部书讲得很繁琐,用我的话来说,大意就是这样。就是说,我们只能按照这个先天的认识能力的模式去理解外界,超出这个能力范围之外就是我们所不能理解的了。形而上学就是超出我们理解的范围之外的,因为我们不可能经验到它们。我们刚才举了一个例子,比如说蚂蚁也许不可能认识三维空间,它的脑子怎么都不可能有这种能力。不但是蚂蚁,任何一个物种都在能力上有所限制,人这个物种,也是这样。我们必须认识我们先天认识能力的限度是什么,我们可能认识什么东西。我们只能认识可能被我们所经验的对象。这是他的第一个理性批判。

他的第二个理性批判《实践理性批判》是讲道德的、讲伦理的。这个批判就超出了第一个批判的范围,就是说我们的道德能力、我们的伦理实践乃是一种先天的能力。这个能力不是属于我们认识的范围,它是属于另一个层次和另一个范围的。这个范围叫做实践理性。后来他觉得把两个世界给切开了,好像总是有所欠缺,所以他晚年时又写了第三批判,就是《判断力批判》。《判断力批判》是讲美感的,这是美学的一部大著作。它也是讲哲学的。他似乎希望用美来打通这两个世界。一个是我们所认识的,仅仅是现象的世界,就是我们所可能"经验"到的世界。另一世界可以说是一个本体的世界,就是我们道德的觉悟可以直接感通的世界。他觉得这两个世界是要用我们的判断力、我们美感的能力来打通的。

后来到了他的晚年,他来不及写第四个批判,但是他写了一系列的文章,这一系列的文章,似乎给第四批判勾画了一个草图。第四个批判(即所谓的"历史理性批判")里面就包括他一系列关于历史学的文章和政治学的文章。其中最有名的是他的《永久和平论》。前几年,美国前国务卿基辛格还写了一篇文章,一开始就引了康德,说一个半世纪以前哲学家康德写了一篇《永久和平论》,给永久和平提出一种方案,这可以说是哲学家的一种理想。

康德以后,有一连串的德国古典哲学家,最后是黑格尔,黑格尔的影响是最大的,是德国古典哲学集大成的人物。在19世纪的后半叶,欧洲主要的哲学思潮是两个：一个是新康德主义，一个是新黑格尔主义。新黑格尔主义有左派、有右派，德国的保守派都是右派的新黑格尔主义；德国的激进派，包括青年马克思在内，都是青年黑格尔左派。除了新黑格尔主义之外，最流行的还有新康德主义。但有一点不幸的是，后来共产主义运动中的第二国际觉得马克思主义还不完整，提出了"返于康德"的口号，要用新康德主义来补充马克思主义。应该说学派不像其他的政治组织那么严密，比如一个政党，你要加入这个党，你就要有申请书，要接受党纲，要宣誓，这是很严格的组织形式。所谓新黑格尔学派和新康德学派都没有这些要求。你和他们有某种关系或者某些相似的地方，就算你是新康德学派，或者就算你是新黑格尔学派。新康德学派着重发挥的康德的某些东西，还是有价值的。不过恰好第二国际后来被第三国际批判是机会主义。第二国际名声很臭，尤其是第一次世界大战以后，第二国际就不存在了。这或许是新康德主义在中国很少有人研究的原因。

哲学研究人的思想，它包括三个部分：（1）人对物质世界的认识；（2）人对人文世界的认识；（3）人对自我内心世界的认识。第一方面是自然科学的知识，第二方面是社会科学的知识，第三方面是心灵科学或精神科学（Geisteswissenschaft）的知识。对某类某项具体问题的研究是各门科学的任务，对它们的研究进行整体的批判与反思则是哲学的任务。

哲学作为一门学问，它的问题古今中外都是同样的。但是各民族的历史文化背景不同，各个人的知识倾向与情趣不同，所以它在各个时代与国度、各个流派与个人又必然各有其特色，不能希望在两三次讲课里就能说清楚西方哲学精神的所在。上面所说只是浮光掠影的一份历史回顾。同学们对此感兴趣的，还是要去阅读重要的原著，以及当代学者对各家各派的阐释。

爱智慧应该包括两个方面：一方面是爱智慧本身；一方面是对于智慧的追求。也许真理并不存在于某个地方，而只存在于对于真理的不断追求的过程之中。也许哲学的真理并不存在于某个哲学论点之中，而只存在于对某个哲学论点的思考和论证的过程之中。

# 辑二

# "从身份到契约"
## ——重评梅茵的公式

19世纪的历史法学派是对18世纪自然法学派的反驳,他们力图以历史事实来表明自然法学派理论的妄诞。本文试图通过对历史法学派代表人物梅茵(Henry Maine,1822－1888)《古代法》中"从身份到契约"这一公式的考察来评论历史法学派理论的得失、他们对近代历史学的贡献及其思想方法论的局限性。

## 一

近年来西方著作的大量引进,令人颇有应接不暇之感。如果说,一百年前——即"自海通以来"——出现了第一次介绍西方思想学说的浪潮,那么近年来——即"自改革开放以来"——出现的则可以说是第二次浪潮。这第二次浪潮的成绩,是毋庸置疑的,它有助于开阔我们的眼界,深化我们的思想,提高我们的认识,使我们不致再像过去那样幼稚而简单化,用搞政治运动的办法来搞学术研究,片言只语信手拈来都可以上纲,几乎呼卢为卢、喝雉成雉,其实可能完全是驴唇不对马嘴。记得当年四人帮批先验论,有一篇文章曾写道,先验论的祖师爷是康德,因为康德认为知识是先天就有的,不需要经验。这位批判大手笔大概对康德是一无所知。《纯粹理性批判》开宗明义,就明确地说,我们的知识都自经验而开始,这是没有疑义的。可见不研究前人的著作是不行的,那只能是自甘于愚昧。不过,这第二次浪潮也并非不存在问题,其间也有得有失。其失我以为在于介绍得太滥,有些译作尤为粗制滥造。例如在韦伯热中,他那部鼎鼎大名的《新教伦理与资本主义的精神》,大半是注释,其论证即阐发在注释之中,而中译本竟把注释全部删掉,还列入一套有名的丛书里出版。用这样粗暴的办法来对待一部严肃的学术著作,简直令人啼笑皆非。

当今西方花花世界,各种学说和理论层出不穷,花样天天翻新,但并非是都能经得住时间的考验,有些虽然也轰动一时,但是事后即成过眼烟云,再也没有人问津。即使是我们国内,有些著作也难逃此命运。让我们回想一下,30年前或20年前的著作,其中又有多少是今天还有生命力或耐人寻味的呢?与其如此,为什么不把精力放在那些更有意义、更值得我们阅读和钻研的著作上呢?也许是出于自己专业的偏见,我总觉得在这第二次浪潮中比例似乎有点失调;即对历史上古典著作的研究,比重是太小了,而一些未必有多少价值的流行著作,比重又显得太大。例如,刚才提到的康德,他那《纯粹理性批判》至今就还没有一个斐然可读的中译本(如果有,或许不致出现上述的笑柄);至于对他进行介绍、研究和批判的就更是寥若晨星。其实,又何止于康德一人。无论古代或近代,我们至今还没有一套像《人人丛书》或《近代文库》那样较完备的丛书,更不用说像劳伯(Loeb)古典丛书那样的学术事业了。

在这类值得我们重视的古典学术著作中,梅茵的《古代法》理应占有它的一席地位。19世纪牛津历史学派两位代表人物斯塔布斯(W. Stubbs)的《英国宪法史》和弗里曼(E. A. Freeman)的《诺曼征服英国史》,尽管都享有很高的声誉,却都把制度史看作只是英吉利民族精神的体现或展开,而并未能从比较历史学的角度看问题。用比较的观点看问题,则是从梅茵《古代法》及其创立的学派开始。从此,人类制度史的研究才脱离了自然法学派的樊篱,不再被看作是一种思想观念的展开,而呈现为一幅历史演化的画面。这一学派的另一位代表巴克尔(H. T. Buckle)在他的《英国文化史》中进行了一项重大的努力,即力图在比较的基础上把文化史变成为一种科学研究(当然,是19世纪流行意义上的"科学")。这两位代表人物,都把文明进步看作是人类知识与文化积累的结果,由此而来的推论自然便是:谁最能继承过去人类的知识和文化,谁就最进步。这种认识还蕴涵着另外一种说法:旧知识、旧文化是不能彻底砸烂的,相反,人们必须加以尊重、继承和发扬光大。这里涉及到一个有点麻烦的概念,即进步,我们下面将会谈到。

本书的全名是《古代法,它与古代社会史的联系及其与近代思想的关系》,这表明它不单纯是一部专门技术性的历史,而是广泛探究社会、历史、思想、文化诸多方面的一部史论,而尤其着重于古代思想与近代思想的关系。古代法,又当然以罗马法为典范,一则因为罗马法在古代法系中最为完整并囊括了古代世界多方面的文化源流,再则也因为它对后世那种无与伦比的影响。为人们所艳称的"希腊的光荣,罗马的伟大",倘若罗马的伟大不在其法制,又更在何处?梅茵的主要工作是追溯罗马的以及日耳曼的、克尔特的、印度的和斯拉夫的(即印欧语系的)法制,把比较方法引入历史研究,从而在历史学中确立了比较历史学和历史法学派的地位。

## 二

梅茵的平生著作有六种,均系研究与阐发上述的这一主题,而其中以《古代法》(1861年)一书最早而又最负盛名;而此书之所以独为擅场,则端赖书中第五章结尾那句脍炙人口、传诵不衰的名句:

> 迄今为止,一切进步性社会的运动,都是一场从"身份到契约"的运动。

他就以这样一句话,概括了人类的文明史。这句话或许可以方之于杜牧的"呜呼,灭六国者,六国也,非秦也;族秦者,秦也,非天下也"、马克思的"到目前为止,一切社会的历史都是阶级斗争的历史"、阿克顿的"权力使人腐化,绝对权力使人绝对腐化",乃至法朗士的哲理小说所说的"(人类的历史就是)他们出生,他们受苦,他们死亡";——这些都已成为历史学中"匹夫而为百世师,一言而为天下法"的不朽名言。费沃尔(G. A. Feavor)根据一些未公开的材料写成了一部梅茵传,书名就题作《从身份到契约》。

这句话的意思是说:一切进步性社会的特点,都是人身依附或身份统治关系的消失而让位给日益增长的个人权利与义务的关系,这就是人类文明发展史的内容和实质。恩格斯在《家庭、私有制和国家的起源》一书中曾谈到这一论点,惜乎我国学者于此似未萦心。恩格斯说:"英国法学家亨·萨·梅茵说,同以前的各个时代相比,我们全部的进步就在于

from status to contract[从身份到契约]，从过去流传下来的状态进到自由契约所规定的状态。"恩格斯评论这一论点说："他自以为他的这种说法是一个伟大的发现，其实这一点就它的正确而言，在《共产党宣言》中早已说过了。"《古代法》问世，晚于《宣言》13年。恩格斯这里所谓《宣言》里已说过了的，系指《宣言》的第一节《资产者与无产者》，即封建等级制被赤裸裸的金钱关系，隐蔽的剥削被公开的剥削所代替。

梅茵研究方法的特点在于，他一反自然法学派之所为，绝不就法理谈法理，而是通过社会政治的具体历史演变来考察法理，同时又通过法理的演变来考察社会政治的历史；通过双方这样互相发明，从而把这个新学派奠定在一种崭新的历史比较方法的基础之上。已往法理研究每每是纯逻辑（即非历史的）的推导，即只讲道理而不问史实；而以往的历史研究则又是非逻辑的，即只问事实而不谈道理。要把这两者统一于一个完整的体系，自然是非有如椽大笔莫办。梅茵的办法是从父权或父家长权（patri-apodesta）这一根本概念入手，把父权当作是国家社会秩序的起源。他指出古代法律并不知道有个人，只知道有家族；个人的存在只是自己祖先的延续，反过来又被自己的子孙所延续。所以它那所有制也是共同所有制而非个人所有制。只是罗马法受了自然法观念的影响之后，个人所有权才成为了正常的所有权，而共同所有制反倒成了例外。

家庭团体逐渐扩大并转化为村社团体的痕迹，在印度、爱尔兰以及中世纪蛮族征服者的封建制度中是历历可见的。其中最重要的一点便是土地属于村社所有，而各个家庭所分配到的只不过是土地的使用权。贫富分化最初并不是由于土地的所有制所导致，它起源于家畜（资本 capital 一词，在字源上出于牧群 cattle）愈来愈集中于领袖的手中。后来随着频繁的战争和商业的发展，公共所有制遭到了破坏，于是个人财产权或所有制便取而代之。与此相伴随的，便是一场"从身份到契约"的转变。然而这一转变在历史上却并非是普遍的必然。我们应该注意：它只有在"进步性社会的运动"中才是实现了的。更具体地说，它只是在西欧的历史上才是实现了的。于是我们就看到梅茵在这一点上陷入了一种难以自圆的矛盾。他的原意是想指出一条普遍的历史发展规律，然而结果它实际上却是只对于一个特例有效；于是普遍的规律就变成了特殊的规律。而且就更深层的意义而言，"社会的不变乃是常态，而它的变动却是例外"，所以

"从身份到契约"这种"进步性社会的运动"从根本上说就是一种例外。这里我们应该注意到他思路上的一个根本错误之点。他的本意是要说,一切进步性的社会运动都是"从身份到契约"的运动;但他实际上却是在说,只有"从身份到契约"的运动,才是进步的社会运动。这里的思想内涵就完全被颠倒过来了。这两个命题在逻辑上、并且也在事实上绝不是等值的,它们是不可颠倒的;正如我们说一切人都是动物,却决不能反过来定义说一切动物都是人。

梅茵的观点和当代社会学中间的一派意见有着相通之处。这一种意见认为,人类在漫长的文明过程中逐步形成了种种习俗、信仰、伦理、生活方式和价值观念。这些传统曾经很好地适应于前现代化的社会。但是现代化社会的科学技术是那么日新月异,迫使人们的一切传统都要随之而变,可是人们却又无法适应那么快速的节奏来改变自己的种种传统。于是,就出现了一切现代社会的根本弊病。

关于古代文明源出于父家长权,梅茵使用了一个特殊的术语,叫做"sexual jealousy indulged through power"。家庭是最早的小社会,由祖先崇拜而衍生出来的宗教、习俗、伦理等等,既规定了父家长的地位,也规定了个人在群体中的身份。因此,远古的法律的涵义就和后世的并不一样。父家长权在古代达到这样的地步,以致法律好像只是用于弥补社会之间的罅隙,而每个人的行为则完全服从自己家庭的法律。法律看来就像具有两重性,由此所产生的结果之一就是封建时代的双重所有制(double proprietorship),即封建地主的所有制与佃农的低级所有制同时共存。另一方面,则契约可以说是近代个人主义或近代自由观念的同义语。契约自由也就是追求个人利益(或幸福)的自由(用天赋人权的术语就叫做,每个人都有追求自己幸福之权)。这里,梅茵根据历史而得出了与边沁根据理性所得出的同样的结论。契约之取代身份,也就是近代个人主义之取代传统的集体主义。这就是所谓"进步性社会的运动"。换句话说,走向身份关系乃是历史的倒退,而走向契约关系则是历史的进步。当然,工商业的发达、科学的发展、宗教迷信的消失等等,都有助于促进进步性社会的运动。但是构成这一过程的核心的,则是所有制的成长。梅茵在他的《早期制度史》(1875)中甚至断言,不承认私有制便是"野蛮",私有制被看成了是文明的同义语。然而作为一个历史学家,他又承认学术研究不应该对任何制度做出价值判断,它仅只是探讨事实的过程。这里就出现了一个两难局面,它困扰了几乎所有19世纪的历史学家。自然科学的研究对象是自然现象,自然本身是没有价值优劣可言的;所以自然科学家对自然现象无需做出任何价值判断。历史学的研究对象是人世现象,而一切人间现象都不可避免地要涉及价值判断,一个历史学家对于人事总有其不可离弃的价值观。价值与事实、主与客,这二者应该怎样统一,就成了历史学中头等重要的问题。梅茵本人始终在这二者之间逡巡、徘徊。"从身份到契约"究竟是历史上一幕实然的现象呢,还是文明所当然应该选择的取向呢?抑或同时是这两者呢?

困难在于:历史方法正如分析方法一样,对于提供一套价值尺度是无能为力的。分析方法提供的是一套推论,历史方法提供的是一套事实,这两者都与价值无关。从史实之中推导不出价值来,历史方法本身并不导向任何价值。每个历史学家之所以有可能从史实中找到他想要的东西来"证明"他的价值观,就正因为他那套价值标准是他所强加之于史实之上的前提。历史假如有(类似自然界的)任何普遍真理或公式的话,它就绝不会是价值判断。例如,梅茵认为历史方法告诉他说,社会主义是不可能的;其实,这个结论并不是他那历史比较方法的结论,而纯粹是由于社会主义(他所理解的社会主义)和他那个"从身份到契约"的公式相背而驰的缘故。

## 三

物理世界的运动形态万千,但是牛顿只用一项咒语般的简单符号就揭示了它们全部的奥秘,(用怀特海的话)那简直就是中世纪神秘学者所梦寐以求的 sancta simplicitas。被近代科学的成功所迷住了的19世纪的历史学家们,也如醉如痴地极力在追求一条历史运动的万有引力定律。"从身份到契约"就仿佛可以扮演这样一条定律。从其中可以推导出:人类历史就是从公产(property in common)到分产(several property)的过程;还可以推导出:法典愈古老,则其刑事部分就越详尽,民事部分就越简陋。(梅茵认为,近代文明社会的法律乃是由"人法"[law of persons]、"财产和继承法"与"契约法"三部分所组成的。)换句话说,进步性社会的运动也就是民法的比重日益增加的过程。而中国法律大多为刑法,这似乎可表明中国的落后。凡此种种,简直有如18世纪物理学的分析学派在使用牛顿的手术刀进行操作。然而对于人文世界,我们能像对物理世界那样进行操作吗?梅茵本人也并不是没有意识到这种操作有着过分简单化之嫌。他曾谦逊地承认,"我们认为中国文明的绝对不变,部分地是出于我们的无知"。他也承认,西方以外的世界只不过是处于"漫长的幼稚状态"而已,它们绝不是"另一种不同的成熟状态"。这就是说,各种文明的不同并非是质的差异,只不过是发展阶段先后不同而已。西欧虽则领先,但其他的民族并非注定了永远要落后。不过,他又认为,无论西欧还是其他民族,却都得服从"从身份到契约"这条根本大法。近代与古代的不同,根本之点就在于契约在社会中占有越来越大的比重。古代的情况是:人从一出生就无可改变地被决定了自己的社会地位;近代的情况是:人在越来越大的程度上是通过契约来创造自己的社会地位的。沿着这一思路推论下去,梅茵进而指出,近代雇主与雇工之间的契约关系已经取代了往昔中世纪主仆之间的身份关系而成为现代英国社会的基础。于是英国历史矛盾的画面,就呈现为一幅从身份统治关系之下被释放出来的自由人与工业化社会之间的矛盾。

在远古,个人并无所谓权利和义务。所以,历来的契约论者把政治的权利和义务推源于统治者和被统治者之间有一项所谓"原始契约",乃是完全错误的,——这是历史法学派根据事实对于自然法学派所做的最有力的批判:让事实来说话,让我们来看看事实究竟是否如此。对这一点他们似乎信心十足,但问题却远非如此简单。这种以事实为根据的批判究竟能否成立,并不像它表面上看去那么轻而易举,好像是它以事实一举就可以证伪对方似的。这个问题恐怕最终并不取决于事实如何,而是要取决于人们看问题的前提假设是什么。一个自然法学派可以面对着历史法学派所提出的种种事实,根本就不予考虑。他完全有理由说,他所要论证的是"当然"而不是"实然",是"道理(理性)"而不是"事实(历史)"。自然法学派的代表人卢梭就曾明确表态说:"我所要探讨的是人权和理性,我并不要争论事实。"事实如何,并不就构成为权利和理性的根据。例如,婚姻在古代是昏夜间抢劫妇女,到了近代,婚姻也要讲各种条件,真正无条件以爱情为基础的婚姻大概是古今中外从来也不曾存在过的。可是在法理上，我们却仍然不能不肯定婚姻必须无条件地以爱情为基础。对自由、平等、民主、人权等等，历史学派很可以根据史实来论证，它们是古往今来就不曾存在过的；但是却没有一个国家的宪法能够不堂而皇之地列举这些口号作为其理论的依据。这好比在一幅威尼斯画派的裸体美人面前，一位严厉的道学先生看后一定会谴责它根本不是艺术，纯粹是腐化堕落、道德败坏；而一个威尼斯画派的崇拜者则一定不会接受这种指责，他会说，这是最美的艺术、最高尚的意境，哪里会有什么腐化堕落和道德败坏？假如让双方进行辩论，结果大概是谁也说服不了谁；因为双方有着根本不同的出发点或前提假设或价值观念。人类思维史上许多争执不休的论战，是不是也有某些类似之处呢？个人的嗜好如何，是没有一个共同标尺可以衡量的；客观事物的状态如何，则是有一个共同标尺可以衡量的。问题是介乎这二者之间的东西（如道德、良心乃至自由、民主等等），是不是也有一个共同的标尺可以进行衡量呢？

　　历史法学派自然而然地要以自然法学派为其对手。18世纪，自然法的思想成为时代主潮；及至19世纪，历史学派的思想也脱颖而出成为时代主潮。前一派着眼于理论推导，那方法是逻辑论证的或数理的；后一派则着眼于事实过程，那方法是历史叙述的或生物学的。前一派要论证其当然，而后一派则要说明其实然。在后者看来，前者是只从逻辑立论，"把所有的历史特性都剥光"，置事实于不顾；所以实际上，所谓的自然法根本就不成其为法，因为它并不具备人为法的强制性和约束力。自然法学派采用了一种先验的方法论，把一切都推源于思辨的概念，从而它最大的缺点就是混淆了"过去"和"现在"以及从过去到现在的演化，他们缺乏一种历史观点，应该说，这两大对立的学派似乎都言之成理，持之有故。我们怎么才能够对于两派做到不偏不倚，而且兼容并蓄，取长补短，即既要讲理（逻辑理性）又要务实（历史事实），——这就需要哲学家重视历史的事实，历史学家重视哲学的智慧了。也许道路不只一条，方法也不止一种；它们不但可以并行不悖，而且可以相辅相成。近代学术思想史上，这两种方法都曾取得极大的成就就是明证。古典生物学的方法（历史方法）并非是唯一的方法。分析方法并不是仅凭"非历史的"这一条罪状就可以全盘抹杀的，正如生物学的方法也并不能单凭"非逻辑的"这一条罪状就可全盘抹杀。尤其当前生物学有着走向数理化的倾向，似乎更可预示两种方法并非是绝缘的或互不相容的。

梅茵过分信赖自己的论断,乃至根本无视当时人类学(如 MacLennan,恩格斯在《家庭、私有制和国家的起源》中曾多次提到此人)的研究成果(如古代曾存在过群婚制),因为其中得不出他那父家长权的概念。事实上,极有的可能倒是:原始的两性关系、家庭和财产(所有制)并没有一定之规。果真如此,则梅茵的基本公式就会根本动摇。那样一来,所剩下来的就只不过是这样一个推论,即今人比古人更为个人主义。但即使今天的文明比古代更为个人主义,然而仅凭这一点,却远不足以确立"从身份到契约"这个公式。此外,他的理论还隐然流露出一种见解,即文明的轨迹是单程的和单向的;进步性的社会的一切都是那么美好,简直就像伏尔泰笔下的全舌博士(Pangloss)所说的:一切都好得不能再好了。然而,究竟什么才算是"进步性的社会"呢?假如说,所谓"进步性"就是指"从身份到契约",否则就不是,那么这种说法就成了同义反复(tautology)。看来梅茵的历史方法或比较方法远不是无懈可击的。历史资料浩如烟海,我们总可以从中挑选出某些真凭实据来"证明"我们自己所臆造的、而实际上是不可能证明的任何假说。史实或史料是给定的,但对它所做的任何理论概括或公式,却总归是历史学家个人所创制的。万有引力定律也并非就是万世不变的,尽管千秋万世之后,苹果还是会落地的。所谓比较方法云云,也并不比思辨哲学就来得更为有效,假如它也能引向任何随心所欲的结论的话。史料库就像一个潘多拉的宝盒,你要什么,它就有什么。于是一个缺乏哲学洞见(或"史识")的史家,在它面前就表现成为一个弱智儿童。何况梅茵所根据的印度材料(他本人曾在印度居留七年)早就为人所诟病。在他以后,巴登-波威尔(Baden-Powell)一生都在研究印度的土地制度,但却发现印度大部分都是分产,只有北部才有一些公产村落,而且即使在那里也找不到任何"从身份到契约"的痕迹。梅茵的研究另有一些不可原谅的重大缺欠,例如他在征引古代之后就径直转入了近代;漫长的中世纪对他基本上是一片空白。

以上评论对梅茵或许近于苛求。无论如何,法理学本身的性质总是倾向于走抽象概念的分析路数的。在自然法思想风靡一世之后,能够引入历史比较方法作为中流砥柱,能够从发展的观点来考察文明社会典章制度的历史现实,梅茵(还有与他同国度的 F. 梅特兰[F. Maitland],以及德国的弗·萨维尼［F. Savigny］,美国的 W. B. 亚当斯［W. B. Adams］)是功不可没的。他是英国历史学派(他也自称比较学派)当之无愧的奠基人。

## 四

传统历史学的作风,大抵不脱引征历史事例进行一番道德说教,要到了历史学派的手里才有意识地撇开道德说教而要把历史学建立在永恒的规律之上。要进行这个工作,最好的研究标本莫过于原始社会(梅茵称之为"政治胚胎学"),因为现在的一切都是由过去所孕育出来的。就这一点而言,我们是永远无法和过去的传统进行最彻底的决裂并把它彻底砸烂的;这不是一个应不应该的问题,而是可不可能的问题。自然法学派所构筑的历史三部曲,即:自然状态→社会契约→公民社会,纯属羌无故实的思辨虚构。在历史学派看来,真实的答案决不能求之于哲学思辨或法理理论,而只能求之于历史事实。历史研究应该是透过文字的背后而深入到历史的实质。每个时代的文献,会有一大堆冠冕堂皇的白纸黑字,但历史学家所关心的并不是它们的票面价值如何而是它们的实际购买力(实值)如何,即它们是怎样实现的以及实现到什么程度。一切美丽动听的理想和理论、法理和神学,到头来,都只不过是对现实的伪装和美化。历史学派清醒地看到了理论与现实之间的差别及其特定的联系,他们从不把文字的票面价值等同于实际购买力。换句话说,史书上的文字是要通过事实来理解的,而不是事实要通过冠冕堂皇的文字来加以理解。这是历史学派的丰功伟绩之所在。

生物学的或发生学的方法当然也有其缺点,缺点就在于它缺乏严密的理论推导。"从身份到契约"这一论断究竟是规范性的呢,抑或只是描述性的?梅茵本人对此并没有交代清楚,但在读者看来,由于缺乏理论推导,所以后者的成分多于前者。再如,他曾论断说,古代史上的英雄时代之后总会继之以一个贵族时代;又如,每个民族"进步"到一定阶段便出现法典法;——凡此种种,在论证上都犯有同样的毛病。文明的历史乃是一场按照一定顺序而开展的戏剧,但是这幕剧情的内在逻辑线索却落在了历史学派的视野之外。而朴素的经验事实本身,是并不能自行导致任何一种理论体系的。

尽管书中有那么多的论点是不能够餍足严谨的理论要求的,然而他那整体构思之宏伟动人仍然会给读者留下深刻的印象。这方面的例子,随处可见。如他论罗马法时说:"不掌握斯多噶哲学,就简直不能理解(罗马法)。"这是一个极有深度的真知灼见。而且又岂止是罗马法;不掌握斯多噶哲学,中世纪基督教也是无法理解的,因为中世纪基督教有一大部分即脱胎于斯多噶主义。而假如没有罗马法和基督教,中世纪文明就成了一片空白。梅茵距今已一个多世纪了,据现代的研究成果,罗马法比梅茵当时所想象、所理解的要远为复杂得多。梅茵仅只引用了有利于自己论点的材料作为根据;这自然是历史研究中的通病,虽贤者不免。今天我们回过头再去看这部百年前的名著,其间的一些缺点和错误是显而易见的。他论述的文明,只及于所谓雅利安民族,而他所谓的"进步性的社会",亦仅以雅利安为限。实则今天就连"雅利安"一词本身能否成立,也都成了问题。据他说,静态(或稳定)社会与进步性社会的区分,从法典时代开始之后即已呈现,而作者所关注的则仅只是"进步性社会"。但"进步性社会"在人类史上显然是为数极少的,甚至于就只曾经出现于西欧。梅茵多次提到,封建制度是日耳曼蛮族习惯与罗马法两者的混血儿,其中已注入了契约的成分,与古代的纯粹源出于习惯的体制已有不同。这就意味着,西欧社会是"进步性的"。但梅茵本人也承认,它是"一个罕见的例外"。而除了这个特例,在所有其他民族的历史上,我们总是发现是"法律限制着文明,而不是文明发展着法律"。因为法律若要完美,就需高度稳定,所以也就必须墨守成规。进步就意味着突破旧的法制。因此之故,在人类历史上"静态(稳定)乃是常规,而进步恰恰是例外"。这个论断确实堪称是一个目光如炬的论断,它完全摆脱了19世纪流行的那种浅薄而廉价的进步信仰。但是仅凭一个特例,就能给历史总结出"从身份到契约"这样一条普遍的公式来吗?法律要求稳定,社会要求进步,——矛盾恰恰就出在这里。又如,他论封建制度的长子继承制(primogeniture),认为其用意并非是要(如通常所设想的)剥夺其他诸子的继承权,而是反之,正因为分割土地必然要使得每个有关的人都受到损害,而封地的巩固却会使他们受益,并且一个家族也可因权力集中于一个人的手中而更加强大有力。我们从这些以往为人所忽略的细微之处,可以看出梅茵超过前人的地方。

真正的历史方法（比较方法）就必须对各种历史文化在价值上一视同仁，所以就不可能论证（justify）一个历史学家所不可须臾离弃的价值观。这就使历史学派陷入了一种两难的困境。"从身份到契约"是不是同时也意味着一种价值取向呢？是不是凡要求进步的社会，都应该是从身份关系走向契约关系呢？梅茵于此并未给出进一步的明确解答，或许是由于他认为这一点是理所当然而无待解说的吧。梅茵在书中曾预言（或者期待），比较历史学也将像比较语言学那样，会取得惊人的成果。不过这种惊人的成果（如果斯宾格勒和汤因比的惊人的、但毫无说服力的历史形态学不算是比较史学的话），却至今还不曾被人取得。

"从身份到契约"这句名言在学术思想史上之享有殊荣，固然是良有以也；然而同时梅茵另一个眼光甚至更为犀利的论点，却很少有人提及。这另一论点简单地说就是：一种制度在历史上的确立和法典化，并不标志着它的巩固，反而是标志着它开始走向瓦解或衰退。换句话说，那并不是它的成长和发达的历史，而是它被破坏、被摧毁的历史。有趣的是，自然法学派的代表卢梭也曾持有同样的见解。一旦采取了这样的透视，我们所得到的历史图像就会全然不同于流行的样式了，并且也只有这样，才可以把我们带到历史的核心里去。一个生命从其一诞生起，就在不可逆转地朝着自己的死亡前进，它不是日益茁壮，而是日就衰颓，历史上任何一种典章制度的生命亦然。这是他的又一个真正充满着智慧的光辉论点，可惜它并未受到应有的重视和评价。历来备受人们赞赏的，独有书中的"从身份到契约"一语，故索解人正不易得。

五

古代罗马法的人类法（jus gentium）受到斯多噶派思想的影响而衍变为近代自然法学派的人人平等的观念；从而个人的自然愿望就是天然合理的，从而（相对于"旧制度"[ancien regime]时代的既不自然、又不合理的社会而言）民主制就是最自然、最合理的制度。民主制既是以契约（即"被治者的同意"）为基础，所以个人就有权拒绝接受自己所不同意的身份。然而在历史学派看来，身份乃是历史演化过程的自然产物，所以个人就无从拒绝接受社会的规定。

民主制本身不是目的,只是达到目的的一种手段,因此除非它能达到某种目的,否则即无价值可言。民主这东西也仿佛是人要吃饭一样,是文明的必要条件而非充分条件;无之必不可,而有之则不必即可。这里面包含着一个默契的、不言而喻的假设,即人性中的美好通过民主便可以释放出它的能量;这是人类自求多福的唯一大道。帕斯卡曾有名言:"人既非天使,也非禽兽。"但更准确的说法倒更可能是,人既是天使,又是禽兽。假如人性中也有禽兽性的一面的话,民主是否仍然是一剂灵丹妙药?反对民主的思潮,正是从反面使得民主理论得以深化的。禁欲主义固然行不通,但是反其道而行就可能走向人欲横流。民主制在文化哲学上的涵义就是:怎样把禽兽转化为天使,而不是把天使转化为禽兽。两个多世纪前,卢梭就曾慨叹:要制订一部完美的立法是那么的难之又难,简直需要它那人民都是一群天使而后可。后来,康德修正他说:制订一部完善的立法并不需要一群天使而后可,即使是一群魔鬼也可以,只要他们有此智慧。多么深切而著明的答案:只要他们有此智慧。智慧使人认识到自己的利和害。不像《圣经·创世纪》所说的,认识善与恶是人类堕落的开始,反之它是人类进步的基础。

反对民主的思想家们是不大相信群众的。林肯相信群众的大多数终归是正确的,尼采和易卜生却相信真理总是在少数人一边。韦伯则认为政治总是由少数人决定的,那么其结局便只好是孔圣人的"君子之德风,小人之德草"。诗人批评家艾略特(T. S. Eliot)认为西方在17世纪经历了一场感性的分裂,此后始终未能从那场分裂中恢复过来。事实上,更深刻的分裂倒不如说是发生在19世纪人文价值与科学态度之间的分裂。赞成民主与反对民主两派,都没有能解决这场分裂。梅茵在哲学上是个保守派,虽然他也不可避免地感染到自己时代的自由主义思潮,但支配他政治观点的始终是对群众根深蒂固的不信任感。因为"群众不知道什么是自己的幸福,怎样才能促进幸福"。那结果便是群众专政和个人(或寡头)专政实质上并无区别(亚里士多德早就说过,民主制终会转化为独裁)。梅茵认为19世纪的英国并没有意识到民主制的危险,正如18世纪的法国没有意识到贵族制的危险。历史学家也是人,他的基本观点也受到个人思想、气质和偏见的左右。他的专业知识和训练,对于一个人之所以成其为人的那些前提假设是无能为力的。

在近代，中国历史发展比西方慢了一拍，故而中国所宣传和信仰的往往是西方前一个世代所流行的思想，引进和介绍也是有倾向性的。例如法国革命和天赋人权论曾在中国流行一时，而柏克那部经典性的《法国革命论》所宣扬的反对革命的理论，就从未引起过中国的重视和思考。梅茵的这部著作又是一个例子。这种情形对学术思想的研究和发展来说，未免是一桩憾事。如果不认真研究前人正反两方面的论点，我们又怎么可能希望把自己提到比前人更高的水平上去呢？

## 六

最后，对《古代法》的中译本略赘数语。抗日战争以前，商务印书馆出过一批外国学术名著译本，记得当时读过的即有戴雪（A. V. Dicey）的《英宪精义》和梅茵这部《古代法》，译文尚是桐城笔调，读来也颇音调铿锵，但专业内容则错误甚多。事隔多年，印象已经模糊。"文革"初期曾偷暇读了几本书，包括梅茵的这个新译本在内，且系逐字逐句对照原文读的，故印象较深。新译本是语体，一些法学术语确实非行家莫办，如 fiction 译作"拟制"，equity 译作"衡平"等等。也有若干错误或不妥，当时曾随手记下一些。有些错误大概是属于笔误或疏忽以及手民误植，有些则属于理解方面的失误。其间有一个较为突出而应该一提的是：书中多次"皇""王"不分，教皇作教王，王位作皇位，王朝作皇朝，诸王作皇帝。看来这已不是一般笔误，而是译者在思想上把两者混为一谈了。这就造成了不应有的内容混乱，尤其是当论及法国史的时候。历史的常识是：大革命前的法国是波旁王朝的王政时期，大革命后拿破仑称帝，是为帝政时期（有名的《拿破仑法典》即于此时纂成）。梅茵着重论述的王政时期与帝政时期之不同，实即革命前与革命后之不同。设想有一部书论述中华民国与中华人民共和国之不同，而译者误将"民国"与"人民共和国"混为一谈，岂非不可原谅？在作者看来，法国大革命前后的变化，一言以蔽之，就是"从身份到契约"的变化，亦即从人身依附、身份统治的关系转化为自由人的契约关系（不言而喻，这个自由也包括失业和挨饿的自由）。

由此联想到，译书大为不易，绝非如有人想象的只要翻字典（甚至连字典都不翻）就行。有关的专业知识是至为重要的。世上并没有一种称为资料专业或翻译专业的专业。资料和翻译只能跟着研究走。研究什么专业，就搞哪行的资料和翻译。资料和翻译是不能脱离专业宣告独立的。我们可以有各种专家。但并没有独立的资料专家或翻译专家。目前翻译工作之所以不尽如人意，恐怕这种错误的指导思想乃是重要的原因之一。甚矣，译事之为难也；久矣，我们已不复见当年严几道先生之"信、达、雅"了。

原书问世在达尔文《物种起源》(1859年)之后两年，梅茵究竟曾否、以及在多大程度上受到他同时代本国同胞达尔文的思想影响，目前尚无定论。显然的是，两人同属于19世纪中叶的新思路，一个以之研究物种进化的历史，一个以之研究社会进化的历史。把历史比较方法引入人文研究终究是一项崭新的贡献，特别因为自从17世纪科学革命的两个世纪以来，人们已约定俗成地习惯于以非历史的数理科学的分析方式考察社会人文现象，亚当·斯密《国富论》的思维方式就是一个典型的例子。并且，自古以来的文献从来没有能为人们提供这样一种信念，即社会的发展必然是越来越好。进步的信念乃是19世纪的产物。把这种伦理的信念纳入客观的历史研究，这确实是19世纪历史学派的特殊成绩（或者是错误）之所在。梅茵是这个学派当之无愧的代表人之一。不过，20世纪的史学家似乎又别有义解，他们以为阅读过去未必就理解过去，而理解过去也未必就能预言未来。极有可能，19世纪的历史学派过高地估计了自己的能力。问题是，作为比较方法，历史学派怎么能从实然（事实判断）之中得出一种当然（价值判断）的结论来。前两年比较史学在国内也曾经一度成为热潮，梅茵此书的优劣得失或许可以为我们的比较史学工作提供一份值得思考的借鉴。

原载《史学理论研究》1992年第1期

# 卢梭和他的《社会契约论》

## 一

卢梭是历史上以自己的思想深深影响了整整一个乃至几个世代的那些罕有的伟大人物之一。拿破仑说过,没有卢梭就没有法国大革命。当代畅销的历史书威尔·杜兰特的《世界文明史》11大卷的第10卷是讲18世纪文明的,整卷的标题为《卢梭与大革命》,就是以他的名字来概括整个一个历史时代的。当然,一个人无论如何伟大也不能涵盖整个时代的全貌,然而又总有某些个人是最足以代表整个时代的精神的。一般历史书上都以卢梭和孟德斯鸠、伏尔泰并称为法国大革命前夕的三个最突出的先行者。如果说伏尔泰是理性主义最后的一个代表,那么卢梭就是浪漫主义最后的一个代表。两个人的不同倾向分别代表了两种不同的时代精神。两个人生活的时代和地点相同,但两个人的倾向又是那么地不同。伏尔泰一生生活在宫廷和上层社会之中,卢梭在中年以前的生活是在乡村和下层人民中间渡过的。伏尔泰受过完整的教育,出身于天主教的背景;卢梭则从未受过正式的教育,出身于新教的背景;故而伏尔泰的上帝是理性,卢梭的则是感情。比较两个人的不同倾向,有助于我们理解时代精神的两个方面。

卢梭1712年生于瑞士日内瓦,他的父亲是钟表匠,早年卢梭的作品曾署名"日内瓦的农民"。他从青年时代就是一个流浪汉,四处漂泊,没有正当的职业,作过仆役、管家、家庭教师、编过剧本、抄过乐谱、写过小说,从没有过什么显赫的社会地位,晚年的心理和精神都不正常,在1776年去世。1749年夏卢梭(37岁)由巴黎去文桑尼的途中因酷暑小憩,无意中看到了第戎学院的悬奖征文:科学与艺术的复兴是否有助于敦风化俗?

一时之间忽然思如泉涌,遂写出了他的第一篇论文应征并获奖。论文的主旨在于阐明:知识与文明的进步是以使人日愈脱离自然的纯朴,违反人的天性,所以人们应该归真返璞,"返于自然"。1754年第戎学院再度征文,题目是"论人类不平等的起源与基础",卢梭二次应征,虽未获奖,但这篇论文成为卢梭思想的重要文献之一,其中提出了人间不平等的起源与基础就在于私有制。此后,卢梭的声名大噪,并和当时思想界和文化界的一些重要人物有了交往。他一系列的重要著作也随之问世,包括《政治经济学》(1755年)、《新哀洛漪思》(1761年)、《社会契约论》(1762年)、《爱弥尔》(一名《论教育》,1762年)、《山中书简》(1764年)、《科西嘉制宪拟议》(1765年)、《波兰政府论》(1772年)、《忏悔录》(1781年出版)以及其他一些作品。作品的领域包括政治、文学、音乐、教育诸多方面。在文学上,他是近代浪漫主义的开山者,《新哀洛漪思》是以书信体裁写成的小说,书中抒发了真挚诚恳的爱情情操而与虚伪的社会偏见相对抗。在政治思想上,他是近代契约论和自然权利论(亦作"天赋人权论")的一代宗师。他晚年所写的自传《忏悔录》一书真诚坦率地剖示了自己的内心,同时也是18世纪文化史的第一手资料。我们下面简略谈一下他的《社会契约论》这部近代民主革命的福音书。

二

每一个思想家都有自己的理想国。这一理想国寄托着作者本人对自己理想的政治社会的向往。中世纪人与人的关系是身份依附的关系,及至近代,人就从身份依附的关系网之下解放出来而成了"像飞鸟一样的"自由人,人与人的关系就从身份关系转化为契约关系;这一幕人的社会地位的转化即是所谓的"从身份到契约"。这就是近代政治思想史上契约论产生的背景。近代契约论先后出现过三位代表人物,他们是:霍布斯(1588—1679)、洛克(1632—1704)和卢梭。他们都假设人类最初是像动物一样地生活在"自然状态"之中,但是后来由于种种不便或不利,人们便相互同意订立了一项契约,根据这一契约人们便同意建成一个国家,组成一个政治体,自愿放弃自己原来的天然自由以换取公民的(政治的)权利。霍布斯的时代较早,当时还是王权专制时代,他是拥护王权(君权)专制的。洛克是近代早期自由主义的代表,他的重点是强调法制,法制的目的就在于能够更好地维护个人的自由。卢梭的时代更晚些,已经临近18世纪末叶民主革命的前夜,他的天赋人权论成为美国革命和法国革命的理论先驱。美国革命的《独立宣言》和法国革命的《人权宣言》在很大程度上可以说是卢梭的理论和理想落实为政治行动的纲领。

理论和实践之间、理想和现实之间总是存在巨大的差距。我们应该清醒地看到《社会契约论》(或者任何政治理论)都只不过是作者自己的理想国。一切理想国都必然带有极大的乌托邦的成分,更何况卢梭本人就是浪漫主义的大宗师。他自幼生长在小国寡民的瑞士,他所熟悉的是布鲁塔克《英雄传》所记述的古希腊罗马的体制,他向往的是古代直接民主制;他虚构出了一幅政治蓝图,那是从来也不曾存在过,而且将来大概也永远不会存在的。19世纪的历史法学派猛烈抨击了这种自然法学派的理论,揭示他们纯属想当然尔的臆造,于历史事实毫无根据。确实,有谁见过人们同意建立一个国家的那一纸"原始契约"?是什么时候、什么地点、什么人签订的?

不过,事情也并非就如此之简单。理论上能够(或者应该)成立的,未必一定要有事实的根据;反之,凡是事实如此的未必就能成为理论上的依据。法理上能否成立是一回事,历史事实是否如此则是另一回事。二者之间没有任何必然的联系。古往今来,人们在历史上曾否真正享受过自由平等是一回事,人们在法理上应不应该享有自由平等是另一回事。卢梭本人说过:"我探讨的是权利和道理,而不是要争论事实。"卢梭天赋人权的基本内容不外两项:(一)自然权利论,人是生而自由平等的。天赋人权的"天赋"一词原文是"自然",有的中国翻译把它反译作由"heaven"("天")所赋,就恰好把意思弄反了。(二)人民主权论,即主权在民;政府是人民意志的产物,所以人民有权废除一个违反自己意愿、剥夺了自己自由的政府。两百年来它们已经成为世界性的法则,而且载入联合国的文献,成为世界各国(包括我国)所普遍认同。它们曾是鼓舞各个民族要求解放的强大思想武器。从戊戌变法到辛亥革命,卢梭和天赋人权论也曾受到我国先进人士的热烈宣扬,作为民主运动诉求的最有力的理论依据。

《社会契约论》一书旧时曾有过三个中译本,但都粗略而且没有注释,杨廷栋和马君武的两种尚是文言。1949年后的译本参照了几种权威的版本和注释而译出,并增加了较多的注释以及附录,希望有助于读者理解原文和原意。就学术研究来说,一种理论或学说应该参照前人的、同时代人的和后人的相关著作。因此读者们除了阅读卢梭本人的一些著作而外,最好能参阅一下霍布斯和洛克的著作、法国启蒙运动作者们的著作(如孔多塞的)和保守的作品(如柏克的)以及其他有关法国大革命的论著。法国大革命距离我们今天已经两个多世纪了,但是当年的那些思想瑰宝——理性主义、启蒙运动、天赋人权等等,作为文化的遗产是永远值得后人珍视和认真研究的。人们的思想认识只有在前人已有的基础之上,才有希望进步并达到更高的水平。一个传统的政权可以或者应该彻底砸烂,一种思想文化的传统却是不应该而且永远也不可能彻底砸烂的。

第一节原载作者所著《历史理性批判论集》,清华大学出版社,2001年;第二节选自作者所译《社会契约论》修订第三版前言,商务印书馆,2002年。

# 卢梭《论科学与艺术》及其他

今天我向大家介绍一本薄书，是 18 世纪中叶法国著名的作家卢梭写的，题目叫《论科学与艺术》。这其实是一篇文章。我想，这个讲座的目的是使大家不仅要了解卢梭和他的这本书，同时还要了解他的时代的精神面貌。这本书其实在这里也只是作为一个引子。

现在我先讲讲卢梭所处的时代。

卢梭生于 1712 年，到 1778 年去世。他所生活的 18 世纪是人类历史上一个非常重要的世纪。重要性在什么地方呢？下面谈一些我自己的理解。

人类在地球表面上出现至少有几百万年了，但是人类的文明史，也就是人类有文字记录的历史，仅仅只有 5000 年左右。这 5000 年的文明史我想大体上可以分为两个阶段。第一个阶段我们可以叫做传统的文明史，就是从 5000 年以前人类有文字记载的历史到 500 年前，也就是公元 1500 年左右。这段历史的特点是，它是一个农业文明。我们知道，有了农业才可以定居，有了定居才可能有文明。农业社会是简单的再生产，所以可以设想古代的农民生活大概几百年也不会有显著的变化，即使是天下太平的话。

最近 500 年的历史从根本上有了不同，最显著的不同表现在物质上。这 500 年的文明可以说是一个近代化的过程。近代化过程也是现代化的过程。近代化和现代化，在英文里都是一个词 modenization。

它跟古代传统文明最大的不同就是，在物质上它是以科学技术为基础的文明社会。科学技术是不断进步的，所以我们的生活年年不同，甚至于天天不同。这种变化速度是以前的文明无法比拟的，因为它的生产是扩大再生产。随着物质生活方面的扩大再生产，人类的思想、文化、精神面貌，相应地也要有很大的不同，我们不能用古代几千年的那一套文化、思想、社会生活或者风俗习惯来适应今天的社会。按照唯物主义的基本观点，一个上层建筑总要适合于经济基础，我们的物质基础已经改变了，当然我们的社会生活、我们的思想、我们的文化也在不断随之改变。

人类史上有很多的民族，每个民族都有它的文明，但不是所有文明的发展都是同步的。我们可以说每个民族的文明都是从没有文字到有文字的时候才开始的，可是一旦开始以后，众多文明的进步却不相同，其中第一个迈入近代化的是西方社会。至于这个原因是什么就不谈了，因为谈起来很复杂。

有几件大事可以作为近代化开始的标志。第一件大事，就是地理大发现。1492年哥伦布发现新大陆；1498年达·伽马发现了印度洋航路；1519—1521年，麦哲伦第一次环球航行，从此形成了真正的全球历史。过去各民族的历史基本上都是独立的，每个民族都在发展它自己的文明。比如说，我们中国的文明和西方的文明，不能说绝对没有接触，但是这个接触非常少，相互间没有什么根本性的影响。可是我们知道，今天世界上无论某一个地点发生个什么事，都会马上影响到另外一个地方。所以今天的世界越来越一体化。这个应该是说从地理大发现开始的。

第二件事情，就是1517年的马丁·路德的宗教改革，它标志着人类的精神从中世纪走入了近代。传统社会是一个守旧的社会，它的生活基本上是年年重复的，所以它的思想必然倾向于守旧，也是年年重复的。从某种意义上说，他们都是信仰主义者。但是近代的社会是日新月异的，近代的思想也是不断地翻新，不断地创新。近代化的另一个标志，就是在思想上要突破传统主义。西方旧的传统是什么？就是基督教的信仰。马丁·路德的改革虽然不可能彻底——他并不否定上帝的存在，并不否定耶稣基督的存在，但是他否定了罗马天主教，罗马天主教是耶稣基督在地上的代表，他否定宗教的权威，否定信仰的权威。从某种意义上来说，它是思想上的大解放。

第三件大事，是1500年左右出现的文艺复兴。文艺复兴开始时本来是学术思想的运动，但是后来它就变成了不仅仅是个学术思想的运动，还是一个文化思想上的运动。用梁启超老先生的话来说，是以复古求解放。复古运动是指恢复希腊古代的文明。古希腊文明和中世纪基督教的文明有显著的不同。第一，古希腊文明重视自然世界，而中世纪是信仰的时代，鄙薄自然世界；第二，古希腊文明是非常重视现实生活的，而宗教社会鄙薄现实生活，认为现实生活是没有意义的，没有价值的。第三，我以为最重要的一点是近代科学的出现。每一个民族都有它传统的科学，但是那个科学和我们严格意义上的近代科学是不同的。恩格斯在《自然辩证法》中指出近代科学和古代科学不同，古代的科学是猜测的，是偶发的，是天才的直觉。而近代科学则是有系统、有步骤、有方法、有目的地去追求真理。古代的科学结果和近代的科学结果也不一样，近代的科学可以在前人的基础上不断地进步，可是古代的科学偶尔有了发现以后，又中断了。举一个最鲜明的例子，比如说古代希腊有一个哲学家也是科学家——我们知道，古代哲学就是科学，科学就是哲学——叫做阿瑞斯塔科斯，就提出来太阳是宇宙的中心，地球不是的，那是很早很早的时候。后来中世纪的时候，人们知道的是地心说，认为地球是世界的中心，就把那个学说给否定了。一直到了哥白尼，才又重新提出来日心说。近代的科学开始于哥白尼的天体运行论，不过当时并没有很严谨的科学的证明。一直到后来，又过了一个世纪，比哥白尼晚了100年出现了两位科学家。第一位就是开普勒，他发现了行星运动的定律；第二个稍微晚一点就是伽利略，伽利略毕生从事科学实验，为近代科学做出了重大贡献。在这个基础上，一直到牛顿，到17世纪，最后总结了一套被称之为经典或古典的科学体系。17世纪以后，在牛顿学说的基础上，出现了近代的工业。近代工业，最简单地说，就是牛顿原理的应用。18世纪开始了工业革命，从而改变了人类生产与生活的整个面貌。

　　工业革命跟传统农业最大的不同是扩大再生产，它是日新月异的。工业社会极大地改变了人类的生活方式。而人类的思想、社会秩序、风俗习惯都随之而改变。近代社会的转型到19世纪完成了。19世纪以后，也就是近代化的过程完成后，西方就开始了现代化。今天又有人说现代化的过程已经完成了，于是又出现了后现代主义。

　　我们大体上可以说，西方的近代化始于15世纪，完成于19世纪。这时，所有其余的文明的近代化都还没有开始，包括中国。中国知道牛顿原理是什么时候？是19世纪的60年代，离我们现在不过一百多年。那个时候，在北京有个同文馆，同文馆有个算学课，相当于我们今天的数学系。算学课的总教习是浙江人李善兰，当时中国最杰出的数学家。李善兰第一个把牛顿体系介绍给中国。所以就科学的角度来说，中国真正迈入近代化的第一步是在19世纪的60年代，这时西方近代化已经完成。这是我介绍的一般的历史背景。

在这个历史背景之下，我特别要介绍一下西方的历史背景。在古代，西方有希腊文明和随后的罗马文明，辉煌了大约有一千年左右。但是到了公元5世纪的时候，罗马帝国灭亡了。当时的日耳曼人——也是今天很多欧洲民族的祖先，那时他们还是野蛮人，侵入了罗马帝国。他们入侵以后，历史就进入了中世纪。到了15世纪以后经过了文艺复兴和宗教改革、地理大发现，西方社会的眼界大大地扩大了。从文化领域来说，它首先表现在意大利，随后传播到北欧、德国、法国。随着地理大发现，同时也由于地中海被土耳其人截断了，经济和商业的中心就从地中海转到大西洋上，因此意大利的一些城邦就衰落了，代之而起的是西欧的一些国家，特别是英国、法国、荷兰。这几个国家开始大规模地发展工商业、海外殖民，其中英国、法国是最先进的。用中国话说，这就叫"地气"转移了。17、18世纪以后，有两个因素使得西欧的国家变得特别重要了。一个因素是我们说的经济因素。因为地理发现以后，开辟了一个世界市场，谁占据这个最优越的地理位置谁的经济就发达，英国和法国恰好就掌握了大西洋的航线，所以它们的经济就最发达。随着经济的发达，必然地出现文化的发达。这是经济上的原因。另外还有一个政治上的原因。马克思讲过，一切神权的斗争归根到底都不外是世俗利益的斗争。自马丁·路德宗教改革以后，欧洲出现了各宗各派的宗教改革。这些宗教改革归根到底都是代表不同的利益。不同的阶级、阶层、集团，他们有什么样的利益，反映在思想上，就有个什么样的教派。过去，西欧各国信仰天主教，即服从罗马教皇，其中心在罗马，在梵蒂冈。宗教改革以后，各国的国王成为宗教领袖，实际上教权被王权控制了。这种宗教的独立或半独立有利于它的王权的统一。本来这些国家都是封建的落后国家，有点像我国的春秋战国，有好几十个国家，形成了很复杂的局面。一方面有传统的贵族，但是另外一方面，有新型的、在法国叫做第三等级（第一个等级是宗教贵族，第二个等级是世俗贵族）的工商业者的市民阶层，因为生产的需要，他们掌握了知识和财富。这些不同的等级在政治上是不平等的，其中以第三等级的实力和人数最大，他们必然要求政治上的权利。这就是法国大革命爆发的根本原因(也是美国独立战争爆发的原因)。1789年法国大革命推翻了王权,建立了共和制度。这是欧洲大陆上最重要的一件大事,它开辟了人类近代文明史的新面貌。过去的王权专制的政治形态不适合近代化的需要,所以制度一定要改,改成符合近代化需要的政治形态,或者说政治机器,而法国革命和美国革命就完成了这个任务。我上面说的就是近代化进程主要的一个线索。

下面我们就来介绍卢梭的生平、活动和思想。

卢梭全名是让·雅克·卢梭,瑞士日内瓦人,是法国后裔,父亲是钟表匠,属市民阶层。后来他生活在法国,所以他又是法国人,有双重国籍。卢梭既是文学家又是思想家,一生写了好几本书。晚年他写了一本《忏悔录》。这本书有几方面的价值。首先,它的文学价值很高,因为卢梭是文学家。第二,它还具有很高的史料价值,因为卢梭接触了很多当时的文化界名人,书中对这些文化名人有很多的记载。第三,这本书还记录了他自己内心深处的生活,这是别人不肯写的。忏悔录与自传是不同的,自传主要是讲你经历的事,而忏悔录要探讨自己的内心深处。顺便提到的是,卢梭没有什么正当职业,实际上他是一个流浪汉,有的时候做家庭教师;有时候给人做管家,实际上是仆人;有时给人抄乐谱;他是音乐家,他写过几个歌剧。有一次,他偷了女主人的丝袋子,而且嫁祸于另一个女仆。类似这些,一般人就不提了,但他写了,还做了深刻的忏悔。这样的一些隐私的写作,使他出名。这本书不仅写了他个人,还写了当时的法国。卢梭流浪了几十年,到了中年,仍然默默无闻,属于社会下层。所以从某种意义上讲,他代表的是民间下层文化。

在他不到40岁时的一天,在从巴黎近郊到市区的途中休息的时候,他发现一张旧报纸,上面刊有第戎学院的有奖征文,题目是:"科学和艺术的复兴是不是有助于人类风俗的纯洁化?"科学与艺术的复兴就是指文艺复兴。自从文艺复兴以来,人类的科学和艺术有了很大的进步,可以说是大放异彩。这个征文的题目翻译成现代语言,就是物质文明的进步是否有助于精神文明的进步?卢梭看到这个题目后,思如泉涌,下定决心要写篇文章来答复这个问题。有一个未经证实的传说,卢梭曾就这个问题去请教他的好朋友、法国百科全书派领袖狄德罗。狄德罗就问他准备怎么写,卢梭回答准备从肯定的角度去写。狄德罗就告诉他,不能做正面文章,大家都会去做正面文章,你一定要做反面文章。后来,卢梭就采纳了狄德罗的意见,做了一篇反面文章,即认为科学技术的进步对人类没有好处。我以为,他这个著作的思想与他的其他著作的思想是一致的。我们说考据,有两种证据,一种叫外证,一种叫内证。我们可以从内证上说,这篇文章是他自己的思想。他认为科学技术的进步对人类的道德并没有好处,并不是说科学技术进步了,人类的道德就更高尚、更纯洁了。

这篇文章有以下几个重要性。第一,从卢梭本人来说,这篇文章使他一炮走红,是他发迹的开始。第二,这篇文章从正面提出了一个自古以来就有的问题,对近代化、现代化国家来说,还是一个重要的问题。确实,近代科学技术的进步,造成社会生活的很大变化,但这种变化是不是就意味着人类的精神就更美好、更纯洁了呢?这个问题是非常难回答的。我们可以说今天的人确实比过去的人在精神上更高尚了;当然,我们也可以反过来说,至少也可以说并不见得就比过去更高尚、更伟大。比如说:今天小偷很多,外出要锁门,而在20世纪50年代是不用锁门的,是不是我们进步了几十年,我们的道德风尚也随之进步了?第三,也是一个更深层的问题,就是人类所追求的幸福是什么?是物质享受呢,还是某种精神状态的满足?假如你追求的是物质享受,那么我们说科学与艺术的复兴有助于人类的进步;但是如果我们说幸福是一种精神状态的满足,那么我们就很难说他是进步了还是退步了,或者是没有进步也没有退步。我们很难得出一个肯定的答复来。而这个问题困扰了古今中外的思想家、哲学家,那就是人生的目的是什么,追求什么样的状态。我引两位中国古代最有名的大师的话。孔夫子赞美颜回说:"一箪食,一瓢饮,居陋室,人也不堪其忧,回也不改其乐。"颜回尽管物质生活贫困,但他精神是幸福的,他始终享受追求精神、追求道、追求理想的生活快乐。我再举一个庄子最有名的故事。别人用机器来吸水,他反对,他还是自己去打水。为什么呢?操机械者必有"机心"。老子也主张归真返璞,回复到自然状态,不要那些虚假文明。卢梭的这篇文章主要就谈这一点,他说人类文明的进步,特别是科学与技术的进步,都是出于一种要不得的动机,即怎样能够满足自己的物欲或利益,而这种东西并不是人类所应该追求的东西。所以他最后否定了一切科学和技术的进步。

我想,否定科学和技术的进步大概是不可能的事情。近代化这个东西是很奇怪的一个东西,在近代化以前,大概世界上的人都没有想到有近代化的一幕,中国人,包括孔孟老庄也没有想到过社会要近代化。但近代化的特点是,一旦有一个国家或民族近代化了,那么别的民族就必然也要近代化,只能走这条道路。香格里拉也好,桃花源也好,那都是诗人的幻想,都是不可能的。一个国家进入了近代化,别的国家也会进入近代化,就像一个国家有了飞机,别的国家也要有飞机一样。

近代化趋势是不可抗拒的,这是从物质层面来说。就精神层面上来讲,是不是这样?我想就会比较复杂。就精神层面来说,我想从政治制度社会制度来说,大体上也要近代化。例如戊戌变法,它的目的就是要立宪,不能再搞君主专制,君主专制不符合近代化的要求。走近代化道路,不仅仅是要有近代科学技术,还要有配套的近代社会制度、政治制度。因此首先要废除君主专制,第一步要立宪,用宪法约束皇权,立宪就要设议院,开国会,选出人民代表来。政治民主化,大概这个方向也是人类共同的方向。还有精神、思想、道德、哲学层次。比如说,各个民族有各自的宗教,这些宗教大概不必统一为一个宗教。但宗教也不是一成不变的,也要随着社会的进步而变化。例如,中世纪时伽利略是被判了刑的,但前几年罗马天主教会给他平反了。所以上层建筑如宗教、思想、理论体系都要不断进步,不断发展。世界上没有任何一种科学或宗教是完全不变的,总会随着时代的进步而改变。

我想他这篇文章主要是从这三个方面涉及近代化一个根本的问题。他的结论大概是不对的,但是他提出的一些问题却非常有价值,就是近代科学的进步怎么样才能够配合人类精神文明的进步,而不是反其道而行之。比如说,我们现在面临的生态破坏、环境污染问题,像这样继续发展的话,子孙后代都无法生活。你把整个地球的自然平衡都破坏了,连你自己都活不下去了。那么怎样能够做到不仅考虑到自己的生活,而且考虑到子孙后代也能在一个健康的环境里成长,那么这个环保就变得非常重要了,因为近代工业化对环境的破坏太厉害了。卢梭这篇文章提出了一个过去几千年所不曾面临的问题。因为传统社会几千年来形成了一套与传统社会生活相配套的思想、理论、社会风俗、习惯。现代生活日新月异,传统的那一套就不可能与现代社会生活相适应了,我们就需要有一套新的东西。这新的东西是什么?卢梭没有给出答案,但是提出了问题。我觉得提出问题的贡献不亚于给出答案,从这个意义上讲,卢梭的这篇文章很有价值。

过了几年以后,第戎学院又提出了第二篇征文的题目:"什么是人类不平等的起源和基础?"卢梭又去应征,但没有得奖。不过这次应征是他的第二篇论文,题目是《论人类不平等的起源和基础》。这篇论文里也有一些创见。最大的创见是,他认为自从有了私有财产后,就有了人类的不平等的起源和基础。马克思、恩格斯总是非常赞美卢梭,说他充满辩证法。在这两篇论文后,卢梭就开始设计一个理想的社会。每一个思想家、哲学家都有他自己的理想国。卢梭考虑了很久以后写了一本书,这就是经典的《社会契约论》。这部书在中国最早叫《民约论》。

国家是什么?卢梭认为国家是人民之间订立的契约。中世纪认为君权神授,中国认为天子受命于天,西方认为王权神授;到了近代社会,则发展出主权在民的学说,或者说是人民主权论。这个思想在近代最早是英国霍布斯提出的。他比卢梭早一个半世纪,是个哲学家,还是一个机械唯物论者。他提出的理论就是契约论。这个契约论简单地说,就是人类在文明社会之前,处于一种动物世界的自然状态。但这种状态是不能长久的,于是大家同意,找一个人做领袖,把权力交给他,由他来支配、统治,这样大家可以过一个平安日子。这个是霍布斯最早的社会契约论。霍布斯之后,过了半个多世纪,英国出了一个有名的哲学家洛克,他写了两部《政府论》。洛克和霍布斯的看法有些不同。他也认为在没有国家之前是处于一个自然状态,但这个自然状态是非常美好的。可惜美好的自然状态不能老维持下去,因为总有些不太美好的因素冒出来,比如总有人想损人利己,想侵害别人利益。在这种状态下,人们便同意订立一种契约,建立一个国家。洛克的契约论和霍布斯的有所不同,用中国话来说,一个是性恶论,一个是性善论。卢梭的思想又与前两者有所不同。研究近代政治思想史,主要就是看这三个人的著作。

卢梭的《社会契约论》是1761—1762年写成的,这时候距法国大革命只有不到30年的时间。这部书在某种意义上说是法国大革命的"圣经",也可以说是近代民主革命的"圣经"。法国大革命是近代民主革命的样板,就好像十月革命是现代社会主义革命的样板那样。在这个意义上说,卢梭的"社会契约论"就是给近代的民主奠定了一个理论的基础。卢梭也同意过去的说法：人类在建立国家之前是处于自然状态，但是后来人们觉得这种自然状态不能够存在了。这一点他没有交代明白，只是说人类不能够维持下去了，于是就立一个契约。他的主要思想是：人类本来是自由的，是平等的，人类订立契约的前提也是要保障人民作为主人的自由和平等。假如一个政权违反了这一点的话，人民有权废黜这个政权，推翻政府。这一点奠定了法国大革命的基础。法国的《人权宣言》和美国的《独立宣言》（现在联合国的《人权宣言》基本精神是继承了这两个宣言的），就是建立在卢梭的人民主权的理论基础上的。

这个理论到 19 世纪，受到实证主义的批判。实证主义的根据是什么？是历史。你说有契约，你把契约拿出来，大家什么时候订立过这个契约？当然并没有这个契约，这只是个理论的假设（即自然法）。所以这个实证派，即历史法学派，非常振振有词地说这些都是空想，根本没那么回事，人类从来就没有这样一个契约。

这个问题，我认为可以两方面同时存在，而并不一定一个排斥另一个。我们说 18 世纪是理性主义时代，是从法理上推论，按照理性来说，应该是这样。至于事实上有没有这个契约，那是另外一回事。卢梭好像预见有人会反驳他，他在书里一开始就说，他论证的是法理，而不是事实。这就有点像婚姻法与婚姻事实之间的不同那样。

卢梭不仅是近代的启蒙大师，同时他还开辟了近代思想的另外一个主要潮流，这就是浪漫主义。18 世纪是理性主义的时代，但忽略了理性以外的东西，比如说感情。卢梭第一个开辟了近代浪漫主义。本来他的第一篇论文里面就透露了这种思想：野蛮人也可以是高贵的，并不一定文明人才是高贵的；自然状态是美好的，并不一定只有文明的生活才是美好的，文明社会也充满了许多虚伪和狡诈，但是野蛮人的生活里没有这个东西，它是自然的，是淳朴的。所以卢梭提出一个口号，"返于自然"。一直到今天，这都是很重要的一个思潮。

卢梭写了本小说，名字叫做《裘利亚》，又叫《新爱洛绮思》。讲述的是一个爱情故事。卢梭在这里强调的是真诚的感情，这也是对当时上流社会虚伪的抗议。因为当时法国的上流社会里面，恋爱是非常流行的游戏，而其中有许多虚伪的成分，都是不真诚的。卢梭提出人性应该回到自然去，所以他反对这种虚伪的恋爱。这本书里面歌颂的是真挚的感情，这种真诚的感情后来就变成了浪漫主义的先锋。我们知道，18世纪末，欧洲文艺界掀起了一个浪漫主义的潮流，当时很多了不起的作家都是浪漫主义者，比如说德国的歌德和他的《少年维特之烦恼》。

最后，谈一下卢梭对中国的影响。在清朝末年民主革命高潮的时候，中国人从日本人那里"贩运"了卢梭。当时的邹容和陈天华的著作，都把美国的《独立宣言》、法国的《人权宣言》和卢梭的《民约论》作为楷模，视为至高无上的东西来歌颂，虽然那个时候还很少有人能真正理解卢梭。我所见到的真正第一个从正面介绍卢梭的是梁启超老先生，他的《近代民约论巨子卢梭》是中国第一篇介绍卢梭思想的文章。

近代的中国不可避免地要走进近代化和现代化，这是不可逆转的。可是究竟具体怎么走法，则要看具体情况。中世纪的中国文明领先于世界，但是近代化的步子迈得晚了。在中国近代化开始的时候，中国人认为自己不如人家，不如人家船坚炮利，那么夷人之长技不过是船坚炮利。所以我们就得学西方的长技，就是魏源的话，"师夷之长技以制夷"。这是第一步。第二步，我们认识到，光是船坚炮利不行。你得有科学知识，没有科学知识，你没法造这坚船利炮，所以我们就建立了江南制造局，还有同文馆，以发展工业和培养掌握近代科学技术的知识分子。第三步，我们又认识到，你光是有了这些科学知识不行，因为你一个国家近代化，你的社会政治体制要配套，所以我们要"变法"，要"维新"，要"改良"，甚至要"革命"，要建立一个民主共和国。后来又发现，我们前面做的这些，就像王国维先生在清末提出来的，我们所学西方都是学它的皮毛，没有学习它的真正内涵。所以后来到"五四"时，又进了一步，认为根本还是在文化，所以提出"德先生""赛先生"。我们要科学要民主，大概这个东西是近代化必不可少的条件。所以在那时候，卢梭也流行过一阵。今后，我想主要方向还是要走科学和民主的道路。这里也引用毛泽东的话：道路是曲折的，前途是光明的。

本文原为2000年3月在清华大学的演讲，收入《中国大学人文启思录》第5卷，华中科技大学出版社，2001年

# 激进与保守、革命与改良
## ——读柏克《法国革命论》

一

牛顿的运动第三定律说:"作用力和反作用力大小相等、方向相反。"作用力和反作用力两词都不带有任何道德上的或伦理上的褒义或贬义。对于科学考察的对象,研究者本来理当采取这样一种纯客观的态度。但是一涉及人事研究,人们却总难以避免好恶之情。"革命"一词在一个世纪之前曾是一个可怕的名词,它意味着像是"孙汶"("文"字故意加上三点水以示贬义)那样的江洋大盗,谁被蒙上了那样一个恶名,是要灭族、子孙万代不得翻身的。后来时代变了,革命一词被戴上了一个荣誉的光环,就连最反对革命的人也口口声声以革命自居,从蒋介石到"四人帮"莫不如此。也正因此,革命的理论就受到青睐,而保守的理论则遭到冷遇。从20世纪初起卢梭的理论就在中国风靡一时,像严复和章士钊这样一些大名流还曾与它大打过一场笔仗,而像柏克的理论却无人问津,他的《法国革命论》这部保守派的代表作也几乎没有人提到。

柏克(Edmund Burke,1729—1797)是英国18世纪最享盛名的政治理论家,《法国革命论》则是他最享盛名的一部著作。此书写于法国大革命爆发之次岁,它和大革命前两年英国作家亚瑟·扬的《法国旅行记》同为研究法国大革命的两部当时最重要的第一手历史文献。柏克的基本立场是:人类文明的进步要靠千百年来历代相承的智慧的积累,人们只是在前人已取得的基础之上才能取得进步;而法国大革命却是要砸烂一切旧传统,这种野蛮的破坏只能造成文明的倒退,只会有利于少数人在浑水之中谋取个人的私利。衡量革命,不能只看革命者口头宣称的理想,更要检验其实践的结果如何。正如20世纪历史学家卡·贝克尔《十八世纪哲学家的天城》中所说的:假如罗兰夫人事先就能预见到尔后法兰西第三共和的现实的话,也许她就不会有那么大的信心和勇气走上断头台去从容就义了。理想和现实、理论和实践二者间总是有巨大的差距的。政治的智慧就在于怎样由现实出发运用传统的遗愿去改进和完善当前的社会。这首先就在于怎样能够最好地、最有效地学习和运用历代传统所积累的智慧,而不是以暴力去推翻它、砸烂它。革命无权去破坏千百年来人类智慧的结晶;这样做是罪行,是反人道的、也是反文明进步的。

18世纪法国启蒙运动以其天赋人权论曾经是席卷了新旧两个大陆的民主革命的理论和理想,它也曾深深影响了我国。但我国的读者和研究者似乎对保守主义及其天赋人权论未能措意。就学术研究的角度而言,假如我们能把卢梭、孔多塞等人的著作和柏克、迈斯特、夏多白里昂等人的著作作一番对照的话,也许会更有助于深化我们自己的思想和认识。继承前人的遗惠应该也是一种不可被剥夺的人权。这应该是革命所无权剥夺的。

## 二

综观史乘,人类社会与人类文明的进步大抵上不外通过两条途径或者说采取两种手段,即不是革命就是改良。改良是演进(evolution),反之革命(revolution)则意味着——在字源学的意义上,借用一个"文革"的术语——"翻它一个底朝天"。或者说,改良是不动根本,只进行局部的小修小补,而革命则是动彻底的大手术。一个人生病就医,应该是对症下药,而并非是非动大手术不可,手术越大就越好。有的病需要动大手术,有的只需动小手术,有的甚至不需动手术乃至不需治疗就可以自行痊愈。生理的病如此,社会的病亦然。

法国大革命在世界近代史上可谓是"最足以变古之道而使人心社会划然一新者"(陈独秀语)的大事。18、19世纪整个的西欧和北美,19、20世纪的中国和许多亚非拉国家都曾受到它的强大的思想影响,这是大家所熟悉的事实。18世纪末的法国大革命,正犹如20世纪初俄国的十月革命,产生了世界性的震撼,几乎是迫使得当时每一个知识分子都必须站在它的面前亮明自己的态度:是拥护,还是反对。然而值得瞩目的是:正当大多数知识分子普遍在欢呼法国大革命的原则和理想的胜利之际,英国却有某些文人学者(有趣的是我们在当时英国浪漫诗人中间看到出现了不同的政治倾向)发出了不同的声调,他们是以嘲笑、讥讽乃至詈骂的态度去反对法国大革命的。他们责难法国人只喜欢大轰大吼、大喊大叫,以空洞的口号和豪言壮语哗众取宠。而后代英国的历史学家们也纷纷喜欢援引英国历史比较平稳的发展来和法国革命风雷激荡的场景相对比:同时代的英国并没有那么多令人头晕目眩的戏剧化场面,可是英国的发展水平比起同时的邻国法国来却毫不逊色,甚而尤有过之。看来似乎把一切旧的都砸得稀巴烂,打它一个落花流水,也未必就是国家和人民之福。无论如何,仅仅从纯逻辑的角度着眼,出现一个保守主义的流派,作为是对革命思潮的反弹——而尤其是在英国,——就成为思想史上一幕应有的必然。而奠定这一思想流派的主要代表人和先行者,应该首推柏克。

  人类文明的进步靠的是什么？首先而且主要的是靠此前历代智慧的积累。如果不是站在前人已有的基础之上,反而把前人的成就和贡献一扫光,人类就只好是倒退到原始的野蛮状态,一切又再从零开始。前人积累的智慧结晶不但包括物质文明,也包括精神文明,不但包括科技和艺术,也包括历代所形成的种种风俗、体制、礼仪、信仰、宗教崇拜、精神面貌和心灵状态等等。柏克对法国革命猛烈抨击的重点正在于这样一点:任何人都无权以革命的名义(或以任何的名义)去破坏和摧残全民族、全人类千百年的智慧所积累的精神财富。

  历史上,大凡一个激烈变革和动荡的时代,总不免出现两种倾向:一种是要砸烂一切旧传统的革命倾向,一种是要维护旧传统的保守倾向。而每一派又总免不了夹杂大量的感情宣泄和意气用事,使得纯粹的学理探讨无法不为情绪化的成分所干扰。恐怕要待到事过境迁之后,人们再回首前尘往事,才能比较心平气和地进行冷静的反思。柏克此书的书名为"Reflection",按当前流行的术语亦可译作对法国大革命的"反思";但此书是在革命初起的高潮刺激之下写成的,柏克本人又是虔诚的宗教信徒,对传统文化怀着浓厚的爱戴之情,所以今天中国的读者大概很难设身处地体会作者本人当时的心态和思想感情了。然而历史上任何一种思想理论能够传之久远而历久不衰的,必定会有某些因素是诉之于人类普遍的理性思维的,因而值得我们去重视和研究。事实上,不认真研究前人的遗产,又怎么可能超越前人呢?

损之又损,撇开一切历史上的具体问题不论,柏克的保守主义理论中似乎包括有如下两点言之成理的论据是值得加以考虑的。

如前所述,一个论据是:人类文明乃是历代人民智慧的结晶,没有任何个人或团体或政权有资格或有权利摧毁这座属于人类世世代代积累的宝库。彻底砸烂以往文化的传统,就只能是开历史的倒车,使文化又退回到原来的起点。这样,走极端的革命恰好是走上了复古主义的老路。何况,对于历史传统我们也是彻底决裂不了的。今天的一切都是过去传统的产物。珍惜传统这份宝藏,或许要比与它宣告最彻底的决裂,可能为文明的建设和进步保留更多的元气。

另一个论据是:所谓的理性并非是包医百病的万灵丹。历史与现实生活,其内涵是如此之繁复而又包罗万象,在它的面前单纯的理性是不可能而且也无权充当至高无上的唯一裁判者的。在处理现实生活的问题时,历代经验所长期积累的智慧,其灵活性要比理性教条的独断有着更为丰富无比的效用。历史的整体绝不是由单纯的说教所构筑起来的一座纯概念的大厦。你只可能精工细作对它一点一滴地进行加工,你不可能企图在一夜之间就一下子改天换地重新建造出另一座美轮美奂的建筑。这里,理所当然的结论便是:改良总比革命好,或者用一个现代化的术语,零碎工程(Piecemeal engineering)总比革命到底更为可行,也更为有效和更为有益。"试错法"(trial and error)在自然科学中是卓有成效的方法,是不是也可以移用到政治工程或社会工程上来,让我们暂时抛开一切思想体系或意识形态的指导和统治,也试一试摸着石头过河呢?法国大革命那一幕幕令人惊心动魄的演出,确实是触及人们的灵魂,它也触及了柏克和柏克以降一系列思想家和历史学家们的灵魂,使他们从另一个角度得出了他们的另一种结论。

由于中国近代历史的特点,西方的革命思潮要比保守主义思潮更容易为中国的读者所批准、所熟稔、所接受。但是仔细推敲一下,我们似乎也可以同样在中国的近代思想史上看到有革命与改良、激进与保守的两条脉络。从严复宣扬斯宾赛的社会进步"不能躐等"说和梁启超的新民说到五四新文化的实证主义与自由主义,中国近代史上确实也有一条非革命的思路,其间轨迹是历历可寻的。研究者们不妨借鉴于近代西方的革命与改良之争更深一步探讨一下近代中国的理论之争。

记得威廉·詹姆士说过,哲学家或生为柏拉图或生为亚里士多德。友人周礼全先生也曾说过,一个哲学家不是一个康德派就是一个黑格尔派。是不是仿此也可以说,凡是主张进步的人也无非是两派,不是革命派就是改良派。当然,这个划分也不可以绝对化。即如戊戌一辈人,长期以来是被划归为改良主义的,并且长期以来因此而为人所诟病;但是他们变法维新的主张,却是提出了要"速变""大变"和"全变"的,那口号听来很带点激进或革命的味道。孙中山是公认的革命领袖了,但他却念念不忘忠孝仁爱的传统美德。他历来心爱的"天下为公"的口号,就是直接引自《礼运》篇的。左和右是相通的,而且是可以互相转化的。柏克本人的结论好像是在说:一切现状都是过去历史的产物,既然我们无法与过去进行最彻底的决裂,那么最好的办法就莫过于向过去汲取智慧并明智地加以利用。除了谦逊地低下头来向过去的经验学习而外,我们还找不出其他更聪明的办法。

理想和实际、理论和实践,两者之间总是有着巨大的差距的。强调两者相结合的人,首先就在理论上预先设定了两者并不是同一回事,否则的话,就无所谓相结合了。历史学者回顾一下以往每一个时代双方之间鸿沟的巨大,往往不免感慨万端;革命的崇高理论和理想(即如18世纪法国启蒙学者所梦寐以求的天赋人权和理性的统治)一旦落实到现实和实践的层次上,竟会使人惘然若失有幻灭之感。一切美妙动听的言辞竟变为丑恶现实的遮羞布。美国历史学家贝克尔(Carl Becker)在他的《十八世纪哲学家的天城》一书中曾经说过这样的话:假如罗兰夫人这位法国革命的女杰能够事先就预见她的理想将落实为法兰西第三共和的话,她大概就不会有那么大的勇气走上断头台去慷慨就义了。人们常喜欢说这样一句口头禅:浪漫主义与现实主义相结合,可见浪漫主义和现实主义并不是一回事。在热情激动的关头,可能浪漫主义要多一些,待到冷静思考的时刻,则可能现实主义成分就来得更多一些。柏克的保守主义思想中也不可避免地夹杂有浪漫的和现实的两种成分。其中浪漫的成分可能是随着时代的推移而逐渐褪色了,然而其中某些现实的成分却仍然有可能给后世以某些深切著明的启迪。

本文第一节发表于《中华读书报》1998年11月25日,<br>第二节发表于《博览群书》1999年第2期

# 评柏克的《法国革命论》
## ——两百年后的再思考

一

柏克(Edmund Burke,1729—1797年)是 18 世纪下半叶英国最享盛名的政治理论家,《法国革命论》则是他最享盛名的一部作品。这本书写成于法国大革命爆发之次岁,它和大革命前两年英国作家扬(Arthur Young)所写的《法国旅行记》同为研究法国大革命的当时英国两部最重要的第一手历史文献。

柏克生于爱尔兰首府都柏林的一个中产阶级家庭,他的父亲是英国国教徒,母亲是天主教徒;他本人也是英国国教徒,但自幼受的是贵格会(Quakers)的教育。这种宗教信仰的背景或许有助于解说为什么他毕生要主张宗教宽容。他先在都柏林就读于三一学院,21 岁时去英格兰学法律,后又改学政治和文学。1756 年他写成《自然社会的论证》一书,书中讥讽了流行一时的波令布鲁克(Bolingbroke)的理论,而且还冒名是波令布鲁克本人的作品。波令布鲁克曾认为文明社会的出现必然要伴随着贫困和苦难,并且还认为基督教可以归结为当时流行的自然神教(Deism)。柏克则辩论说,如果是这样的话,一切政治社会就都会成为一片混乱和无秩序了。次年(1757 年)他写成了一部美学著作《对崇高观念和优美观念之起源的哲学研究》;此书不但奠定了他的学术地位,而且在美学史上也已成为一部经典性的著作。它标志着 18 世纪早期古典形式主义的审美理论朝向浪漫主义思潮的过渡。古典主义认为美的本质在于它的合规则性和明确性。此书则相反地提出了,最伟大和最崇高的事物都是无穷的和无限的,所以不可能是有规则的和明确的;最能激发人们想象的,并非是我们可以明白加以表述的东西;激发了我们的敬畏之情的,乃是我们对于事物的无知。正是我们的惊畏才构成了崇高感的内容,这一论点在尔后的美学史上有着重大的影响。1759年,他开始主编《年鉴》(Annual Register)杂志,名噪一时。同年他担任国会议员哈密尔顿(W. G. Hamilton)的秘书,1761年参与主管爱尔兰事务;他在返回爱尔兰时目睹了爱尔兰的种种腐败,因之极力主张改革。1765年他担任辉格党领袖罗金汉(Rockingham)公爵的私人秘书,不久任国会议员,政治思想也趋于成熟。1769年《对国家当前状况的考察》和1770年《论当前不满的原因》,都是针对当时英国的现实政治而发的。柏克为人博学善辩,坚持光荣革命的原则和宗教热诚,主张清明政治,反对政治压迫(最有名的是他反对英国对北美殖民地政策的演说),从而使得他在下院声誉鹊起。直迄1790年为止,他始终是辉格党主要的政策发言人。

1789年爆发的法国大革命,是世界历史上划时代的大事,它颇有似于20世纪初俄国的十月革命,几乎迫使当时的每一个知识分子都要站在它面前表明自己的态度。第二年柏克晚年的压卷大作《法国革命论》随即问世,书中以充满了激情而又酣畅淋漓的文笔,猛烈地攻击了法国大革命的原则。他甚至于把法国大革命看成是人类罪恶的渊薮,是骄傲、野心、贪婪和阴谋诡计之集大成的表现。这种态度和他的友人们的以及和他的辉格党的态度都大有不同,甚至于使得他和他们中间的许多人决裂。但也正是由于这部书,使得他成为西方思想界反对法国革命的保守派首席代表人物。他的声名为后世所知,主要地也是由于他写了这样一部书。当然,毫无疑问,人世间总是会有着各种各样的丑恶现象的;不过在一个安居乐业、秩序井然的太平盛世,这些丑恶现象一般地不至于大量涌现,可以看作只是不正常的状态;但是一到剧烈动荡的时代,一切丑恶就不免有机会大量冒出头来。这原是十分自然的事,是完全不足为异的。大抵上,凡是处在这样的时代,守旧者就一般地诉之于传统的美德来反对激烈的变革。柏克的思想,基本上可以归入这一范畴。但是具体到18世纪末叶法国大革命对于英、法两国思想的冲击,则除此而外,它还另有其特定的历史内涵和意义。

## 二

当时英国两党中的辉格党比较强调自由，而托利党则比较强调秩序。柏克的立场毋宁说是要在思想上综合这两个方面，他认为秩序乃是自由的条件。有秩序，才可能有自由；没有秩序就谈不到自由，而只能是一片强暴和混乱。秩序有助于自由，自由则有赖于秩序。自然界是上帝的安排，社会是自然界的一部分，所以社会秩序也是自然秩序的一部分。服从社会秩序也就是服从自然秩序，也就是服从上帝的秩序或天意。这种服从就构成为道德的真正基础，所以也可以说，社会的基础乃是宗教信仰。国家在历史上和地理上乃是一个民族的载体，它体现了人的社会功能，并且它是世代沿袭的。这样就形成一种值得人们尊敬的传统，其中包含了人类世世代代智慧的结晶。这种传统也就是人们所谓的文明。所以人们对于传统只能是满怀敬意地加以珍惜、小心翼翼地加以维护，而决不可动辄轻举妄动地加以否定，乃至砸烂。现实生活中的丑恶是必不可免的，唯一的补救之道就只能是求之于经历了漫长的时间考验的传统智慧。传统作为人类悠久的智慧结晶，是不应该彻底砸烂的，而且也是不可能彻底砸烂的。相反地，它是人类最可宝贵的财富，是人类健全的进步和发展的唯一保证。但法国大革命的暴力则恰好是反其道而行之，它把一切美好的传统都摧毁了；它以蛊惑人心的口号摧残了人的权利和法制的秩序，使得各种不同的利益再也无法互相调和并且各得其所。柏克的基本立论大体如此，而且它是在他反对法国大革命的思想活动之中形成的。

在他看来，法国大革命从根本上冲击了并且动摇了社会秩序和自由的基础，以及在漫长的历史过程中所形成的一切美好的事物和人类文明的瑰宝。他预言这种毁灭性的破坏终将导致一种新的专制主义强权的出现，唯有它才能够维持社会免于全面的混乱和崩溃。而且这种专制主义还必然会漫延到法国境外的整个欧洲。不久之后，拿破仑的登上舞台及其所建立的欧洲政治霸权，似乎是证实了他的预言。这是历史学史上最罕见的准确预言之一。另外，他观察历史的那种广阔的世界眼光，也为当时一般视野狭隘的历史学家所望尘莫及。他抨击了当时英国对北美殖民地和对爱尔兰的高压政策,他抨击了英国驻印度总督哈斯丁(Warren Hastings)和东印度公司对印度的残暴的掠夺;并且论断说这些不但给北美、爱尔兰和印度造成了灾难,同时也反过来腐蚀了英国本身的政治。这种态度,似乎使我们不宜简单地把一顶"顽固"或"反动"的帽子戴在他的头上。他之反对法国大革命,虽然夹杂有不少感情用事的成分在内(其实那有一部分是属于18世纪末浪漫主义思潮的波澜),但仍然有其坚强的理论和理想上的依据。他并不反对一切革命,这一点只要对比一下他对英国革命(光荣革命)的拥护态度和赞美,就不难看出。因为他的理论不是从某一种哲学体系的观念出发的,而是从现实生活出发的;故而他反对的并不是一般革命,而只是法国大革命那样的暴力。

现实世界有它的种种问题,而且不可避免地有它的种种弊病;所以现实世界必定总是好与坏、善与恶相互掺杂并交织在一起的。如果人们一味追求纯之又纯的完美,其结果反而只能成为导入歧途的欺人之谈并且产生专制和腐化。因而革命就有可能完全成为以暴易暴,假纯而又纯之名,以行其专制与腐化之实;这在历史上是屡见不鲜的。所以人们的责任就应该是怎样尽力防止世界变得更坏,因此以暴易暴式的革命就是最应该反对的。而这种智慧并不存在于什么别的地方,它就存在于传统之中。传统既然是人类智慧的积累,所以它本身也并不是一成不变的;它不断在成长、在演变、在调节它自己,以适应于新的环境和新的情况并解决新的问题。一个社会在任何时候都会有各种不同的利益在互相矛盾着、纠缠着和制衡着;所以良好的政策就必须能够最大限度地照顾到整个的社会和其中的每一个人。根据这一观点,他极力反对英国政府对北美殖民地加税,尤其是反对进行武力镇压,——而后来的历史事实也表明,正是强行加税终于直接引爆了美国革命和独立战争。他反对英国对爱尔兰加以强制性的贸易限制,尤其指责英国镇压爱尔兰的天主教徒是粗暴侵犯了公民权。他警告说,英国政府对北美洲和爱尔兰的政策必将会带来灾难性的后果。这个预言也被尔后的历史所证实。这些预言的准确性似乎可以说明他的思想中饱含着正确的部分。要维护秩序就必须尊重传统,包括尊重自己的和别人的(例如北美殖民地的)传统。尊重自己的宗教信仰也包括要尊重别人的(例如爱尔兰天主教的)宗教信仰。尊重社会秩序就包括尊重这个秩序的自我调节,尤其是应该充分容许社会下层的聪明才智能够有充分上升的余地。这样一种社会秩序在经济上就必然要求自由,这种自由的实质亦即类似亚当·斯密那种自由贸易和自由竞争所形成的自然秩序。在法国革命派看来,抽象的人权乃是自然法的当然结论;而在柏克看来,具体的传统才是自然法的当然结论。

柏克赞同美国革命,是因为美国革命乃是以英国传统的自由观念为其基础的。柏克反对法国大革命,是因为法国大革命乃是以抽象的理性(或者说形而上学)观念为其基础的。归根到底,指导政治的理论应该是以现实生活为依据,而不是以空想的或哲理的概念为依据。其实,这一诘难卢梭也早已预见到了。卢梭预见到了一定会有人攻击他的理论是毫无事实根据的,所以他预先就声明他只是要探讨权利而并不要争论事实。而柏克所要争论的,则恰恰是任何权利都必须依据于事实,权利就是由事实之中得出来的。所以我们就绝不可撇开现实而凿空立论。我们的权利是谁给的?卢梭的答案是天赋的;柏克的答案是人赋的,是历代人们智慧的结晶所赋予的,是由传统所形成的。下面我们将谈到,这一分歧就揭开了下一个世纪法理学派和历史学派之争,即人权究竟是天赋的抑或是人赋的?

柏克认为英、美的革命是以维护和发扬传统中的美好的价值为目的的,而法国大革命则是以破坏传统为目的的;这就是他拥护英、美革命而反对法国革命的原因。柏克的理论每每被反对者讥之为逻辑混乱、自相矛盾、不能一贯。例如,就在这个维护与破坏传统的问题上,柏克就颇有不能自圆其说之处,传统毕竟也是由人创造的,而且是在不断发展和变化着的;为什么法国人就无权或没有能力创造出一种以"自由、平等、博爱"为其旗帜的传统来呢?他的答案看来似乎是这样的:法国大革命所标榜的"自由"乃是一种形而上学的抽象概念,那只能是造成灾难,真正的自由乃是现实生活中的具体的自由,也就是符合自然秩序的自由。凡是不符合自然的,都是不能成立的。按,自然一词原文为 nature,凡是由自然而来的东西都是自然的(natural, naturel);人是自然的一部分,所以人的权利就是自然的。20世纪初当这种学说传入中国时,我们把"自然权利"译作"天赋人权",而天赋一词却平添了一道神圣的色彩,并且天赋还似乎是相对于人赋而言。其实,无论是卢梭的(以及尔后被法典化为美国革命的《独立宣言》和法国革命的《人权宣言》的)天赋人权,还是柏克的(以及尔后发展为历史学派的)人赋人权,都强调自己乃是自然的。只不过天赋人权强调其天然(nature 即天性,也即是自然或人性)的成分,人赋人权则强调其传统(它也是由自然形成的)的成分。双方在强调其自然的根源这一点上是共同的。不同的则在于天赋人权论强调权利的先天方面(天赋的),而人赋人权论则强调权利在社会上约定俗成的方面(人赋的),尽管无论先天的还是后天的(约定俗成的)都是自然的。于此,我们也可以体会到中文的措辞之妙,它可以突显出西文原文中表面上看来是圆融无碍的推论之中的种种扞格难通之处。因为"天赋"与"自然"两词在中文的语义上并不是等值的。

天赋人权论强调自由和平等是天然的,——按,《牡丹亭》中杜丽娘有云:"可知我一生儿爱好是天然",此处的"天然"作"天性所使然"解,似正可作为天赋人权论或自然权利论中的天然或自然一词的注解,——而人赋人权论则强调自由必须受特定条件的制约而社会的不平等也是天然的;不平等乃是每个人的德行、才能和气质以及环境的自然反映,并且是在传统这个架构之中反映出来或表现出来的,这也是自然的。但是这一点加以制度化之后,就自然会成为一种贵族制或者等级制。(有似于孙中山所谓的平头的平等和平脚的平等;每个人能够各如其分,即是平等。或者说,一个人的能力有大小,各尽所能就是平等;平等绝不是说每个人的成就和地位都是同样的。)这种贵族制的优点是,贵族是把自己的荣誉与公共的利益和幸福结合在一起的。它不是指一种形式上的或血缘上的贵族制,而是指一种基于自然才能基础之上的贵族制(或者我们不用贵族制一词而换另一个名词,如"各尽所能"或"人尽其才"之类,也未尝不可)。这样形成的、为历代所尊敬的传统智慧,乃是最可宝贵的,是决不应该容许以暴力手段加以摧残的。这就是柏克反对法国大革命的暴力之最坚强有力的论据。

但是柏克却没有能够充分正视如下这样一个带根本性的问题,即暴力的出现也是不以人的意志为转移的,固然它表面上看来乃是由人的意志所主动做出的,但在深层上它却是由于种种历史趋势相激荡的结果所使然,当其达到了一个临界值的关头,它就引爆了。无论如何,这一点应该归咎于他缺乏某种必要的历史洞见,而未能看到历史更深一层的东西,于是就把对历史的解释仅只停留在个人的品质或德行的层次上。世界上并没有魔法师,千百万人的行动不是少数魔法师所能挑动起来并加以操纵的。历史最终的确是要通过个人的品质和德行、思想和心理表现出来的,但它所表现的却不仅仅是个人的品质和德行、思想和心理而已。启蒙运动的哲学家(philosopher)们基本上都是理性主义者,他们深深相信,一切都可以而且应该以理性为依归,由理性来做出最后的判断;站在相反立场上的柏克则相信传统的德行,以为只有它才能最后解决一切,才是一切事物的最后依归。也许双方都不免失之于片面。决定历史的,也许最后既不是人类的理性,也不是人类的德行。归根到底,人是一个复杂的动物,他(或他们)的行动(也就是历史)既不是单凭理性,也不是单凭德行。(当然,也不单凭感情或野心或任何其他的因素。)历史的行程代表着各种复杂因素的合力,每一种因素都在其中起作用。因此绝不是某一个个人的思想因素就决定了它的航程和面貌的。正如同理,我们也不好用某一个概念就来概括一个人的全部思想和面貌一样。对于柏克,我们也应该慎重分析。在摒弃他那些过时的、浪漫夸张而感情用事的谬误论点的同时,我们也应该考虑他还有哪些见解是值得我们今天认真加以对待的。谈到传统,则一切正面的和反面的、正确的和错误的,毕竟都参与构成了我们所无法与之割断关系的历史传统。就柏克所做出了贡献的那份传统而言,即使是反对他的人,大概也不会把他对美国、印度和爱尔兰的那种在当时是难能可贵的开明态度一笔抹杀的。

## 三

法国大革命的情况和英国光荣革命的情况不同,而柏克之谴责于法国大革命的,其实质在很大程度上无非就是在谴责法国并没有按照英国的模式在行事。在柏克看来,英国的人民享有人身自由(habeas corpus)、财产权、言论自由和信仰自由,这是英国最可宝贵的传统,也应该成为世界上一切民族所应尊重的宝贵传统。但是法国大革命却彻底摧毁了这个宝贵的传统。

或许不妨说,人类历史上的进步大抵不外是通过两条途径,即革命(以暴力的方式)和改良(以和平的方式)。近代法国史所走的道路以革命的方式为主,而近代英国史所走的道路则以改良的方式为主。法国大革命已经过去两个多世纪了,而对其是非功过的评价至今仍然聚讼纷纭,从没有一致的结论。无论如何,我们应该承认法国大革命所揭橥的原则乃是人类历史上最为重大的事件;但是许多的英国学者却历来习惯于嘲笑法国的革命,他们嘲笑法国人浅薄,喜欢大吹大擂、夸张作态的表演,而英国人则在同时默默无声地和平演进,而其成绩却不比法国人为差。看来对这场法国大革命的评说只好留待给千秋万世了;历史大概是永远也不会有结论的,其原因就在于过去的历史并没有死去,它也永远不会死去。它永远都活在现在之中,我们为历史定案只能是根据它所产生的后果和影响。但是历史却是没有终结的,一切历史事件的后果和影响也是没有终结的,所以就永远也不会有一幕"最后的审判"。"最后的审判"只能是出现在世界的末日。孔夫子离我们已经两千多年了,对他的评论至今也还没有定论,而且将来也不会有定论;因为他将来结论如何,也还要看他在将来历史上所起的作用和影响而定,而这却是我们所无法预见的。

  法国当然不是英国,也不可能是英国,这是无可奈何的事。柏克无视于这一历史事实,硬要把英国传统所形成的价值观强加在法国的头上,于是其理论的结局便只好是把法国大革命的一切灾难都归咎于人性的丑恶和个人的阴谋。柏克也像某些历史学家一样,喜欢从个人品质的因素去观察和解释问题。但事实上,不管历史上的伟人是多么重要,他终究不是魔法师,历史的乾坤终究不是由个人的品质和思想所能扭转的。观察历史总须深入一步看到其表象之下的底层。所以柏克同时代的论敌潘恩(Tom Paine)就曾批评他说,他只顾怜惜羽毛,却忘记了那是一只垂死的鸟。这个批评不失为一种有深度的见解。

  柏克理所当然地不会喜欢卢梭,——而康德则是极喜欢卢梭的,这可以反映当时西方思想几种不同的主潮——,但他至少在一个根本之点上却又和卢梭是相同的,那就是两个人都不是严谨的理论体系的构造者。从气质上说,两个人都是属于性情中人,是由感情在支配着理智的。柏克对法国旧制度(ancien regime)的看法,其实是带有浓厚的浪漫色彩而在加以美化的。这里的秘密就在于:他是一个宗教信徒却又生活在一个理性的时代。这一点又和卢梭一样;卢梭是一个感情的信徒而生活在一个理智的时代。于是就导致了柏克的(还有卢梭的)世界观本身之中的某些内在的、无可调和的矛盾。他的基本思想祈向是要追求自由与秩序二者的结合,或者说,是与秩序相结合的自由或是与自由相结合的秩序。他以为这就是光荣革命以来英国制度的精神,也是他所极力要维护的理想。但是这个理想在法国大革命的现实面前却碰了壁,被撞得粉碎。这个理想乃是英国和平演进的精神的见证,却在法国大革命一幕又一幕的血腥的残暴面前被践踏得体无完肤、奄奄一息。他不禁要质问:这个(法国大革命的)权力是谁给的?

这就涉及政治思想史上的一个核心问题:我们的权力是谁给的?当然,权力授受之际是不可能真正出现一幕尧舜禅让的喜剧表演的。孟子的"天子受命于天"或者胡克(Hooker)的神授王权论或者教皇的圣彼得使徒继承说(theory of apostolic succession),究竟在什么时候、什么地点,又有谁曾经目睹过它的演出呢?所有这些法统或道统的神话虚构,说穿了无非都是自封的而已。为了解决这个宗传的问题,近代的理论家们从霍布斯到洛克到卢梭就设计出了种种"自然的""天赋的"或"契约的"之类的假说,但究其实质都不过是想当然耳,都是从抽象的观念立论的,诸如人是生来自由平等的,人是生来就享有生命权、自由权和追求幸福之权的,国家是统治者和被统治者之间的一项契约的关系,当统治者违约而侵犯了人权的时候,人民就有权起来推翻统治者夺回自己的自由,如此等等。这些都是就"当然"(Sollen)方面立论,它们根据假设(ex-hypothese)就"应该"是如此,是理所当然、不言自明的真理。(《独立宣言》不是开宗明义就肯定"我们认为这些真理是自明的"吗?)柏克的思想方式则一反其道而行,他的观点别辟蹊径,是从"实然"(Sein)方面着眼的,是从社会现实的效益或利害着眼的;他不喜欢抽象的思辨论证,而是另行标榜由深思熟虑而得出的现实可行性作为唯一的尺度。现实生活是复杂的、多姿多彩的、形形色色的,而且绝不会是完美的;我们无法把它们强行纳入某一种严谨的逻辑理论体系之内。这里的关键并不是现实要服从原则,而是原则要服从现实。成其为政治理论的基础的,乃是现实生活中的各种利害关系乃至于社会的体制、人们的感情和愿望等等,而不是什么(如天赋人权论者所宣扬的)抽象的原则。就这一点而言,柏克可以说是下开19世纪历史学派思维方式的先河。人权究竟是天赋的(或自然的),抑或是人赋的(或人为的)?对这个问题,历史学派着眼于史实,而启蒙运动的哲学家则着眼于法理。也许双方各自有其道理,各得大道之一端。不过,这里特别应该明确的一点是:事实既不能取代法理,法理也不能取代事实;实然不能论证当然,当然也并不说明实然。理论有理论的价值,事实有事实的价值。理论不就是事实,事实也不就是理论。理论与事实相结合,正是以理论与事实相分离为其前提的,否则就无所谓相结合了。我们应该同时看到这两个方面。事实上,自由与平等是从来也不曾存在过的东西,人与人的关系从来就是强制和压迫的关系;但是这一事实并不能论证人类就应该是不自由和不平等的。反之,人类应该自由平等也并不就意味着人类曾经有过(或将来可能有)任何时候在实际上是自由平等的。法理是一回事,事实又是另一回事。我们不能以法理否定事实,正犹如我们不能以事实否定法理。再举一桩简单不过的事例。古今中外的婚姻从来没有不讲条件的,纯粹无条件的爱情大概是古今中外都不曾有过的;但是婚姻法上却不能不规定婚姻必须是无条件地纯粹以爱情为基础。所以历史学派并没有能驳倒自然法学派提出的理论,正如同自然法学派并不能否定历史学派提出的事实。

## 四

从他的社会背景来说,柏克既代表着英国传统的地主贵族的观点,又代表着新兴的但已强大并且当了权的工商业资产阶级的利益。两者都对法国大革命的风暴满怀恐惧。当时英国虽有国王,然而立法权已转移到国会手中,而国会的成员则是由选民选出的,尽管选举权还有着很大的局限性。而法国的王权却仍然是封建等级制的最高权威的综合,所以大革命的狂飙一起,首先就是直接针对王权的。这场几乎是史无前例的人伦巨变,震撼了整个西欧。柏克所受刺激尤其深刻,他念念不忘他多年前曾怎样地目睹过那位法国王后的高贵的风采;这使他对革命的评论夹杂了个人的感情用事;尽管他也还没有预料到,随后不久法国国王路易十六和他的美丽的王后玛丽·安托瓦内特就被送上了断头台。他写这部书时,美国已经独立,美国的根本大法是规定没有王和王权,没有贵族、没有国教,总之是没有大部分柏克所认为理应受到历代尊敬的那一切传统的宝藏的。但是他并没有因此而同样地去抨击美国革命。

总体上说，——说来颇有点讽刺意味，——凡是柏克所评论的具体事件和所做出的具体判断，今天看来大都已经过时了；这使得他的这部洋洋大著只不过成为见证了一个历史时代的一份重要的历史文献而已。但是恰好是在他所不屑于着力的理论观点上，却仍然闪烁着许多光辉是永远值得后代深思的。其中最重要的似乎可以归结为如下的两个问题。其一是，作为人类历代智慧结晶的文化传统是最值得我们珍重的。文化是一场漫长而悠久的积累过程。没有前人的劳动创造，不认真学习前人的传统，我们就达不到今天的高度。轻率地去抛弃传统，只能是使自己安于愚昧；而要彻底砸烂旧传统，也许人类就只好倒退到老祖宗的原始社会里去了。传统不能简单地等同于政权；一个政权可以推翻，但是传统却一定要保存，并且只有保存好了才能继续发扬光大，这是人类进步的必要条件。其二是，人类的进步是不是一定要通过暴力的方式？凡是在改良行得通的地方，是否应该考虑尽可能地优先采用和平的方式而避免暴力的手段？这一点，在柏克的思想里面可能有着他对光荣革命的一种感情上的眷恋。但光荣革命以来迄今三百年的世界历史已经表明了，和平的革命过渡（或反革命过渡）并非是什么极其罕见的例外。而这又应该根据什么原则、在什么条件之下如何进行，——对此柏克也已提示了一些初步的答案。现实生活和现实政治是活生生的东西，所需要的是审慎的态度和灵活的艺术；而一切思辨的推论和空洞的说教在这里都是无所用其伎俩的。生搬硬套一种理论体系，不管它是多么完美，只能是窒息并扼杀活泼泼的生命力。问题不是怎样使现实符合理论，而是怎样使理论能适应现实；这里需要的是向传统的智慧学习，而不是寻求抽象的原则或理论的推导。

过分地推崇传统，使得柏克的思想带有一种虔诚的宗教倾向，这一点对于一个像中国（或至少是汉族）这样一个非宗教的民族来说，显得是很难理解的。对于一种宗教信仰来说，则现实必定是不完美的（否则就不需要有宗教了）；因而当时启蒙运动的哲学家们对于理性的完美性抱有无限的信心，就是错误的。理性并不能把人们带到一个完美的天城；然则，人类又向哪里去寻找出路呢？柏克认为完美在现实之中是不可能存在的，人们不应该沉溺于哲学家的理性的梦想，人们应该清醒地看到现实政治的任务只在于使人们怎样可以避免或者纠正现实世界中的弊端。

而传统的智慧则是我们所能倚恃的唯一武库。不善于运用这种武器,人类就永远没有改进的希望。或许,这也就是历史学的价值之所在。国家机体需要不断地改善它的体制,以适应于不断发展的局势。但是过激的变革却总是危险的,它有可能毁灭美好的传统,使人类的长期智慧的结晶毁于一旦。这个人类文化所赖以生存和进步的基础,必须要精心地、无微不至地加以保护。这种虔敬——其实,也就是宗教信仰——乃是社会得以安定和稳固的基础。假如我们把这里的"宗教信仰"一词换成为"团结一个社会的思想凝聚力"(如共同的目标或理想之类),那么似乎可以承认柏克的观点不失为有其普遍的有效性,或者可以说,他思想中有某些成分是有其普遍意义的。一个社会在精神上总需要有一种思想的凝聚力来加以维系。

卢梭的天赋人权论曾经是我国民主革命的一个极重要的思想来源,这个法国大革命的先驱理论在 20 世纪初期曾在我国得到大力的宣扬。相形之下,对于法国大革命持反对态度的保守派理论(例如柏克和他的《法国革命论》)却不大为人重视,很少有人加以介绍和研究。这可以表明思想文化的移植也是有选择性的,是要适合于本国的气候和土壤的。但是作为学术研究来说,不认真考虑正反两方面的意见,而只偏听一面之词,终究未免是一种欠缺、一种损失,有失客观的科学性。把卢梭、孔多塞(Condorcet)等人的作品和柏克、梅斯特(J. de Maistre)等人的著作加以比较研究,才可以更全面地显现出这一幕历史的真正面貌;这同时也会有助于我们自己思想认识的进一步深化。如果不是认真总结各种不同的思想文化的历史遗产,我们又怎么可能希望超越前人呢?

柏克的著作最流行的单行本是他的这部《法国革命论》和他的《对美洲和解演说集》(各有多种版本);此外历来经学者们整理成集的有如下三种,即 F. Lawrence 和 W. King 编《柏克全集》(16 卷,伦敦,1803—1827 年),F. Fitzwilliam 和 R. Bourke 编《柏克书信集》(4 卷,伦敦,1844 年)以及 T. W. Copeland 编《柏克书信集》(8 卷,芝加哥,1958 年)。另外,1948 年在英国约克郡(Yorkshire)的谢菲尔德(Sheffield)图书馆里发现了一份手稿(即所谓 Wentworth Woodhouse 手稿)是此前所未见的柏克最完整的手稿。近年来学者们对这份手稿的研究,似乎更加提高了柏克作为一个理论家的历史地位。有关柏克生平的研究已有多种著作行世,其中摩莱(John Morley)的《柏克传》一书虽然已是一百年前的著作,但迄今仍被认为是一部权威性的著作。

柏克这部《法国革命论》渗透着一种宗教的情操,他的行文又独具一种独特的雄辩风格,本文深恐未能很好地理解并表达作者原文的意旨。这里所谈只能说是个人的初步感受。文中的错误和不妥之处,尚希读者教正。

原载《史学理论研究》1994年第2期

# 关于柏克《法国革命论》
## ——我的一点答复和意见

《战略与管理》本年第四期载林国荣先生《解读柏克》一文,文中批判了拙译柏克《法国革命论》一书。现借贵刊一角略陈我的答复和意见。

### 一

两年前香港《二十一世纪》即载有王倪先生一文批判拙译,原文甚短,仅一小段,谈及两事:一为文中第一句话译反了;二为文字拗口,颇欠流畅。所谓第一句话译反了,乃是该句中遗漏了一个"不"字。此句原文并不难读,任何读者均不致误解。至于何以竟漏掉了一个"不",或是当时原稿抄漏,或是编辑清样之误,或是手民误植。因原稿不在手头,难以查检。不过既然署名拙译,自应由我负责。然而,这一遗漏已经当即补正。拙译文种种错误,林先生虽宽宏大度代为遮羞,却又情有独钟,唯于此一处径自抄袭前人,却又不看原书,不注明出处,而仍指已经补正之文为错误,结果把事情正好说反了。现今印刷,众所周知是"无错不成书"的,乃林先生竟不顾原书业经补正,盲目抄袭前人,乃至连抄袭都弄错了。这种批评怕也是"很成问题"的吧。

### 二

译文风格涉及对原文的理解问题,每个人当可以有自己的理解。林先生作为专家,当不会不知道18、19世纪的不少作家,其行文风格每每沉闷、冗长且又极其拗口,一句话每每长至一整页。这种文体固为一时风尚，但亦未可厚非。柏克也好，康德、黑格尔也好，乃至马克思也好，其思想的力度正是通过这种文风与思路来表现的。译文既是要把另一个时代和民族的思想介绍给本国人，就应该把那种与本国习惯迥不相侔的思维方式和表达方式也尽可能忠实地介绍过来，非徒介绍原作者的理论论断而已。这一点，当年陈康先生译柏拉图《巴曼尼德》篇时曾详加论及。假如把这些人的著作都译为流利顺口的文字，那还能说是柏克、康德、黑格尔乃至马克思诸公的作品吗？如果执此标准以求的话，那么最好还是请去阅读儿童文学或通俗普及的读物吧，不必要读什么经典著作了。河上肇写过一部《通俗资本论》，不过那是河上肇的作品，不是马克思的作品。译文当然不应拗口难读，但首先必须求"信"，即忠实于原文的内容与表达方式，否则的话自己尽可以另外去写一部书。在这一点上，似不必罢黜百家定自己的意见于一尊，以我为准。更加令人匪夷所思的是，林先生竟然断言：何怀宏先生之认为柏克行文"汪洋恣肆"，都是由于拙译文的误导所致。我素不能为文，曷克当此？何怀宏先生称道的"汪洋恣肆"乃是指柏克的行文，并非指我的译文。今作者无端将此四字强加于我头上，亦不知是骂是捧，实在是令我诚惶诚恐，啼笑皆非。

## 三

译文是给本国人看的，往往不可避免地要加上一些注，目的是要方便读者，并非是要借此写什么雄文高论，旁征博引，哗众取宠，大盲欺世。任何编者或译者的注，都不是自己的发明创造，林先生所称引的"原编者"也不例外。任何原编者的注虽也都是辗转抄来的。我还没有见过有哪位原编者是说明过自己加注的出处来源的。即如林先生之宏文，长篇大论，岂亦语语尽出于自己的天才创见，而从未有任何前人提到过其中的一语乎？然而亦不曾见林先生语语都注明了出处。算不算"也有抄袭之嫌"呢？惯例，需要注明来源出处的只是两种情况：一是引文需要注明出处，不可据为己有；二是重要的理论观点凡非己出，应该注明来源。此外，一般知识性和常识性的说明，从来都是不需要（也不可能）注明出处的。手头今天的《人民日报》即载有一篇《日本与亚洲国家大事记》，文中罗列自公元1957年至2001年若干大事，其中并无一条是注明了来源出处的。这能说是抄袭吗？这类常识性的说明（虽说未必人人尽知）根本没有必要和可能一一注明出处。如其中的一条是："1945年日本宣告无条件投降。"我不知道像这类的内容，林先生应该如何说明其来源，始能表明作者并不是"私自"剽窃前人据为己有的？既然这类说明，任何原作者、原编者也都是辗转抄来的，所以，凡是一般工具书中都会有的知识，人人皆知是根本无需说明其来源的。倘若当今的编辑先生竟然有此要求的话，那么就请原谅我的无知，并希望编辑先生能做出一个示范。即如林先生之知有柏克其人，岂生而知之乎？非也。亦必是从某书上抄来的，然则何以不注明其出处，岂非亦有"私自"抄袭之嫌？这些都是常识，没有详究的必要。

拙译各书所加的译注，凡属前人研究成果，不敢掠美，均于书首译序中明白交代。如帕斯卡《思想录》译序中即说明："译文凡遇疑难之处，基本上均依据布伦士维格的解说；译文的注释部分也大多采自布伦士维格的注释而有所增删，有时也兼采他书或间下己意，以期有助于理解原文。"又如卢梭《社会契约论》译序中即说明："此次再版，注释亦有较大的增删，大多采自哈伯瓦斯、伏汉、波拉翁各家……个别地方亦间下己意。"但因均非引用原文，故无须注明出处。译注的目的都只是"以期有助于理解原文"，不是要写学术考据论文，又何必用一大堆的出处向读者炫耀自己的博学。柏克本书流行版本甚多，各有其"原编者"，林先生既提出所谓"原编者"，却又不肯指出此"原编者"为谁，使我无从答复。《人人丛书》根本没有标明"原编者"为谁，可见也并不视之为著作。既不是著作，何抄袭之有？我的译注一部分亦来自该书，但不是引用原文，一部分则来自其他版本和书籍。但拙译的注释不多。且又属常识性的说法，根本没有注明见何书、何版、第几页之必要。这是要请林先生鉴谅的。特此说明。

## 四

林先生又评拙译柏克《法国革命论》之"论"字为不当，以为"论"字应作"随想录"。林先生既是柏克专家，又于拙译不假颜色，想必是看过了拙译的。拙译第一版（香港，牛津大学出版社，1996）书名的"论"字本不作"论"，而是"反思"，后来国内大陆版，始改为"论"。"反思"一词者正是国内近年来对 Reflection 一词的通行译法，林先生当无不知之理。我以为

"反思"即是"论";然而"反思"也好、"随想"也好,均不及"论"字之为妥当。盖反思或随想虽不必发之为长篇大论,而长篇大论则必定是反思的结果也。"随想"一词尤为不当,此词当今习惯上系指市上流行的"随笔"或"杂感"之类的小品文,迹近轻松即兴的闲情逸致,自非柏克本书之所宜。"论"者可以涵盖反思、沉思、感慨、感触、联想、随笔等等,均无不可;但反之,以上种种均不可迳称之为"论"也。拙译康德《论优美感与崇高感》一书,其论字原文为 Beobachtung,英译文作 Observation,通常中译均作"考察",但我意亦以为"论"字为宜:盖"论"即涵盖了"考察",而"考察"殊不足以尽"论"之一词也。即如周作人苦雨、苦茶之类的小品,亦可以称之为随想或随笔,然殊不足以当"论"字。古文中的《六国论》、《过秦论》本来亦只不过是作者触景伤情,就往事抒发个人的感触,地地道道是随想,而非是论证什么体大思精的形而上学的体系,但篇名却作《六国论》、《过秦论》,恐不宜按林先生指示改作《六国随想录》、《过秦随想录》吧。柏克的雄文健笔自亦不宜以"随想"称之。愧我不才,实在觉得莫测高深,何以"论"字就会"错失了"本书的"色彩和内质"。相反地,我倒觉得正是"论"字始足以表现本书的所谓"色彩和内质"。鄙见如此,重违林先生之教诲,失敬多多矣。

友人北京大学刘皓明先生精研柏克,前在国内时,曾屡与我讨论柏克。后来刘先生出国,即以其所藏柏克之书贻我;出国之后又尝撰有论柏克思想之文章,与我讨论柏克,载在前岁之《读书》上。拙译出版后,亦曾请刘先生过目。友人北京大学许振洲先生专攻西方政治思想,亦系与我共译柏克此书的合作者。两位先生于"论"字或译注亦均无异词。可见同是柏克专家,亦不必即以林先生的意见为准也。

我自愧并未读懂柏克,所以不敢妄论柏克,亦不敢妄论林先生是否即读懂了或"解读"了柏克。我自己是属于报废了的一代,学业荒疏,故唯有以抄袭前人为事;为后来者之所讥,固其宜也。今拜读作者宏文,意气风发,横绝一世,诚属不朽之盛事;然似宜再辅之以虚心涵泳、实事求是,庶几可免再蹈我们报废了的一代人的覆辙,重为后来者所讥。虽后之视今犹今之视昔,然恐未来一代,年少气盛,未若我们报废了的这一代人之义微而词婉也。

原载《战略与管理》2001年第5期

# 天赋人权与人赋人权
## ——卢梭与柏克

一

最近重读柏克的《法国革命论》，偶有所感，颇以为卢梭和柏克两个人分别堪称为天赋人权论与人赋人权论的两位最具代表性的人物。

卢梭作为法国大革命的最重要的理论先驱者，其有关的基本论点具见《社会契约论》一书的第一卷。这些基本论点并未怎么展开深入的发挥，而且本质上全属形而上学的先天观念，所以根本就没有而且也不需要有什么事实的佐证。本书开宗明义就说："人是生而自由的，但却无往不在枷锁之中"，所以人就应该打碎自己的枷锁，夺回来自己已被剥夺了的权利；因为"人不是奴隶，而是一切的主人"。说"一个人无偿地献出自己"，这种说法本身就是"荒谬的和不可思议的"，"这样一种行为是不合法的、无效的，只因为这样做的人已经丧失了自己健全的理智"。自由是与生俱来的权利，是在任何条件下都不能放弃、不能献出的权利，"放弃自己的自由就是放弃自己做人的资格，就是放弃人的权利，甚至就是放弃自己的义务"。"这种弃权是不合人性的；而且消了自己意志的一切自由，也就是取消了自己一切行为的道德性"。所有这一切全都是想当然耳、理应如此，是无须加以实证的。

"天赋""自然"和"人性"，在原文中只是一个字（nature, naturel）。自然是绝对的，是故人性就是绝对的，是故人的一切权利就是绝对的。这种推论方式好像是一泻而下，水到渠成，其间毫无牵强附会或扞格难通之处。20世纪之初，中国"自然权利"一词翻译为"天赋人权"，其间的涵义便似稍有出入了，不过那用意却是可以理解的。天赋人权系针对神授王权而言。历来王权论者的论据都是"奉天承运""天子受命于天",于是人权论者便提出人民受命于自然的旗帜来与之相对抗;两者是针锋相对的反题。不过改为"天赋"一词,在理论的推导上就显得不像原文来得有如行云流水那么自然了。

人的权利虽则是天然的,但是国家、政权、社会、风尚、秩序等等却不是天然的,而是人为的。(这一点是它们和人赋人权的基本区别所在。)凡是人为的东西,就必须经过人的同意。因此,"社会秩序就不是出于自然,而是建立在(人们的)约定之上的"。人所创造的东西靠的是人的力量(权力或强力),但是权力却并不能成其为权利的基础。否则的话,假如再有一种"凌驾于前一种强力之上的强力",那么这后一种强力"也就接管了它(前一种强力)的权利了"。这等于是把权力当作权利的依据,把强权当作是公理。权利不是权力,也不依靠权力,它独立于权力之外,不受权力的支配。它在法理上的根据只在于它是自律的或自主的行为。至于一个主人和一群奴隶的关系,那就"只是一种聚合,而不是一种结合";一旦"如果这个人归于灭亡,他的帝国也就随之而分崩离析"。卢梭深信不疑,权利(或人权)乃是以自然法为基础的,简直有点像科学家之对于自然法则的信念。既然权利是自然的,而国家或社会是人为的,所以国家或社会就"总需追溯到(人们有)一个最初的约定"。政治是治理,不是镇压;"镇压一群人和治理一个社会,这两者之间永远有着巨大的区别"。卢梭的"政治权利的原理"(这是他那部书的副标题)就在于怎样治理好一个社会,而不是怎样去使用强力镇压一群人。

卢梭的天赋人权论还只是停留在纸面上的理论,到了 20 年以后,美国革命和法国革命就把它法典化为一套实践纲领,虽则两份典型的文献都脱胎于启蒙哲学的抽象原则。1776 年的《独立宣言》首先就擎出一面旗帜:人权乃是"大自然的法与大自然的上帝之法所赋予人们的",接着就声明:"我们认为这些真理是自明的,即一切人被创造出来都是平等的,他们被他们的创造主赋予了某些不可转让的权利,其中包括生存、自由权和追求幸福之权。人们为了保证这些权利,就创立了政府。政府之得到它们正当的权力,乃是由于被统治者的同意。任何一种形式的政府只要一旦破坏了这些目的,人民就有权改变它或废除它,并创立新的政府,使之奠基于这样的原则之上并以这样的方式组织它的权力,从而能够最适于促进他们的安全和幸福。"1789年法国大革命《人权宣言》的前言,可以看作是天赋人权论之集大成的一篇总结,其中不仅吸取了美国《独立宣言》与宪法的精神,而且还包括了孟德斯鸠、洛克、伏尔泰、卢梭、百科全书派和重农学派各家的启蒙思想。它宣称国家或社会乃是"自由与平等"的各个个人的结合。这个出发点是个人主义的,也是和中国历来的思维方式截然不同的;中国历来的思维方式从来不把个人看作是第一位的,而只是看作附属于整体之下的一个有机组成部分,而整体绝不是由个人所派生出来的。《人权宣言》则公开宣称人们的结合(国家、社会),其目的乃是"为了保护自己的天然权利(天赋人权)"。

《人权宣言》在前言部分特别强调了"蔑视人权或者人的尊严,乃是一切政治罪恶和腐化的根源",随后便是洋洋洒洒的十七条纲领,其中有关理论观点的原文,现摘录若干如下:

"一切人都生来是、而且永远是自由的,并享有平等的权利。"(第一条)

"政治结合的目的在于维护人的天然的、不可转让的权利,即自由权、财产权、不受侵犯之权和抵抗压迫之权。"(第二条)

"主权的实体存在于全体人民,任何团体或个人凡未得到公开授权的,都不得行使任何权威。"(第三条)

"自由就是有权去做任何并不伤害别人的事情。因而每个人的自然权利仅只受到别人也有同样的自由权这一必要性的限制。"(第四条)

"法律是公意的公开表现。每个公民都有权亲自或者通过他们的代表参与立法。"(第六条)

"任何人都不得因不属法定的犯罪并且不经法定的程序而加以定罪、逮捕和监禁。"(第七条)

"任何人在未经判罪以前,都必须认为是无辜的。"(第九条)

"任何人都不得因自己的见解而受到迫害。"(第十条)

"思想和意见的自由交换乃是最可贵的人权之一,任何公民在接受法定的自由的限度之内,都可以自由地说出、写出和刊行自己的见解。"(第十一条)

"凡是权利没有保障或是权力未曾分立的社会,也就没有宪法。"

（第十六条）

以上一整套的政治权利原理，其精义全在于人权是天生的，因此是不可剥夺的和不可转让的。从洛克到卢梭到美、法的两篇宣言，一贯如此。以上引述这么多条原文，似可表明所谓的人权乃是指个人的权利，而国家、社会、集体等等都不过是为这个个人权利而服务的手段或工具。只有人（个人）本身才不是工具而是目的。在中国传统的思维里，个人从来只不过是集体（或某种人际伦理关系）的一种驯服工具，所以一个人就应该把自己的一切都献给集体。卢梭在他的书里反复论证一个人决不能把自己奉献出来而成为别人的奴隶，因为这在逻辑上（至少在天赋人权论的逻辑上）是说不通的。世界上没有凌驾于个人之上的组织，一切组织都只是各个个人的结合；所以卢梭甚至于讨论一个人可不可以退出自己的国家。

从历史上看，天赋人权是18世纪中产阶级（第三等级）的思想产物，但问题在于它是不是也有其非历史的成分，即不随历史条件而转移的成分在内。真理总是在某种特定的具体历史条件之下被发现的，但是一旦被发现了以后，其中的永恒成分却是属于一切时代的，是放之四海而皆准、俟诸百世而不惑的，而并不受当时当地具体历史条件的局限。卢梭仿佛是预感到了必定会有人以不符合历史事实为口实来反对他，所以他声明："我是探讨权利和理性，而不是争论事实。"他并不问事实如何，而只问道理应该怎么讲；因为事实如何并不能证明道理就应该怎样。已往一切历史时代的思想，总有某些成分是被新时代的新思想所继承的；这里不是简单地扬弃与否定，而是吸收、利用和改造，以之丰富后来的新思想。这个工作做得越成功，新思想就越有生命力；从而前一个时代的思想也就并没有死去，它就活在新的思想之中。两篇宣言已经有两百多年了，但是至今许多国家的宪法以及联合国的文件都还列举有基本上是脱胎于天赋人权论的词句（如人身自由和思想信仰、言论出版或集会结社的自由等等），可见它的影响是不可忽视的，至少是至今还得到全世界一百多个联合国的成员所正式承认的。

二

向天赋人权论提出异议的，正如卢梭所预料，是来自19世纪的历史学派。历史学派论点的来源之一,可以追溯到18世纪末的柏克。这场历史演变在中国近代史上是以更浓缩的形式和更快速的节奏演出的。清末的西学阵营代表人物严复早年就宣扬过卢梭(梁启超也宣传过,更不用说邹容、陈天华乃至后来的革命派),入民国后他在思想转变之余却又写了一篇《民约平议》的文章驳斥卢梭,从而引起过一场学术思想界的争论。

　　柏克是坚决反对法国大革命的,他迄今之享有盛名,主要地就是由于他写了一部《法国革命论》。我们所称之为人赋人权论的,并不意味着人赋人权就是不自然的。(天赋和自然在原文都是同一个字。)相反地,它也是自然的,它是自然演化的结果。国家、社会、统治者和被统治者的关系、种种风尚、习俗和法律,都是由自然演化而形成的。这样形成的传统,反过来就不断地在培育着和塑造着人们的生活和思想。我们的权利是谁给的?卢梭的答案是天赋的;柏克的答案是人赋的,是人类历代智慧的结晶所赋予的。人权的观念就是在这个传统之中滋育的和成长的。这个传统在柏克的眼中乃是神圣的,所以我们必须敬爱它、学习它,向它那里去寻求指导。我们的权利并非生来就是现成的,而是由传统所塑造的、所形成的。在这种意义上,我们可以称之为人赋人权。柏克由于反对法国大革命的原则,通常被人目为"保守派";但是他虽保守却并不顽固;他同情美国革命,他抗议爱尔兰天主教徒遭受英国当局的迫害,并且抨击英国总督统治印度的黑暗和腐败。然而他在法国大革命中所看到的,却只是骄傲、狂妄、贪婪、野心、残酷和阴谋诡计。当然,毫无疑问的是,人世间总是会有各式各样的丑恶现象的。在一个安居乐业的太平盛世,这些丑恶一般地不至于大量涌现,可以当作是不正常的状态;但是一到剧烈动荡的关头,一切丑恶就有机会纷纷冒出头来。这本来是十分自然、不足为奇的事。大抵上,凡是这样的关头,守旧者就总不免要诉之于美好的传统来反对激荡的变革。柏克也不例外。法国革命的狂潮一起来,把一切传统的秩序都冲垮了。没有秩序,自由就谈不上任何保障,结果只会是一片强暴和混乱。归根到底,唯有传统、唯有"继承的原则,才为传递和延续提供了最确切的原则,同时又决不排除改进的原则"。

　　自然界是上帝的安排,社会也是自然的一部分,所以社会秩序也是自然秩序的一部分。服从社会秩序,也就是服从自然秩序,也就是服从上帝的秩序或天意。这种服从构成为道德的真正基础。所以也可以说,社会的基础乃是宗教信仰。国家在历史上和地理上乃是一个民族的载体,它体现了人的社会功能,并且它是世代沿袭的。这就形成一种值得人们尊敬的传统,其中包含着人类世世代代智慧的精华。所以我们应该珍惜传统,决不可轻率地加以否定,乃至砸烂。传统是我们赖以进步的基础。现实生活中的丑恶是必不可免的,补救之道乃是我们应该向传统中去寻求智慧。传统是不应该砸烂的,也是不可能彻底砸烂的。但是法国大革命却以暴力把漫长的历史所积累的美好传统给摧残了;它以蛊惑人心的口号摧残了人的权利和法制的秩序。

柏克和卢梭虽然代表着两种不同的立场,但在一个根本点上两人又是一致的。两人都是充沛的热情更多于严密的理智,两人都是浪漫主义思想的先行者,两人都美化了自己的理想国,也都美化了人性;不过一个是面向着传统,一个是憧憬着自然;一个是以现实生活进行论证,另一个则是以法理进行论证。传统本身并不是一成不变的,但它却只能是不断地成长、演变和调节它自己以适应新的情况。现实世界中总是好与坏、善与恶互相掺杂并交织在一起的。如果一味追求纯之又纯的完美理想,其结果反而只能是欺人之谈并且从而会导致专制和腐化。这样,法国大革命就成为了一场以暴易暴,即假纯而又纯之名以行其专制与腐化之实。柏克拥护英、美革命,是因为英、美革命是以维护和发扬传统中的美好价值为目的的。但法国大革命却是以破坏传统为目的。法国大革命所标榜的自由,其实是一种形而上学的抽象概念,而不是适应于传统和符合自然秩序的自由。自由是要受特定现实条件的制约的,首先就是传统。这里,看来柏克似乎也忽视了一个带根本性的问题,即暴力行为虽然最终是通过人的品质和德行、思想和心理而表现出来的,但它却又有其更深层的、不以人的意志为转移的原因。柏克过分地强调传统的力量与作用,也正有如启蒙哲学家们之过分强调理性的力量与作用一样,都不免失之于一厢情愿。到了19世纪历史学派的兴起,便专门以历史事实去驳斥天赋人权论。不过,单凭历史事实并不能就证伪法理学的原理,正有如单凭法理学的原理并不能就证实或证伪历史事实一样。双方是在不同层次上和不同的思维轨道上进行操作的,所以双方并没有、也不可能有一个可以判断是非的共同基础。历史学派并没有驳倒自然法学派所提出的理论,正有如自然法学派并不能否定历史学派所提出的事实。双方的真理,在各自的出发点上都只能是"自明的",亦即无法进行证实或证伪的。

过分地推崇传统,使得柏克的思想带有一种宗教式的虔诚;但是假如我们把"宗教信仰"一词换成其他的术语,例如换成"团结一个社会的思想凝聚力"之类的词句,那么似乎可以承认柏克的观点中有些因素是有着普遍的意义的。当时,法国启蒙哲学家们对于理性——正犹如下一个世纪大多数思想家之对于科学——的完美和万能抱有无限的信心,以为理性就足以为人类创造出地上的天城。柏克却以为完美在现实之中是永远不可能存在的,所以人们不应该沉耽于启蒙哲学家的理性梦想,而应该清醒地看到:现实政治的任务只在于怎样能使人们避免或者纠正现实生活中的错误或弊端。在这方面,传统的智慧则是我们所能倚赖和加以利用的唯一武库。否则的话,人类就永远也没有改善的希望。

## 三

以上的两种观点看起来似乎两歧,一方只谈法理,另一方则只问现实。在此,我们似乎不妨从另一个角度,即从思维方式的角度,来考虑一下这个问题。

在某种意义上,我们不妨把我们的认识分别归结为两种不同的思维方式的产物,即历史的思维方式和非历史的思维方式。某些事物我们一定要放在一个历史的坐标系里,我们一定要知道它们的历史背景,才可以得到理解,否则就无法理解。这即是人们所谓的"要历史地看问题"。我们中国文化的传统,对于这种思维方式只能说是熟悉得太过分了,好像是不联系到历史,事物就无法理解的样子。固然,理解事物有时候需要联系到具体的历史背景,这是一种重要的思维方式。但它却并非是我们唯一的思维方式。此外,也还有一种非历史的思维方式。

我们对许多科学问题和艺术问题的认识或理解,完全不必要采取历史的思维方式。例如毕达哥拉斯定理(我们中国人正名为商高定理的),我们只能凭纯粹的逻辑推理来理解它,我们完全不必知道在历史上毕达哥拉斯是不是奴隶主阶级的代表,也无须知道他是在什么具体条件下、又是为了谁的利益才提出以他命名的这条定理的。又如阿基米德原理,其发现的经过固然也有一个大家耳熟能详的历史故事,大约中学生在课堂上都听到老师讲过。但是讲这个历史故事只不过在于引起学生的兴趣,它对于理解这个原理本身,却完全是不必要的。这些道理的是非真伪,你只能就其道理本身去加以理解或评论,你用不着去"历史地看问题"。又如,红学家毕生皓首穷经地在考据作者究竟死于哪一年,究竟埋骨于何处。一个读者哪怕是对曹雪芹这位作者的家谱和起居注背诵得滚瓜烂熟,历历如数家珍,也无助于他对《红楼梦》本身的理解。毕竟对《红楼梦》的理解或体会,其唯一的依据就只能是《红楼梦》这部艺术品本身。真理可以是摆事实,也可以是讲道理;而讲道理,归根到底,却无须去追问客观世界是否存在有此一事实。客观世界并不存在几何学上的"点",当然也不存在直线、圆等等,但是谁能因此而否定欧几里德几何学的伟大价值呢?道理是更高一个层次的东西,对它的是非真伪的判断,并不取决于客观世界存不存在如此这般的一项事实。

孟子论诗说:"颂其诗,读其书,不知其人可乎?"故而我们的理解似乎一定要知人论世。这当然是一种有益的思维方式,但无论如何,这绝不是唯一的思维方式。我们的知识或认识,有很大一部分是超历史的、超时间的。真理并不以时间、地点和条件为转移,它只问正确与否。大体上说,真正追求真理并不一定需要置身于一个历史的框架之内进行思维。我们不必一定要总是历史地考虑问题。大多数人也是在这样做的,只不过在理论上缺乏这样的自觉而已。我们背的历史包袱太重,总觉得不能割断历史;殊不知我们大部分对真理的思考,都是抛开历史框架在进行的。30年前,历史学界曾有过一场有关历史主义的争论,一时甚嚣尘上,其后又转入了无声无息。我不清楚当时所谓的"历史主义"究竟指的是什么?因为这个名词可以有多种不同的涵义。无论如何,摆事实与讲道理毕竟是两回事。事实本身如何并不能论证道理就应该如何。我们充分理解历史背景并不等于我们就阐明了道理。

当然,我无意反对历史的思维方式。它对理解历史是必要的,因而对历史学是必要的。但这在任何意义上都不意味着它就是人们唯一的思维方式。追求真理更主要的是要靠非历史的思维方式。让我们还是把历史的思维方式还给史实,把非历史的思维方式还给道理。无论是纯粹理性还是实践理性或判断理性,都不需要借助于历史的思维方式。纯粹理性的例子,如我们上面所提及的欧氏几何。实践理性的例子,如:你不能把人作为工具;这条准则(正如人权)假如是不以时间、地点和条件为转移而普遍有效的,就不能满足于只加以历史的阐明。判断理性的例子,如"无边落木萧萧下,不尽长江滚滚来",你不必一定要知道这是一个国破家亡的诗人在颠沛流离之中所发的感触;"郴江幸自绕郴山,为谁流下潇湘去",你不必一定要知道这是一个远戍的词客在写出自己心碎的恋情;你听舒伯特的未完成交响乐,你不必一定要知道这是一位艺术家在民主革命失败之后的那种小资产阶级的感伤与沉郁之情。你就是知道了这些,也无助于你对这些艺术品的理解和领会。我们是通过它们自身(per se)来理解或领会它们的,而不是靠对它们的历史背景的知识。否则,你就(像卢梭所说的)是在"争论事实",而不是在"探讨权利与理性"了。

我们中国的传统历来是过多地习惯于历史的思维方式,总以为只有以客观世界中所存在的事实为出发点的理论才站得住脚。我们不大习惯于非历史的思维方式。这样,实际上就限制了自己的思路和视界。这是两种不同的思维方式。但是它们也并不必然就互相排斥。历史学派的思路也许更适合我们中国的思想习惯。但是我们过去在接受法理学派的天赋人权论时,似乎也并没有遇到什么不可逾越的困难。假如能同时对这两种观点兼容并蓄的话,那或许就更能够丰富我们所接受的人类思想文化的遗产。

原载《读书》1994年第8期

# 自然权利的观念与文化传统

　　五四时期的新文化运动,尽管带有许多严重的缺点,终究不失为近代思想史上划时代的一次启蒙。陈独秀作为它的杰出的代言人,曾经不止一次地提到:深刻影响人类近代文明"最足以变古之道,而使人心社会划然一新者"有三件大事,其中之一就是法国大革命及其人权的观念。[1] 我们今天可以说是仍然在继承着五四科学与民主的传统,在完成它的未竟之业;但自然是在更高一层的意义上,因而也就包括对五四时期一些基本论点的再认识和重新评价。

一

　　1789年法国的《人权宣言》序言宣称:"无视、蔑视和蹂躏人权,是社会灾难和政治腐化的唯一根源";因此,法国国民议会要"庄严宣布自然的、不可转让的神圣的人权",并建立一套"简单的、无可争议的原则"。[2] 所谓自然的权利,即天然的权利,清末以来的旧译是天赋人权,这一译法长期以来在我国被人们所沿用。《人权宣言》开宗明义第一条:"人在权利上是生而自由平等的,并且永远是自由平等的。"第二条是:"一切政治组织的目的都在于保障自然的、不可侵犯的人权。这些权利是自由权、财产权、安全权和抵抗压迫之权。"[3] 第三条则规定主权在民,一切个人和团体的权力都直接来自人民。

　　前此13年,即1776年,美国革命的《独立宣言》序言宣告:独立乃是

---

[1] 陈独秀:《法兰西人与近世文明》,载《新青年》一卷一号。
[2] J. Robinson., *Readings in European History*, Boston, Ginn&co., 1934, Vol. 2, p. 409—10.
[3] J. Robinson., *Readings in European History*, Boston, Ginn&Co, 1934, vol. 2, p. 409—10.

"自然的法律和（主宰）自然的上帝的法律要求他们尊重人类意见"的结果。①《独立宣言》正文开宗明义说："我们认为这些真理是自明的（不言而喻的）：即人是生而平等的，他们被造物主赋予了不可离弃的（inalienable，不可转让的）权利，其中是：生命权、自由权和追求幸福之权"；而且"任何政府破坏了这些目的，人民就有权改变它或消灭它，另外建立新的政府"。当时北美各个州的权利宣言（如弗吉尼亚州），内容都大抵相同。

再前此14年，即1762年，最能代表"18世纪哲学家的天城"②理想的卢梭，在他的《社会契约论》中就正式提出了：人生而自由、主权在民，它是不可剥夺、不可转让、不可摧毁的；如果自由被强权所剥夺，那么被剥夺了自由的人民就有权重新夺回自己的自由。③ 由此上溯到洛克和霍布士以前，自从新教革命以来，各派新教就都在追求着一种信仰上的天赋人权（或自然权利）。因此，马丁·路德宗教改革的第一件大事就是把圣经译成现代口语，撇开教权与教阶制的垄断而直接诉诸个人的内心，使每个人都能与上帝的真理直接相通。这叫做每个人都能有按照自己的方式崇释上帝之权。再由此上溯，某些近代自然权利的观点还可以在古希腊的智者中间找到它们的萌芽。

五四的人并没有能够进一步探索：这种在西方由美、法革命所集中体现的自然权利的观念，在传统的中国是不是存在？如果存在，是采取什么形态？又到什么程度？如果不存在，那么中国是不是也有她自己的独特的自然权利观念？这或许是今天的研究者所应该回答的问题。从历史角度对这个问题的回答，应该包括社会根源和思想根源两方面的考察在内。本文只是试图在最肤浅的层次上，初步触及这个问题的一些枝节；深入的全面的研究，有待于更多的同行学者。

## 二

17、18世纪所形成的近代西方的自然权利观念，被介绍到中国来是

---

① Carl Becker, *Declaration of Independence*, New York, Vintage Books, 1958, p. 5ff.
② Carl Becker, *The Heavenly City of the 18th Century Philosophers*, NewHaven, Yale Univ. Pr., 1971.
③ C. f. C. E. Vaughan, *Political Writings of Rousseau*: *Du Contrat Social*, Pt. 1.

在19世纪末、20世纪初。但是正如许多西方思想的起源可以上溯到古希腊,中国本土的许多思想的起源可以上溯至先秦。孔夫子提倡的仁政,仁政的基础是人,这就从正面肯定了人的价值。孟子说过"民为贵"、"君为轻",从而为中国后世民主思想提供了重要的理论依据。孔孟虽然未用人权字样,但已明确提出了以人作为一个基本的价值尺度。道家讲无为,无为的理论根据是人的自然性和人本身的价值。在某种意义上,这些思想都包括有人文主义的因素。这一人本思想的传统对中国的影响是至深且巨的,乃至后世的一些帝王也都承认人民的生存权在国家政治生活中的重要性。

文艺复兴是西方文化史上的一个转折点,新的时代精神是人文主义的勃兴。在稍后大约一个多世纪以后的中国的明清之际,我们也看到有某些类似的过程。在明清的一些民主性思想中,渲染着鲜明的近代意义的人文主义的倾向。黄宗羲、唐甄等人的政治理论就把国家看作是人与人之间的一种相互关系,而并非某种神秘色彩的天命。这种人与人的关系在本质上乃是契约的,而非身份的。《明夷待访录》时间上早于卢梭《社会契约论》将近一个世纪。

黄宗羲所指出的不是君权神圣而是人类自私心的神圣,这是对中世纪神权与皇权理论的公开的反叛。他把人民视为主人,把君主视为仆人,甚而把君主说成是人民的灾难。他认为统治者与被统治者之间的关系乃是,或者应该是基于相互同意的协作关系。唐甄的"凡君主皆大盗"的命题,实际上是说君权窃取了或剥夺了本来是属于人民的天然权利。正是由于肯定人民的自然权利,他才特别强调"情"的地位。"情"实质上是自然或天性对神圣诫律(天理)的一种抗议。他提出:平等就是人人各遂其情。①

除了上面所提到的中西双方在自然权利观念上的平行而几乎同步的发展而外,其间却也存在着不容忽视的差异。首先,中国思想有着由中国社会的特点所规定的特点。中国社会有着一个源远流长的宗法传统,这一点在语言学上,可以从血缘关系的名分和称谓之中鲜明地反映出来。因而表现在理论化的方面,西方常常倾向于以个人为基本粒子(或莱布尼

---

① 唐甄:《潜书·室语》。

兹式的单子)①,这样的一个原子是真正的"莫破"(原子 atom 一词语出希腊文,a 是"不",tom 是"分裂",严复译莫破),是最后的实体,在这个基础上构造出社会和社会关系。反之,在中国则往往是从团体或集体出发而构思。团体或集体才是最后的真实或实质,个体在其中并没有独立的存在和价值。他的存在和价值,首先而且主要的是在于作为这个集体的一员,而不是在于他本身的内在尊严和意义。他的存在和价值是由集体中派生的,而不是先天给定的、不可剥夺的。他的人格只能从属于,或者融解在一个更大的集体生命之中,并从其中得出他本身的生命权和自由权,即生命和意义。故而在信仰上,西方宗教追求的是个人的不朽;而在中国,这一点却从来就不那么强烈,因为他有一个更强大得多的集体生命(例如家族或家庭),个体生命只是由于从属这个更大的集体生命才获得它自己的价值。他首先要实现的并非是他个人内在的目的或价值,而是他的家族或集体的目的或价值;和康德的基本命题"有理性的生命(人)绝非仅仅是工具,而且同时他本身就是目的"②,相反,似乎只有"有理性的生命(人)其本身绝非是目的,而仅仅是一种工具"才更能符合中国历史与中国传统思想的实际。因此之故,康德强调道德的自律,而中国伦理道德的精义则在于他律。例如,非礼勿视,这是一种他律或外律;君为臣纲,也是一种他律,是一种社会的外在约束力量。即使是强调自利、反对专制的黄宗羲,他的出发点仍是"天下之利",仍是就人际关系而立论,而并非是像卢梭或《人权宣言》那种意义上的个人内在的天赋的、不可或缺的而又不可转让的自然权利。这里包含着一种基本价值观念的分歧,它也表现在思想意识的其他领域。

与此相关的是,在中国传统里,思想的或艺术的活动,其价值大抵都不在其本身,——即追求真理或追求永恒的美之类,例如诗人济慈所标榜的"一件美的事物是一种永恒的欢愉",或者王尔德所标榜的"为艺术而艺术"等等。为真理而真理和为艺术而艺术的观点,从来不曾在中国思想文化史上成为主潮。当托尔斯泰在他的《艺术论》中提出评判艺术品的尺度是伦理的价值和功能时,他曾使得许多西方读者都为之惊奇不解。其实,

---

① Leibnitz, *Monadology*, Everyman Lib., 1941.
② Kant, *Grundlegung zur Metaphysik der Sitten*, Leipzig, P. Reclam, 1940, S. 70.

他只不过说出了东方视之为理所当然的事。笛福笔下的荒岛上的英雄鲁滨逊,用中国的传统尺度,一点也不配成为什么可赞美的题材,他的个人奋斗并没有尽任何人伦或人与人之间关系的理想。苏武固然也是孑然一身在冰天雪地之中独自奋斗了19年,但他不是独立于人际关系之外的,他是在完成忠君爱国的伦理理想。他之所以是可赞美,正因为尽了他的人伦。歌德笔下的少年维特不能成为中国传统文艺的理想模型,因为他也没有能尽任何人伦。通俗小说中英雄的结局,一定要博得封妻荫子,光宗耀祖。就连贾宝玉出家,也得要事先蓝田种玉而且高中乡魁,做到忠孝双全,然后才有资格了却尘缘。否则,就通不过中国人的世界观这一关。这不仅是作者个人的局限,还有着整个民族文化的深厚背景。而在洛克、卢梭和美、法革命的思想理论家那里,首先是个人与集体双方之间的契约,然后在保证个人的自然权利不受侵犯的前提条件下,才谈得到尽任何社会义务。只要这个原始的契约一旦遭到破坏,每个个人就都立刻回到自然状态。在中国的传统文化里,很少有什么思想体系是建立在以个人为单子的基础之上的。相对说来,老庄最为重视个人的地位,但是他们的立场仍然并非以单子式的个人为前提,而是先假定有一个超个人的伦理社会网络,个人只不过要逃避这个网络或枷锁而已。在古代中国并没有原子论;中世纪以降,我们几乎找不到任何一家思想是以一种明确无误的方式根据个人的不可剥夺的权利在立论的。即使为个人的权利辩护,也只能是出之以经院哲学说经的形式,即引经据典,而不是根据"自明的真理",即自然权利。下迄19世纪末,康有为变法,在理论上仍须乞灵于古代圣人的微言大义,而非近代个人的天赋人权。这或许是传统中国与近代西方两种文化精神最为不同的所在。西方的权利观诉之于自然原则,中国的权利观诉之于权威原则。与此相应,两种不同的思路就分别是:集体的价值取决于它对个人所贡献的服务和个人的价值取决于他对集体所贡献的服务。

因此,中国近代历史发展就出现了那么多的曲折,它们都可以联系到这样的一种思想斗争:在中国近代化的过程中,个人的觉醒与自然权利的自觉,注定了要和传统的超个人的集体意识发生严重的冲突。基于个人自然权利的思想体系很难和基于超个人的集体的思想体系互相调和一致,中国既然步入近代,就不可避免地在某种程度上要接触和接受西方的思想论证和价值观念(例如源于西方的各种主义);但是它们之能被接受,却又必然只能是纳入中国的思想轨道。他们口头上或字面上所移植的东西必须在实质上适应于传统文化中根深蒂固的精神才能生根并成长。这一点并不能一蹴而就,因而往往他们使用的名词是来源于近代的、西方的,而其内容实质在实践上却仍然是道地的传统中国的。要了解中国近代思想的秘密,或许我们应该在这里面去寻求解答。

其次应该提及的是,直到19世纪中叶,中国从来没有发生过一次科学革命,像16、17世纪西方所经历的那样,也并没有出现过严格意义上的近代科学。近代科学是左右近代思想与近代世界观的一个极其重要的因素。这一点在近代西方,从培根、笛卡尔到康德,到当代的罗素、维特根斯坦可以说莫不皆然。文化史上这一极其重要的因素,却似乎每每被治中国思想史者忽略过去了。近代科学,具体地说即牛顿体系,是19世纪70年代才被李善兰正式介绍给中国知识界的,尽管17世纪初徐光启已经酝酿着一条通向"自然哲学之数学原理"的道路了。近代科学的世界图像基本上是原子式的或单子式的,由此产生了自然的铁律的观念;笛卡尔认为,就是上帝也得服从自然律。这种铁的自然律的观念,以及上帝也必须服从铁的自然律的观念,在中国如果有的话,也从来没有占有过主导的地位。

人性(human nature)也是自然(nature)的一部分,因而也就当然是自然的(natural)或天赋的;因此凡是属于人性的即当然地是自然权利,人天然地(自然地)就有权享有属于人性的一切;——这一推论是在逻辑上以及政治上都只是自然而然的,或者说,是自明的、不言而喻的;但是它却必然会成为与"存天理、灭人欲"针锋相对的反题。自然律的观念的确立和自然权利观念的形成,两者之间存在着一种自然的或天然的同盟关系。然而在中国却始终没有出现过一种强而有力的、由自然科学所派生的自然律的观念,也没有形成与之相联系的自然权利的观念,在中国看不到西方那种由不可变易的自然律过渡到无可置疑的自然权利的自然而然的逻辑推论。我们此处不能详论缺乏近代科学对近代中国思想所造成的严重后果,这里只是要说明:在社会观以及在自然观方面,中国的传统的背景都与近代西方迥乎不同。传统中国确实也有她自己的自然权利的观念和理论,但对这类权利之所以是天赋的或自然的,其论证大多是基于人道或人情（如不忍人之心、不忍人之政，等等）立论，而不是和近代科学意义上的自然律的观念相联系在一起的。

## 三

中国进入近代以后，不仅传统的社会结构逐步瓦解，而且也是在这个时候开始接触到了近代自然科学。也正是这个时候，从西方正式传来了自然权利的学说和国家契约的理论。进化论和天赋人权论为中国思想界在传统范围之外开辟了一个全新的视野。提供了一种全新的思想方法和一种全新的世界观。原来人类并不是沿着什么仁义道德、三纲五常的大道走过来的，而是通过物竞天择、适者生存的途径由猴子变来的。原来国家和政权并不是什么圣人制作的结果，而是自由的人民通过自由协议的契约的产物，是随时、随地、随意可以改变的。圣人制作和名教统治都不是什么垂宪万世的东西；永恒不变的只有个人的天赋人权或自然权利。毫无疑问，这在思想意识上，对传统封建宗法的专制制度及其理论提出了最尖锐的挑战。这是清末中学与西学之争，或旧学与新学之争的基本内容之一。西学阵营的最高理想在于建立一个自由竞争的社会和一个代议制的政权。但是一种文化要和自己的传统进行彻底的决裂，这在理论上是难以自圆的，在实践上是做不到的。

严复译老赫胥黎的《天演论》于1896年问世，同时梁启超就在湖南时务学堂宣扬"民权平等之说"而被顽固派唾骂为非圣无法。其实梁启超当时还并没有真正接触到近代西方的思想理论，这从他编的《西学书目表》中可以检证。所谓的"民权平等之说"，来源有三：一为黄宗羲，一为康有为的公羊学，一为严译《天演论》；但是这些经过他的综合，已经足以成为《翼教丛编》保守派阵营的主要理论敌手。① 这次论战是传统君权等级制与带有近代色彩的民权平等之说二者在近代史上的第一次正面交锋。随后，张之洞的提法："知君臣之纲，则民权之说不可行"，而且只要"民权之说一倡"，就会造成"纪纲不行，大乱四起"②，则代表了正统派的观点，但

---

① 参阅苏舆编《翼教丛编》有关部分。
② 张之洞：《劝学篇·正权》。

又正由于正统派观点所代表的社会基础还没有彻底变化,所以这种观点基本上就得以长期保存了下来,尽管词句上略有变化。

严复大概是近代第一个正式输入自然权利观念的人,他正式提到人生而自由乃是真正天赋的,侵犯他人的自由是违反天理。于是,天赋的自由权就第一次被提高到等级制的纲常伦理之上。他大概也是第一个正面介绍了卢梭的尊民抑君之说的人。① 当然,严、梁一辈人对西方自然权利观念的理解还只是幼稚的、肤浅的,但是任何思想理论的发展都是由此阶段进步到深刻成熟的阶段的。这是一个必须经历的过程。这里还应该提到的一点是:他们的理论不仅是当时西学阵营的主要思想来源,而且也为尔后的民主革命提供了若干重要的思想资料和思想来源。

中学、西学之争,在政治观念上就是君权神圣与人权天赋之争,在文化观念上就是体用之争。关于所谓体用,代表当权派的最著名的提法是"中学为体,西学为用"。② 类似的提法似乎最初应数冯桂芬所提出的:"以中国之伦常名教为原本,辅以诸国富强之术",即主辅的关系。③ 不过,这里似乎应联系到他们不同的时代背景:在早期新学派那里,这种要求西学微弱的呼声表示出他们对传统文化的怀疑和背离;而在张之洞那里,西学为用则是用以维护中学之体,是针对着非圣无法的民权平等之说而发的。两者的历史意义大异其趣,前者是承认中学的独尊地位已经动摇,是在为西学争地盘,而后者则是维护这个已经动摇了的中学的独尊地位。故此张之洞的中学为体、西学为用才被严复讥之为非牛非马,严复甚至于还曾提出过"自由为体,民主为用"的口号。④

戊戌变法失败以后,梁启超写出了一系列的文章,宣扬西方思想,把霍布斯、卢梭、边沁等人介绍给中国。此时,他才正面提出:人是生而具有平等的权利的,因而是生来就享有自由的;这些权利是自然所赋予的(天赋的),不分等级高下。中国的知识界到了这时候,才正式跳出传统的思想轨道,开始采取另一种与传统迥然不同的思想方式和方法。一部分人

---

① 《严复诗文集·辟韩》。
② 张之洞:《劝学篇·正权》。
③ 冯桂芬:《校邠庐抗议》。
④ 《严复诗文集·原强》。

才开始认为人应该献身于个人自由的理想而不是某种超个人的伦理理想，连很多民主革命派的思想最初也是从严、梁等人那里得到启发的。基于自然权利观念的思想体系从此逐渐在知识界形成一种普遍公认的信条，这一时期的思想界代表人物如蔡元培、陈独秀等都曾多次宣扬过人权观念以及自由、平等、博爱的口号。目前年长的人大概都还清楚地记得，直到国民党的党化教育之前，这些口号在学校里、在出版物上已经正式取代了传统的纲常名教，作为指导原则。再往上溯，在辛亥革命时期前后，确实也曾有一些人是认真信仰基于这种理论的代议政体的，包括当时杰出的领袖如孙（中山）、黄（兴）、宋（教仁）等人。其中宋教仁还因为宣传议会政治和责任内阁而被袁世凯的刺客暗杀。这种从西方移植过来的自然权利观念，为什么在二、三十年的时间里，竟没有能在中国的土地上生根和成长？那原因恐怕仍然应该求之于两个方面：一方面是中国缺乏适合的土壤，她的传统社会基础和结构惰性太大，任何思想体系不适应自己的基础的，就注定了不能成长；另一方面则是新的观念必须与传统相结合成为本土的，才能具有真正的生命力。这个结合或融会贯通的工作，严、梁一辈人虽也做了一些，但在草创时期不可能很成熟。随后，这个工作反而轻易地被忽略了。

如果说，前近代的自然权利观念表现为传统的中国方式，那么就可以说到了近代它却越来越采取了现成的西方表现形式。辛亥革命直接采用了西方自然权利的理论作为基本的思想武器。邹容号召中国人民学习孟德斯鸠、卢梭和《独立宣言》，推翻君主专制，目的是使人人都能享受自己的天赋人权。陈天华号召20世纪的中国应该开创一个民主制的和文明的时代，重建人们天赋的自由和平等。这一时代精神具体的法典化，就表现为辛亥革命的《临时约法》，它模仿美、法革命的原则，要点在于肯定天赋的自由权并设计一种足以保证这种天赋自由权的国家和政府的形式。在某种意义上，它是近代化的知识分子的理想和热望的结晶。然而，当本土的条件不适于它的成长时，被移植过来的外来观念是不可能真正生存和持久的。当时的民主革命派对于本土的传统力量缺乏应有的认识和对策，所以袁世凯轻而易举地就把《临时约法》当成废纸一张。这正好说明徒法不足以自行，一种理论或理想的实现，需视当时当地的物质条件而定。从那个时期以后，中国也曾出现过不止一部宪法，每一部虽然也都冠冠堂皇地列举了一些公民的基本自由权利,但大都是一纸空文,从来没有兑现过。理解历史现实,决不能仅凭白纸黑字的条文。梅茵的《古代法》,大概其中只有"从身份到契约"一语最为一般读者所熟悉;但他的另一个基本论点:即任何体制,从它法典化的一开始,就是朝着破坏它自己的方向前进的,似乎更为深刻地道出了法律条文与历史现实之间关系的真相。

因此,自然权利虽然也就是孙中山三民主义中民权主义的理论依据,但那却是国民党的党化政策所从来不曾容许其实行的。从戊戌到辛亥到五四,中国思想的近代化(不是现代化,现代化应该是后近代[post-modern])曲折漫长,原因之一在于传统的束缚力量太大,正统的儒家和新儒家(道学家)大多都是等级制和身份制的拥护者;因此要完成一场由中世纪到近代的过渡,亦即一场"从身份到契约"的转变,把人从森严的等级制的禁锢之下解放出来成为像飞鸟一样的自由人,那就需要用一种强而有力的武器冲击正统的思想体系。自然权利观念的高扬和打倒孔家店的实践,乃是理论的需要,也是历史的必然。五四运动的使命虽则是要完成一场"由身份到契约"的历史变革大业,但它的缺陷却在于没有能处理好对待历史文化传统这一非常复杂的问题。德先生、赛先生(科学和民主)理所当然地是,而且应该是五四的两面大旗,但是对待本民族的历史文化传统又怎么办?批判地吸收或继承,——但怎样批判、扬弃、继承?又如何与外来的思潮相融合?这是一个非常复杂的现实与实践的问题,单凭一两句空洞的原则是解决不了的。我们不妨回顾一下中国历史上两次中外思想文化的交流。一次是印度佛教与佛学的输入,从东汉一直到唐代,前后经历了八九个世纪,才完成了它的本土化的过程。另一次是耶稣会士夹带着他们的西学东来,从明末到清中叶,前后经历了两个世纪,但除了天算知识在少数学者中间传授而外,它根本没有完成一个本土化的过程,因此在思想文化上的影响是微不足道的。自从1915年正式提了科学与人权两个口号以来,至今已经70年了,自然权利的观念似乎一直不曾认真地被人研究过,当然更谈不到与本民族文化的比较和融合。自然权利观念未能很好地本土化,这是中国思想未能成功地近代化的原因之一;它未能使自己适应于本土的物质环境和条件,所以尽管五四运动响应了历史发展的要求,但它毕竟未能完成它的历史使命,一个高度科学化与高度民主化的近代社会并没有能建立起来。完成本民族的历史使命,是不可能靠简单搬运外来的现成观念和思想的。

另一点值得记取的是,近代中国民族危亡的紧迫感成为压倒一切的中心课题,并对一切思想留下了深刻的烙印;这一点,一般说来,对于古代或西方的自然权利观念并不是作为背景而存在的。戊戌变法维新的目的是救亡图存。五四运动则是以反对巴黎和会把德国特权转让给日本而直接爆发的。"一二·九"运动是全民族抗日战争的序幕,随后的民主运动要求结束国民党的一党专政,也是着眼于更紧迫的抗日战争的需要而提出的。自然权利的观念是近代(前现代)民主运动的理论基石,但一切中国近代民主运动的直接目标却更多地不在人权而在救亡。这是自然权利的观念在中国与在西方不同的历史背景。在近代中国总是受着一个更迫切、更重要的集体的目标——即民族生存——所制约,因而它的着眼点就更多地不是个人而是集体。这一点又恰恰能够更好地符合中国民族文化传统,即轻个人而重集体,个人永远从属于集体之下。这里的论证方式大致是:给人民以他们的自然权利,国家就能够独立富强而不致亡国灭种。这里,人权是手段,并不是目的。因此,归根到底,它仍然不是真正西方意义上的天赋权利,它并不具有其内在的、不可剥夺的、不可转让的独立价值,它只是一种方便的手段;换句话说,它并不构成最终的价值实体,以及由之而构造起来的一套价值体系。近代西方的自然权利所针对的是剥夺了他们这种权利的旧制度(ancien régime);其目的则是如卢梭所说的,要夺回自己天然的权利。在近代中国,自然权利仍然是在为一个更高的目的而服务的手段,故而就不是西方原来那种意义上的自然权利了。自然权利与救亡图存两者虽不必互相排斥,但毕竟前者被当作后者的一种工具或手段,成了充其量也只是第二位的、从属的东西。集体的生存仍然压倒了个人的权利。

透过这样一个漫长时期的历史网络的背景来观察,似乎有助于理解自然权利观念在中国的特点及其复杂性。西方的看法是把个人当作单子,中国的看法则是把个人当作细胞。但有一点是古今中外所共同的,即在紧急状态(例如战争)需要的借口之下,个人权利是要受到侵犯或限制的。只不过,由于近代中国历史的特殊性,非常状态的东西反倒成为常态而已。统治者是惯于用各种紧急需要为借口,实际上是在限制或剥夺人民的生命权和自由权的。这在历史上已屡见不鲜。目前我们的现代化已懂得强调法制。讲法制当然就要重视人权,在这方面向古人学习、向外国学习都是必要的。但是更重要的是不应该重蹈故辙,既不应该简单地割断或砸烂旧的文化传统(因为那毕竟是割不断也砸不烂的,它活在我们民族的血脉里、骨髓里),也不应该简单地照搬外来的思想或观念(因为那是不能现成移植过来的,它只能加以咀嚼、消化和吸收而成为自己的营养),这里没有一个现成的蓝图可循,无论是古代的、西方的或苏联式的。我们希望,经过一次深刻的反思而吸收历史的教训,汲取一切时代和一切国度的思想的和文化的遗产,包括自然权利理论的合理成分在内,来丰富自己文化和思想的营养,根据自己现实条件加以调整和融化。思想本身没有它自己的历史,它总是受制约于社会现实的。

如果说中西双方的立足点不同的话,那么同样可以说双方有关自然权利的目标和鹄的也不同。我们没有理由用西方观念和历史背景所形成的坐标来衡量中国的人和人权的观念;否则理解中国的观念时,就可能有对传统趋势估计过低而对外来冲击估计过高的危险,或者说过低估计现实生活的力量而过高估计思想理论的作用。这一点是一个严谨的历史学家所应该力求避免的。当然,中国不可能也不应该自外于人类历史发展的总潮流和总趋势,但她却必须是通过她自己的独特的道路而加入到这个普遍的历史潮流之中去的。

## 四

近代西方思想体系所由以出发的自明的公理,是自然人、是个人、是自然状态之中的个人;然后由这些个人根据自愿的契约行为组成政治状态(civil state),而政治状态的根本目的则在于保障个人的自然权利。自由、平等等等,都是从个人独立存在的价值里面推导出来的。但在中国传统的思想方式上,这个推论的方式则正好相反,即个人只是由集体所派生出来的东西。但是却没有理由认为双方的这一分歧是先天注定的,因为它们都是历史的产物,所以是随着历史的发展而发展的,并且是会随着历史的改变而改变的。重要的是:我们应该正视这个分歧并研究这个分歧。

由个人出发,故而贯穿着西方自然权利的代言人们的理论的那条中心线索是个人与集体的对立,他们时时处处所关注的是要防止集体侵犯个人权利。个人权利是目的,集体只是为此目的服务的手段。贯穿着中国传统理论的中心思想,是个人与集体的统一;在这个统一体中,个人是浸没并融解在集体之中的,此外个人绝没有他自己独立存在的价值或权利。以个人的自然权利为前提,所以一种外在的、强制的约束力就是一种必不可免的恶,它形成了统治者与被统治者的关系。在传统的中国思想方式里,个人与集体的关系从来都不应是对立的、矛盾的、冲突的,在上者与在下者的关系是教导与受教育的关系。在上者是君师,而在下者则是子民。君师合一,以吏为师,君统与道统合一,权威原理与真理标准合一。子弟服从家长的意志乃是天然的义务,国家是圣人的制作而不是自由的个人互相协议的契约。

这就涉及到个人主义和集体主义两种不同的理论体系。凡是在历史上流行过的理论体系总是有其合理性的内核的,也总免不了有一大堆的弊端。这里并不想从理论上分析和评论它们两者的是非功过或优劣短长。从根本上说,近代西方理论思维最突出的代表人物如霍布斯、亚当·斯密和康德等,都是以人性中的自利作为自己立论的最根本的出发点的。霍布斯在《利维坦》中的前提是在自然状态中人人相与为敌,人人都是豺狼,专门利己、毫不利人,他由此而推论出国家的起源的必然性及其本质。斯密在《国富论》中的基本理论前提是把一个"经济人"(homo economicus)作为单子,这个经济学的质点是唯利是图的,他由此出发推论出一个自由竞争的市场经济的运动规律。康德在《历史哲学》中提出:人与人之间的对抗,乃是社会历史发展的动力,即他所谓的"非社会的社会性"。可以设想:假如把斯密的前提经济人换成为一个道德人,即在一个经济社会中每个人都毫不利己,专门利人;或者把霍布斯的政治人或豺狼人,换成为一个道德人,即在一个政治社会中人人都是尧舜,满街都是圣人;或者把康德所说的人与人在社会中的对抗换成为人与人之间的互相爱护和互相帮助;那么可以肯定他们的(以及事实上绝大多数近代西方理论大师们的)全部的理论大厦就都会彻底崩溃、瓦解。当然,纯粹的道德人和纯粹的自然人、纯粹的利他者和纯粹的利己者,在事实上都并不存在,但是他们在理论上的抽象存在,却构成为不同思想体系的出发点;正有如几何学中的点和线、力学中的质点和质量,都不是事实的存在,只是抽象的存在,但没有这个抽象的存在,理论的大厦就无由建立,而事实也就无从得到阐明。

自文艺复兴以来,近代西方文化的根本精神是人本的或人文的,这里的人都是指个人;所谓近代意识的觉醒,实际是指个人的觉醒。康德被文德尔班誉为代表近代自我觉醒的高峰。而康德的自律,归根到底乃是一种内在的、超感的、个人的东西,是个人的觉醒。从古希腊以来,人之所以为人,就被看作在于其有理性、能思想。苏格拉底认为"知识就是德行"(中国历来的传统,从不认为知识就是德行);亚里士多德认为人是有理性的动物,最高的生活境界乃是沉思。① 下迄近代,笛卡尔的出发点是"我思故我在","理性是使我们有别于禽兽的唯一的东西"。② 帕斯卡反复申说:人就是为思想而生的,人的全部的尊严就在于思想。③ 斯宾诺莎强调的至善就在于认识。他们都认为这种个人生活的本身即是自足的、至善的。这种崇理智于上位的态度,——这种近乎尼采《悲剧的诞生》中所描述的日神阿波罗式冷眼旁观的态度,——大概决不会成为注重伦理实践、强调太上立德的中国传统思想的人生理想。在中国传统思想里,决不会把一种自足的、沉思的个人生活当作是人生理想。人之所以为人、人之异于禽兽,并不在于他自身有什么内在的价值要实现,而在于他能对别人尽自己的伦理义务;圣人者人伦之至也,就是说他能把人与人之间的关系实现到最高、最大的限度。人道的极致在于尽伦,而不在于像西方传统所说的那样,充分发展个人的自由的理性生命。诚然,内外是统一而不可分的,但是归根到底,就逻辑而言,仍然有一个主从的问题,究竟哪一个是目的:是个人,还是集体? 这或许就是个人主义与集体主义两种思想体系的理论分野。虽然中国也曾标榜过内圣外王之道,但内圣绝不是自足的,它的极致仍然需要外王,格致(思想认识)的最后归宿仍然在于治平,而绝不是把纯思辨的生活当作是人生的最高境界。

比较一下中西双方人生理想之不同,或许要牵涉中西文化异同的讨论。自从清末以来,这一讨论就成为一个热门题目了。我想大致可以把对它的见解分为两类。一类认为这个不同乃是两者本性或本质的不同,

---

① Plato, *Dialogues*(*Meno*); Aristotle, *Nicomachean Ethics*, Everyman Lib., V.10, Ch.7.
② Descartes, *Discoursurla Méthode*, Pt.1.
③ Pascal, *Pensées*, Brunschvicged., 1912, § 346—8.

从一百年前郭嵩焘和严复两个人"论析中西学术异同,穷日夕不休"①,直到20世纪五四时期梁漱溟先生的《东西文化及其哲学》都可以归入这一类。另一类则认为:这个不同乃是两者历史发展阶段的不同,基本上并非是质的差异。它在20世纪30年代开始流行,其中不但有马克思主义者,也有非马克思主义者,例如冯友兰先生即是。冯先生就认为,中国与西方之不同就在于中国缺少了一个近代;而且冯先生认为,以子学时代、经学时代划分上古与中古的办法,对于西方文化思想史来说也同样是完全适用的。② 1949年以后,似乎总的倾向是认为:双方精神面貌的不同,实质即是反映着双方社会历史发展阶段的不同。大致相同的历史发展阶段,应该有着大体相同的思想文化面貌;因为归根到底,上层建筑的意识形态乃是由基础所决定的,并且是与基础相适应的。但是在这两类之外,从逻辑上说,应该还容许有一个中间的第三类,即认为双方的不同既是质的不同,也是阶段的不同。这种看法似乎有多元论之嫌。例如,它可以把双方的不同也归结为民族性的不同,而同时并不认为民族性就单纯是阶级性的反映。以阶级性为函数中的唯一变数,这是一元论;认为民族性并非单纯是阶级性的反映或表现,就是多元论了。对于这样的大题目,这里不想轻率做出任何结论。这里只想提出这样一点意见:即,一切社会性都是在历史过程中形成的,并不是先天给定的,所以也要随着历史的变化而变化。强调阶段的不同,主要是从物质条件的发展方面着眼,而强调质的不同则主要地是从精神和思想本身的发展方面着眼。精神或思想虽则必定是在一定物质条件的基础之上形成的,但是一旦形成之后,却又有其相对的独立性,它本身就形成一个传统而反过来对历史的发展起到一种制约作用。它并非简单地仅仅是物质条件的消极反射或反映而已。就这种意义而言,对一种思想理论的探讨就不应该仅仅限于它的历史作用和价值。例如一个数学公式是真理,其意义决不仅仅限于它的历史价值如何,即它在历史上是怎样形成的,起了什么历史作用等等。它作为真理,还有它自身的独立的理论价值。因此,上述第一类的工作就并不是——像第二类所往往认为的那样——全无意义的工作。第一类工作偏重枝干和花叶的

---

① 王蘧常:《严几道年谱》,第7页。
② 参见冯友兰:《中国哲学史》,上海:商务印书馆,1935年,下卷。

比较；第二类偏重于根本；第三类则倾向于取其全貌，——假如多元论在这里不足成为一种诟病的话。

从这里再回到我们的本题：个人究竟有没有其内在的、独立的尊严或价值，还是仅仅是一种工具，其目的只不过为了完成某种外在的、人际关系的需要？康德在讲实践理性时所反复强调的一个中心思想是：人本身就是目的，因此就决不能把他当作是一种工具或手段，"目的的王国"，和"自然的王国"是根本不同的，——这可以看作是近代西方自然权利理论的最完整而又最精炼的哲学总结。与此相反，中国传统的论点则似乎强调人作为工具的价值的那一面。此外，似乎也应该考虑，个人和集体二者可不可能而且应不应该有一个更高级、更完美的综合，使二者并不成为互相对立的、互相排斥的和互不相容的。

最后一个有关的问题是：一般地说，我们可以承认历史发展阶段论有其合理性，但是具体地说，自然权利观念所反映的西方式的个人主义思想体系，是否就是人类思想发展史上一个必经的阶段？对于这个问题，我想先不妨联系到另一个问题去着想。上面提到过近代科学和近代思想之间的关系：近代科学的古典体系（即牛顿体系）理解物理世界的方式，就正是自然权利论者所理解人事世界的那种方式。我们不妨追问：自然科学之走向其近代的阶段，是不是一定要经过牛顿体系的道路，或者一定要采取牛顿体系的形式？在前近代的历史时期里，中国也曾在世界科学史上有过她的光辉灿烂的一页，她的科学成就也曾在世界文明史上居于领先的地位。中国的古代科学在许多方面和西方近代科学中占主导地位的那种原子论式的思想体系和方法是迥乎不同的，它有没有可能不经过牛顿的体系而完全独立地摸索到另一条她自己的通向近代科学的道路呢？如果对这个问题的答案是肯定的，那么对前一个问题的答案也可以是肯定的，即中国思想完全有可能不经个人主义思想体系的阶段而进入近代。当然，对前一个问题的答案如果是否定的，却并不意味对后一个问题的答案也必须是否定的。

个人主义的思想体系和集体主义的思想体系，两者都有其悠久的历史，并各曾起过其重要的作用。如果我们以中国传统对比西方近代，则前者似乎更多地倾向于集体而后者更多地倾向于个人。两者似乎各有其过与不及之处。既然如此，我们是否能设想另一个更高一级的综合作为出发点？本民族的传统是不可能完全割断的,但也不应该全盘加以继承;外来文化是不应该完全排斥的,但又是不可能全盘接受的。或许这就是摆在近代中国面前的、需要解决而又始终没有能很好解决的课题。

原载《学术月刊》1987年第3期

# 辑 三

# 孔多塞《人类精神进步史表纲要》译序

本书作者、18世纪法国最后一位"哲学家"(philosophe)孔多塞(Condorcet, Marie Jean Antoine Nicolas de Caritat, Marquis de, 1743—1794)是启蒙运动最杰出的代表之一,也是随后的法国大革命的重要领导人之一,曾有法国大革命的"擎炬人"之称,毕生服膺人类文明不断进步的理想。

他于1743年诞生于一个古老的家族(Caritat),曾在耶稣会学校受教育,后入巴黎耶稣会的Navarre学院攻读数学,显示了非凡的数学天赋。1769年(26岁)进入法国科学院工作,开始撰写数学及其他方面的论文;1783年入法兰西学院;1785年负责法国科学院的工作。在此期间,他几乎遍交当时文坛和思想界、学术界的名流,与启蒙运动的领袖人物达朗贝尔、伏尔泰、杜尔哥等人相友善,并大力协助达朗贝尔参与有名的《百科全书》的编撰工作,为后来1789年的法国大革命做了重要的思想准备工作。1769年,他当选为法国科学院院士;1777年,当选为科学院的终生秘书,在其他学术单位也有兼职。这一时期他写了大量文章,宣传当时在法国思想界流行的一些进步观点,俨然成为当时法国思想界的一个领军人物。同时,他还参与了国外的类似活动。

孔多塞早年就以数学研究而享有盛名。他认为,作为合理社会的一个必要条件,社会政治研究必须引用数理方法,使之成为一门新学科,而概率论则是通向这门新学科的桥梁,即,我们对社会现象的叙述是不可能精确的,但是对这些现象的概率估值却是可以确定的。这种以数学方法处理人事问题的努力,使他和维柯并列,成为18世纪建立"有效的"社会科学的努力中最有贡献的两个人。他在这方面的学术建树,代表作是1785年和1793年的两篇论文:《论多数的表决制的应用》和《概率演算教程及其对赌博和审判的应用》(即 *Essai sur l'application de l'ana-*

*lyse à la probilité de decision rendue à la pluralité de voix* 和 *Tableau général de la science qui a pour l'objet l'application du calcul aux science politiques et morales*，英译见《孔多塞选集》Indianapolis，1976年，第33—70、183—206页)。两文后来都成为概率论史上的名篇。他的目的是要创立一门社会数学，从而使知识摆脱人们感情的蒙蔽而步入理性的王国。

在百科全书派的青年之中，孔多塞是唯一亲身经历并参加了大革命的人。革命前，他是经济自由、宗教宽容和废除农奴制人身依附的积极宣传者。法国大革命之前三年，即1786年，孔多塞出版了《杜尔哥传》。从那时起，他的家就成为大革命前夕最有影响的沙龙之一。1789年(即法国大革命爆发的那一年)又出版了《伏尔泰传》，书中反映了当时法国人民的悲惨处境。两书受到读者们的热烈欢迎。他的反教会统治的精神和对人民大众苦难的同情，成为法国大革命的思想前奏曲。

1789年法国大革命爆发，孔多塞热烈欢呼，并且直接投身于政治活动。他以共和派的身份参加制宪议会，并担任会议书记。他热情地从事教育改革，起草教育法案，提出了教育世俗化和普及义务教育的原则。1791年开始撰写《告欧洲各国书》，次年完成。但随后，由于他在政治上和吉伦特党有联系并参与制定1793年的吉伦特宪法草案，且反对处决国王路易十六，沦为少数派，遭到排斥，被罗伯斯庇尔政府以反叛罪宣判死刑。他在短期逃匿之后，于1794年春被捕入狱，随即死在狱中。在逃亡期间，他写出了他最后的、也是最重要的一部著作《人类精神进步史表纲要》(以下简称《史表》)。书中强调人类文明是经历了九大阶段的进步而来的。未来的第十个阶段的特点则是：第一，消灭了各个民族之间的不平等；第二，消灭了阶级之间的不平等；第三，人们在德智体三方面的平衡发展；第四，人们都要求自由，所以必须废除国家之间的不平等、阶级之间的不平等和个人之间的不平等。既然人们都要求自由，就必须以人们都平等为其条件。

在思想上，他受到卢梭和杜尔哥很大的影响。在社会观点上，他坚持自然法的理论，反对封建等级特权；在政治观点上，他颂扬自由、平等、民权、人道和启蒙，谴责殖民者的掠夺，并把战争看作"最大的罪恶"；在哲学观点上，他坚持无神论和感觉主义。《史表》一书鲜明地反映了启蒙时代的历史观,在书中他努力想阐明什么是历史发展的规律、阶段和动力。

孔多塞是西方历史哲学中历史进步观的奠基者之一。作为启蒙运动对天命论和神学历史观的反题,他认为历史的进步是和人类理性在每一个时代的发展状况相制约的。历史并不是英雄人物所创造的伟大业绩,而是人类理性觉醒的产物。历史进步的阶段,基本上就对应于人类理性发展的阶段。因此,《史表》一书的主旨就在于表明,历史乃是人类理性之不断解放的过程:第一步是从自然环境的束缚之下解放出来,第二步是从历史的束缚之下解放出来。进步的要义就在于扫除历史前进道路上的障碍,这些障碍来自两个方面:既来自在上者的专制主义和等级制度,也来自在下者的愚昧和偏见;但是这两者都可以、并且应该由政治的和知识的革命而被扫除。历史也就是一幕理性力量自我发展的表现。人类必须服从自然律;但人类集体长期努力的结果,也反过来可以约束和利用自然力,而这仍然可以视为自然界的一个组成部分。也就是说,人之解放于自然界的束缚,这本身也是自然的。同样,人类自由的增长,其本身也是自然律的一部分。这样,18世纪启蒙运动的历史观——即进步取决于人类理性的发展,并且人们因此有理由对于未来寄予无穷的信心和希望——就在他的《史表》中得到了鲜明的反映。

由于革命后的派系斗争,孔多塞在他生命的最后阶段,实际是一个政治逃犯,最后死在逃亡途中。但他的贡献是不会消逝的。后一个世纪,孔德(A. Comte)的社会学所受孔多塞的影响,就是一个鲜明的例子。后人总是站在前人的肩膀之上继续前进的。

我们生活在两个世纪之后的人,今天读到两百年前这些启蒙思想家的著作,似乎对于他们真诚的信仰和乐观的精神,只能够是艳羡。我们艳羡他们的幸福:他们的一生满怀着那么美好的热望。相形之下,两百年后的我们在某些方面,虽然确实取得了他们所无法比拟的进步,但是20世纪却也见证了空前的愚昧、野蛮和残暴。能够说人类精神是在不断进步的吗?能够说这种进步就足以把人类历史逐步引入地上的天堂吗?假如是的,那立论也不能再仅仅是一种天真的信仰。如果说物质享受(或金钱)就是幸福,我们今天大概要比他们幸福;但如果说物质享受(或金钱)并不就是(或不完全是)幸福,则我们对幸福的理解,就不能像他们那样仅仅诉诸对理性(或对人的"善意")的信仰了。没有知识(启蒙)的人是愚蠢的,但有知识、有学问的人是不是就更仁慈、更宽容、更善良呢？看来,20世纪历史学家的义务,仍是要对18世纪的课题做出更深刻的探讨和更高明的解答。

《史表》本来是孔多塞计划中的一部更大的历史著作的一篇提要,这部大著他酝酿了许多年,其中涉及普遍的科学语言、知识的十进分类法、人类文明各种因素对历史的作用等等,但没有来得及完成。他的声望和思想贡献主要在于他这部匆促草就的《史表》,它被后世公认为代表着启蒙运动理论和理想的一个高峰。

本书手稿现存巴黎法兰西学院图书馆(Bibliothèque de l'Institut),编号885;它是作者偕维尔纳夫人(Mme Vernet)在逃亡途中写成的。在手稿中作者自注说,全书于法兰西共和二年一月十三日(即1793年10月4日,星期五)完稿。全稿显然是匆促之中写成的,有一部分且系写在废纸的背面,其中笔误甚多并有大量涂改。原稿题名为《人类精神进步史表大纲》(Prospectus d'un tableau historique des progrès de l'esprit humain)。但现存于法兰西学院图书馆及法国国家图书馆(Bibliothèque nationale)中作者有关本书的笔记都足以说明,作者早在逃亡以前多年即已在准备着本书的写作了。所以本书的写成虽然是急就篇,然而其思想却是经历了很长时间的酝酿的。

本书最初出版于共和三年(1795年),印行三千册,这个初版的文字与学院图书馆手稿有若干不同,而且文字也更为流畅。这些改动究竟是根据作者本人后来改订的另一份手稿,抑系由别人加工,现在尚不能确定。1847年出版了《孔多塞全集》,本书被收入其中的第六卷,与初版的文字也有出入。据《全集》编者阿拉哥(Arago)说,"根据手稿"加以修订,但并未说明所根据的是什么手稿。这部《全集》是由孔多塞的女儿欧康纳夫人(Mme O'Connor)协助阿拉哥编订的,所以很有可能它根据的是欧康纳夫人所藏的另一份手稿。

目前一般采用的通行定本是由剑桥大学教授普雷尔(O. H. Prior)订正,后又经巴黎大学教授贝拉瓦(Yvon Belaval)重加整理的本子;中文译文就是根据这个定本译出的。原书系1970年巴黎J. Vrin哲学出版社出版,共247页。翻译过程中曾参照了巴拉克劳(June Barraclough)的英译本(纽约,Noonday出版社,1955。部分收入K. M. Baker编《孔多塞选集》,Indianapolis,Bobbs Merrill 公司,1976)。这个英译本的缺点是并未逐字逐句地严格符合原文,往往流于只是译述大意。

本书作为思想史上的经典文献,已翻译成许多国家的文字。它似乎理所当然地也应当有中译本以供我国学术界研究、参考和批判。译文承友人中国社会科学院世界历史研究所许明龙先生校阅过,谨此致谢。然而错误和不妥之处仍然在所难免,衷心希望能得到专家们和读者们的指正。

译者谨识

2013 年 6 月底改定

原载《人类精神进步史表纲要》,三联书店,1998 年

# 卡尔·贝克尔《18世纪哲学家的天城》译序

本书作者卡尔·贝克尔(Carl Becker,1873—1945)为20世纪美国著名的历史学家,曾任康奈尔大学教授、《美国社会哲学杂志》主编、美国历史学会主席、美国科学院院士,曾获耶鲁、哥伦比亚等校名誉博士。他的主要著作有《论〈独立宣言〉：政治思想史研究》(1921)、《近代史》(1931)、《18世纪哲学家的天城》(1932)、《人人都是他自己的历史学家》(论文集,1935)、《进步与权力》(1936)、《人类文明史》(1938)、《近代民主政治》(1941);他去世后,Phil. L. Synder编有《贝克尔史学论文集》(1958)。

青年时代的贝克尔受业于边疆史学派大师特纳(F. J. Turner,1861—1932),不久即成为美国"进步派"新史学阵营的代表人物之一。但在主张历史学应该为现实世界的进步服务时,贝克尔却有他本人颇为独特的史学观。贝克尔一反传统的史学观点——即认为分析可以得出确凿的事实,而综合则可以做出客观的叙述,他不承认脱离主观的(个人的、时代的、民族的、集团的、党派的等等)认识之外还有所谓客观事实,而认为历史认识只是主观经验与见解的一种推导,一切历史理解或评价都以历史学家的主观经验为基础,否则就不可能形成任何客观的形象。这种史学观最后就总结在他1931年就任美国历史学会主席的那篇著名讲演中:《人人都是他自己的历史学家》。因此他的历史思想浸透着一种浓厚的实用主义和相对主义的色彩,并且有日益悲观的趋向。但第二次世界大战的爆发给他晚年的思想带来了若干新的希望。他拥护反法西斯战争,写下了不少文章,并认为人类毕竟是应该热爱真理并追求真理的;虽则我们的理性是有限的,但毕竟乃是我们的理性发现了这种局限性。

在18世纪的法国,Philosophe(哲学家)一词并非指今天意义上的专业哲学家,而是特指当时"启蒙运动"的思想家、理论家和宣传家。通常人们都认为他是"近代"意识形态的先驱者；但贝克尔在本书中却提出一种相反的论点，他认为所谓"理性时代"远不是理性的，那批"哲学家"所做的工作只不过是以新的材料在重新建造另一座中世纪奥古斯丁式的"天城"而已。这部多少是震世骇俗的著作，与历来的一般看法迥不相侔，所以一经问世就引起了学术界的轰动。60年来对此书的评价一直争论不休，以致《美国历史评论》杂志断言，本书将永远成为思想史上的一部经典著作。我们中国的读者当然也有权根据自己的见解对18世纪的"哲学家"作出自己的评价。无论如何，本书在有助于读者理解18世纪"哲学家"的思想，和20世纪美国的思想史研究与美国史学思想这两方面都不失为一部有价值的著作。译文根据的是1971年耶鲁大学出版社（康州，新港）第35次印行的原文。

本书原为作者对专业研究者所作的一系列讲演，其性质为史论，事先假定听众对有关史实已有一定知识，故于史实阐述甚少。读者倘对本书感兴趣，最好能参阅一些有关的历史书籍并对照一下早期中世纪神学权威圣·奥古斯丁的《天城》（或译为《上帝之城》）一书。

译者谨识<br>
1998年于北京清华园<br>
原载《18世纪哲学家的天城》，三联书店，1998年

# 梅尼克《德国的浩劫》译序

一

《德国的浩劫》一书的作者梅尼克（Friedrich Meinecke）是当代西方最负盛名的历史学家之一，古治（G. P. Gooch）称之为第一次世界大战以后德国史学界最令人瞩目的人物；布赖萨赫（Ernst Breisach）也称他是当代德国历史主义的首席代言人。

梅尼克于1863年10月30日生于萨茨威德尔（Salzwedel），1954年2月6日死于柏林。幼年时，梅尼克曾目睹普法战争之后德军入布兰登堡门的凯旋式；以后，他亲身经历了俾斯麦的统一、第二帝国的强盛及其经济的和工人群众运动的蓬勃发展、第一次世界大战、魏玛共和、第三帝国的兴亡、第二次世界大战以及战后德国的残破和分裂。他是少数见证了整整一个世纪德国历史的历史学家之一。

梅尼克早年是德国历史学派大师德罗伊森（J. B. Droysen, 1808—1884）的入室弟子，出入于这个学派多年。在他早期一系列的历史学著作中，主要包括19世纪初德意志民族反拿破仑侵略的解放战争（Befreiungskrieg）的历史及其领导者之一博因元帅（Feldmarschall von Boyen）的传记两卷。1901—1906年他任斯特拉斯堡大学教授，这时他的研究兴趣转移到政治理论和思想史方面来；1906—1914年他转任夫赖堡大学教授。这两座莱茵河畔的著名学府，使他有机会长期密切地与天主教会和法国文化相接触，并使他自己原来出身于普鲁士学派的思想越来越多地感染了自由主义的色彩。1914年他转任柏林大学终身教授。1859年德国历史学家西贝尔（Heinrich von Sybel, 1817—1895）创办了有名的《历史杂志》（*Historische Zeitschrift*）。这个杂志上继兰克（Leopold von

Ranke,1795—1886)的《历史政治杂志》(*Historisch politische Zeitschrift*),成为从兰克以来一系相承的德国历史学派的大本营;西贝尔和特赖奇克(Heinrich von Treitschke,1834—1893)曾相继担任它的主编,把它作为宣扬德国民族精神的喉舌。1893年,主编职务由梅尼克接班,从此他一直担任这个杂志的主编,长达40年之久。

第一次世界大战以后,他在政治上拥护魏玛共和,观点也逐渐转变,对自己以往对国家理性(Staat srason)的信仰发生了动摇。早年他曾信仰第二帝国的统一理想和普鲁士的传统,把国家政权当作是道德理想的体现;但这时,西欧自由主义和法国文化逐渐在他的思想里占有了更重要的地位,他日益强调历史文化的人文价值或人道价值,并谴责权力政治。这时他已经预感到法西斯势力的兴起及其危害性,他察觉到国家理性(这其实是权力政治的别名)中的"恶魔"性因素一旦失控,就会造成严重的后果。他赞同社会民主党的政策,并主张与西方联盟,而不是对西方采取敌对立场;但他仍然维护德国的民族本位文化,而不同意西方化。不久,法西斯当权,强化了思想专政,极力把绝对服从领袖这项原则贯彻到一切学术思想领域里去,历史学自然是首当其冲、在劫难逃。法西斯在思想上强行一致化(Gleichschaltung),当然会遇到根深蒂固的德国传统史学的抵抗;而作为这一传统最重要的代表人物的梅尼克,遂于1935年被解除了德国传统史学重镇《历史杂志》的主编职务。在法西斯专政时期,梅尼克始终坚持自己的反法西斯观点,身心都受到损害。当时,他有许多朋友、同事和学生纷纷流亡国外;但他本人不肯流亡,因为他相信自己留在国内可以为德国人民和德国民族文化的传统多做一些贡献。他和贝克(Ludwig Beck)将军是好友,对贝克参与1944年反希特勒的密谋是知情的,虽然他并未参加直接行动。

早期的梅尼克是一个青年兰克派(Jungrankeaner),这一派不同意以经济基础或物质基础来解释人类精神的历史,所以在本质上是一种唯心史观。他和兰普雷喜特(Karl Lamprecht,1856—1916)两位历史学家之间所进行的那场德国史学史上有名论战,足以表明他当时的思想立场。他毕生的著作中,有一小部分是属于历史考订或纪事性质的,但大部分则是致力于探讨思想本身的历史的,这些著作背后透露出来的一种基本观点就是:思想或观念才构成为历史的动力。历史学中的"历史主义"

（Historismus）一词，历来有着不同的用法和不同的涵义。①梅尼克认为，在史学史上，是浪漫主义摒弃了古典意义的理性，从而开辟了历史主义的道路的。他本人之作为当代德国历史主义学派的主要代言人，也是在这种意义上。但是同时，由兰克奠基、中间经过德罗伊森、西贝尔和特赖奇克等人发扬光大而在西方史学界占统治地位的这一德国历史主义学派，也终于因法西斯的迫害而使它这位最后的代言人成为这一悠久的学派的鲁殿灵光。

19、20世纪之交，西方史学研究呈现了一次重点转移，从传统的以政治史为史学研究中心，转移到以研究思想文化史为史学研究中心。在这方面，梅尼克也是其中代表人之一。这一次重点转移，和他本人前后的思想变化，同样都反映出德国历史学派本身内在的思想危机；相形之下，法西斯的迫害则只是一个外因。事实上，自从19世纪下半叶以来，德国上层知识分子所面临的问题就是如何解决或者调和如下三种相互矛盾着的潮流：即，（一）日益强烈的、几乎是压倒一切的民族主义的国家理性；（二）随着迅速的工业化而来的、不断在壮大着的工人群众运动；（三）在18、19世纪之际达到其高峰的德国古典文化的传统。对于梅尼克，正像对于他同时代的韦伯（Max Weber, 1864—1920）、特罗什（Ernst Troeltsch, 1865—1923）等人一样，他们一方面既眷恋着德国历史文化的传统，一方面又深切感到必须解决迫在眉睫的社会改革与进步的问题，并且同时使这二者还能适应强烈的民族主义情绪和利益。于是唯一的出路似乎就只有当时的社会民主主义。因而在第一次世界大战后，他们就转而赞成魏玛共和，实质上是走着一条温和的、保守的改良主义道路。在很大程度上，这也是《德国的浩劫》这本书所要解决的中心问题。

魏玛共和究竟应不应该、以及在多大程度上应该对法西斯的崛起和专政负责？是魏玛共和本身引致了法西斯专政，还是法西斯政权扼杀了魏玛共和？或者是两者兼而有之？把这个问题进一步推及于历史，那么人们就可以问：是德国的历史文化传统中有着某种"恶魔"式的因素，从中就产生了法西斯主义和法西斯政权吗？还是，法西斯对德国历史文化

---

① 例如，波普尔（Karl Popper）所反对的那种历史主义（historicism），指的是历史决定论；它和这里所说的历史主义是完全不同的两回事。

传统完全是一种外来的偶然因素，二者是风马牛不相干的两回事；也就是说，并不是德国历史文化传统引致了法西斯，而是法西斯摧残了德国历史文化传统。再进一步，这或许就可以追问到困扰了历来许多历史哲学家和历史科学家的一个问题：即，历史上的重大事变究竟是必然的呢，还是纯属偶然？梅尼克对德国的浩劫的答案，采取的是后一种观点。他认为法西斯专政和德国的历史文化传统两者毫无瓜葛，法西斯专政对于德国完全是一个偶然的事件。而且在本书的结尾，他还深情地寄厚望于德国的古典文化，认为它是一剂医疗劫后创伤的灵丹妙药。

从兰克到梅尼克的这段近代德国史学思想的主潮，通常被称为历史主义。这种历史主义已不仅仅是一种历史学研究的方法或观点，而且同时还是一种人生哲学、历史哲学和世界观。历史主义，在当时的德国，就意味着要摆脱或者背叛西方两千年来的"自然律"观念的支配或束缚。历史主义者企图以多样化的、丰富多彩的、内容上各不相同的具体历史经验，来取代认为世界上有着永恒的、绝对的、统一的、唯一的真理那种观念。在这一基本点上，梅尼克和特罗什是同调；两位历史学家都认为，一切历史研究都是在特定的历史条件之下进行的，所以就要受到历史现实的制约，而不可能有脱离具体历史条件之外或之上的客观真理或普遍规律。这实际上就取消了普遍的真理或真理的普遍性。于是，历史上所存在的一切就都只能是特定的、特殊的、个别的、个性化了的存在。此外，并不存在什么普遍性。在梅尼克和兰普雷喜特的那场有名论战中，后者是站在实证主义的立场上攻击德国史学思想中的唯心主义传统的。梅尼克虽然反对兰普雷喜特的实证主义思想，但同时也表现出他已不完全同意新兰克派的立场，他认为新兰克派在历史研究中标榜客观如实的态度，实际上是在回避道德伦理的和政治的义务。

兰克的思想中本来就包含有自由主义和保守主义两个方面。19世纪末的青年兰克派或新兰克派，主要的是继承了兰克的保守主义那一面，可以说他们更靠近于特赖奇克的民族主义倾向；而梅尼克则更多地继承了兰克的自由主义那一面，在思想上可以说是更靠近于瑙曼（Friedrich Naumann，1860—1919）的政治社会路线。如果说梅尼克早年曾是一个青年兰克派，那么中年的梅尼克由于接受了西方自由主义的影响，就和正统的兰克学派有了分歧，并且由于他的自由主义思想而往往被人列入新康德学派。毫无疑问,在思想路线上,梅尼克受到了新康德学派、特别是文德尔班(Wilhelm Windelband,1848—1915)、李凯尔特(Heinrich Rickert,1863—1936)、狄尔泰(Wilhelm Dilthey,1833—1911)和韦伯等人的影响。这些新康德学派的代表人物都着意于思想史的研究,而梅尼克之致力于思想史研究[①],又特别以自由主义和民族主义作为19世纪以来的两条主线,这一见解在本书中也有所阐发。这一重视思想史研究的倾向,对于德国乃至整个西方青年一代历史学家都有着很大的影响。例如,20世纪在西方史学界蔚为大观的法国年鉴学派,就曾深受这一德国学派的思想影响,伊格斯(Georg Eggers)乃至认为不考虑德国历史学派的遗产,法国年鉴学派就是不可想象的事。尽管年鉴学派所谓的"理解"(comprendre)已经超越了他们之前的德国历史学派多少不免拘束于考据观念的那种"理解"(verstehen)的涵义。

## 二

由兰克奠定的德国历史学派虽然以史料博洽、考据精详而闻名,但并非不讲究理论思维。不过这个学派理论思维的路数是针对黑格尔学派的路数而发的,并且与之背道而驰。黑格尔学派认为历史就是精神通过一系列辩证(黑格尔意义上的辩证)的历程而展开并实现它自己;反之,历史主义学派从兰克到德罗伊森、狄尔泰和梅尼克都认为精神并不体现为一个辩证的过程,而是体现为个别化或个性化的形态。这就是说,历史是由许多个别的实体所构成的,每个个别实体的本身都有其内在的、独立的结构和意义,而绝非只是过眼烟云般的流变过程的一个阶段而已。每个个人是个体,每个国家、民族或社会也都是个体,所以他们或它们就都要服从个体化的原则。个体性或个性化的原则并非只是一种单纯的现象,它是一种深刻地植根于现实性之中的观念。

梅尼克第一部重要的理论性著作《世界公民国度和民族国家》(*Weltbürgertum und Nationalstaat*)于1908年问世,书中他对比了自由主义的

---

[①] 也有人(例如克尔[Eckart Kehr])认为梅尼克之治思想史,是由于他面临着是拥护还是反对权力政治这一困境而企图逃避的一种表现。

世界公民(Weltbürger)的理想和黑格尔所宣扬的普鲁士的国家精神,探讨了两者之间的歧异。贯穿着这部书的中心思想是德国历史学派所强调的现实精神性（der realgeistige）：即,国家乃是思想之个性化或个体化的体现,而且总的来说,普遍的观念也只能体现于具体的个性之中。显然地,这一历史主义的唯心史观过分强调了思想的功能,亦即观念之作为历史主体的功能,从而盲目的无视于物质力量在历史上所起的巨大作用。它也没有能很好地解释历史上所出现的一幕又一幕的"理性的狡狯"(die List der Vernunft)。而另一方面,德国历史学派也和西方的,尤其是英国的古典自由主义不同,他们认为个人的自由只能是置诸国家的框架之中才有意义。此外,根本就不存在像古典自由主义者所设想的那种绝对意义上的个人自由。此后的十年中,梅尼克曾就这个主题写过二十多篇论文,于1918年结集为《普鲁士与德国》(Preussen und Deutschland)一书。

第一次世界大战摧毁了梅尼克之希望能调和强权与精神这二者的向往,他多年的理想破灭了。大战后不久,他于1924年写成《近代史中的国家理性观念》(Die Idee der Staatsrason inder Neuern Geschichte)一书,表现出他在这个问题上的深沉的幻灭感。此书所探讨的问题仍然是强权与道德两者的关系这一老问题,但在思路上则有所创新。他认识到了过去被奉之为神圣的国家政权,不仅可以创造文化,也同样可以毁灭文化。这时候,他对于强权中的"恶魔"因素已有了更深一层的看法。虽然他仍然在设想着,所谓国家理性可以成为一座沟通政权(Kratos)和道德(ethos)的桥梁,但在他内心的思想里却又毋宁说对此是颇为悲观的。这部书标志着他思想上的另一次转折,因为他已经明确察觉到 Kratos 和 ethos 之间的悲剧性的冲突,那种冲突似乎是内在的、永恒的。所谓国家理性是不是有此权利可以只问目的、不择手段？或者说,我们在政治权威的利益之外和之上,是不是还有独立的道德准则？国家政权真的享有一种超乎个人理性之外和之上的理性和道德吗？这就是他这部书所要回答的问题。当然,他还不可能从根本上否定"国家理性"的神话,但他在大量考察了近代西方政治史和思想史之后,却达到了这样一个基本论点：国家权力的运用应该有一个限度,那就是应该以保护公民的权利和福利为其限度,而不可超出为这一目标所必需的限度之外。从而,他就力图以道德理想来为政治权力划定一条不可逾越的界限。

马基雅维里的《君主论》于 1513 年问世,它把政权的基础由神圣转到世俗,它向国家的内部去寻求国家的重心,而把道德理想和价值判断完全驱逐出政治思维的领域之外。《近代史中的国家理性观念》一书,则通过马基雅维里以后四个世纪的历史来探讨政治现实和道德理想的关系,作为他长期从事思想史研究的总结。全书的基本思想可以归结为:所谓国家的政治利益往往是和道德原则相矛盾、相冲突的。古治高度评价了这部书,认为自从狄尔泰之后还没有一个学者能以如此丰富而又绵密的见解来分析人类的意识和行为。然而在这里,在梅尼克的身上也表现出了一场历史学家和理想主义者之间的人格分裂。作为一个理想主义者,他坚持认为从一个人的个性深处所得出的任何东西都不可能是不道德的;而作为一个历史学家,他又不能不痛苦地看到政治权力的现实需要总是毫无道德可言的。

第二次世界大战以前,他于 1936 年写成了另一部著作《历史主义的兴起》(*Die Entstehung des Historismus*)。这部书是从广泛的西方思想史背景上考察从启蒙运动的理性主义到兰克学派和浪漫主义的史学思想,并特别考察了对于启蒙运动的"人"的观念的背叛。他那基调仿佛是在说:一切时代和一切思想在上帝的眼中都是平等的、等值的。《世界公民国度和民族国家》一书预示着魏玛时代的到来,而《历史主义的兴起》一书则是伴随着魏玛时代的消逝。《历史主义的兴起》是作者一生史学事业最后的一部巨著,这一年他已 73 岁。此后的 21 年,他便以对德国历史文化进行反思式的观照而终其余年。这部书虽然被认为代表悠久的德国历史主义的一个思想高峰,但是他那个中心问题——即权力和道德的关系问题——却始终没有能得到很好的解决。他本人的基本倾向是要推崇个人和个性的尊严以及其中所孕育着的不断进步和不断发展的能力;这一倾向也始终是德国历史主义思潮的一个主要内容。这种意义上的历史主义,可以溯源于 18 世纪后期的康德和赫德尔(J. G. von Herder, 1744—1803),中间经过一个半世纪的演变,最后在梅尼克的这部书里得到了详尽的阐发。这种历史主义的特征之一是,它不相信绝对价值或实证主义或客观规律。历史是人创造的,如果历史是被规定好了的话,那就谈不到人的创造了。

这种历史主义自然不免带有相对主义的乃至不可知论的色调。梅尼克也感到了这个缺陷，所以他要努力维护个人良心的至高无上的地位，借此以弥补这种缺陷。所谓的国家理性——即法国人所称之为 raison d'etat 的，梅尼克也在使用这个法文术语——也就是马基雅维里主义，这种主义仅仅着眼于考察政治权力本身的运动规律，而把其他一切伦理的、道德的考虑置之于度外。但是它却恰好忽视了伦理道德正是人生之中，因而也是历史之中所不可或缺的一个组成部分。权力原则和道德理想这两者如何能统一的问题，就成为长年困扰着理想主义或唯心主义历史学家的一个中心问题。长期以来，德国的理想主义或唯心主义的史学传统的解决办法是把国家认同于道德观念的体现，从而使两者得到统一。梅尼克在1908年的《世界公民国度和民族国家》一书中，也是把德国的统一当作是民族国家观念的发展的结果。但是到了第一次世界大战以后，他已经摒弃了这一观点。《历史主义的兴起》广泛而深入地讨论了历史学的理论和方法论，重点在于强调历史现象的单一性和个别性，而不承认历史的发展有客观的规律。作为德国历史主义的晚期代言人，他虽然继承的是一个悠久的传统，然而他在书中随处都流露出来的思想彷徨，却表明了这个传统的危机。

## 三

第二次世界大战后的翌年，1946年，梅尼克以83岁的高龄写出他晚年的压卷之作《德国的浩劫》。这部书从两个世纪的德国历史文化背景着眼，对于导致法西斯专政的原因给出了自己的答案，它是思想史家的梅尼克在历尽浩劫之后对德国历史文化所进行的反思和再评价。书中虽然并没有正面论述传统的德国历史学派，但在他对历史的重新理解和批判之中，却在很大程度上蕴含着这一点。这部书并非是鸿篇巨帙；它不是一部纪事的历史著作，而是一部出之以个人回忆、理解和感受形式的史论，或者说是文化批评。如果说，每一个时代的历史著作也都是历史的一部分，是历史时代精神的记录，那么，每一个时代的史论或文化批评就同样也是历史的一部分，是历史时代精神的反省和自我批判。本书以个人的、非正式的、但不失其深刻的沉思的笔触，概括评论了自歌德时代的古典自由主义直到法西斯覆亡为止的德国思想文化的全景。作者不纠缠于考订细节、缕述史实,而是径直探讨一些重要历史线索背后的思想潮流。他这种论述思想文化史的演变的个人风格,是读者们在他的许多著作里所熟悉的,但是代表他晚年最成熟思想的这部史论,或许是其中最为典型的一部。在这部书里,历史真正的精髓和动力不是求之于社会的组织形态,而是求之于人们思想深处的观念。它又不只是一部史论,它同时还是历史学家本人暮年的思想总结。

问题的核心,我们或许可以这样表述:这场浩劫及其成因,是不是为德国文化的精神所独具、所固有?抑或,这一现象并不必然只限于德国文化,而是某种具有普遍历史意义的东西,也可以同样地为其他民族文化所共有?(难道其他民族就没有,或者不可能出现法西斯吗?)而且,是否随着希特勒及其纳粹党的破产,导致浩劫的因素就永远消失了?这些问题是值得深思的,是摆在德国的和世界的历史学家们面前而必须给出答案的。这些因素之中,有哪些是应该溯源于民族性及其思想文化的素质的,又有哪些是应该归咎于特定的社会物质条件的?两者之间有其必然的内在联系吗?历史学家不能不认真加以考虑的,还有这样一个比较历史学的问题:何以其他同时代、同等发展水平、面临着同样的或类似的社会经济境况的民族国家,例如英国,在民族主义和社会主义——这是本书所特别指出在冲击着当代德国的两大浪潮——交相激荡之下,就可以较为平稳地渡过,而在德国却出现了纰漏,并终于引致了法西斯?梅尼克本人对于德国民族的思想文化传统的感情是太深厚了,他不能承认法西斯专政是出自德国历史文化中的某种必然。他认为那无论在事实上还是在理论上,都完全是一幕偶然,和德国的历史文化丝毫没有瓜葛。然而,如果历史上的重大事变纯粹出于偶然,这又怎么可能说得通呢?梅尼克对此所做的答案是:如果我们追溯历史,我们就可以发现这场浩劫的根源并不在德国的古典思想文化之中,而是在于人们对启蒙运动的理性主义和法国革命的乐观主义的幻灭。因此可以说,它并不是继承了德国古典文化,而是背叛了德国古典文化。因此,它就不是一个德国历史文化的问题,而是整个西方世界的历史文化的问题。希特勒及其纳粹党和德国的历史文化之间并没有任何内在的有机联系,所以它对德国就不是一幕必然,而是一幕偶然。例如,他举出了兴登堡个人的错误和弱点,等等。或者,从更深一层的思想文化背景来说,希特勒及其纳粹党的法西斯专政,乃是由于政权与精神文化、世界公民理想与民族国家利益互相冲突而未能一致的结果。梅尼克本人似乎从来就不曾感到过(或者不肯承认)德国古典文化中的唯心主义思想传统会有什么内在的问题。在这一点上,他和同时代的特罗什就表现出明显的分歧。

梅尼克在反对和谴责法西斯的同时,却全盘在为德国传统文化而辩护,并且是在辩护德国传统文化的全部。他从来没有想到过或指出过,其中也可能有某些东西有朝一日会成为德国的祸根。他认为成为祸根而毒害了德国民族和人民的,完全在于普鲁士军国主义中那种马基雅维里的精神,而不是什么别的。他全心全意维护德国古典文化的理想,认为这一理想和法西斯的实践之间毫无共同之处。即使在德国民族最艰难困苦的岁月里,他也没有动摇过自己对德国历史文化传统的信心。他不肯承认在德国的历史文化传统里,正如在任何历史文化传统里一样,总是会有好的和坏的,——尽管最微妙、最棘手而最难于解决的正好在于,好的和坏的往往是同一件事物的两个方面,是难分难解地纠缠在一起的。他虽然承认非理性的"恶魔"原则似乎在历史上起着主导作用,可是他又不承认它和德国古典文化传统之间有任何牵连。这个思想矛盾一直伴随着他的一生,并在他晚年定论的这部史论之中也随处有着鲜明的反映。当然,书中也表现出作者暮年以劫余之身对自己早年所信奉的教条以及早年对国家权利和伦理道德的一致性的那种乐观态度产生了怀疑;所以说起话来,早年那种充满信心的肯定语气已经消失了。无论如何,这部代表他晚年看法的书,其中所运用的思想方式和研究路数是有其特色的,并且是值得思想史的研究者参考和批判的。同时,作为作者个人的思想总结,它也不失为当代德国思想上和史学上一份有价值的文献。

也许,本书的中心论点可以换一种方式表述如下。第二次世界大战结束时,西方思想界流行的看法是:希特勒纳粹党及其所造成的浩劫,乃是德国近代历史文化的必然产物。梅尼克则挺身为德国历史文化辩护;他要论证那只是出于历史的偶然,而非必然。这里就涉及历史上的重大事变究竟是出于偶然抑或出于必然这个问题。本书第八章专门讨论了历史中的偶然与必然。偶然论抹杀了历史发展的内在的合规律性,而必然论则又取消了人类意志的作用和价值。如果说,必然性是通过偶然性而表现的,那么也仍然需要回答:必然性何以要采取这样一场浩劫的偶然形式来表现它自己。梅尼克的论述正面触及了这个问题,虽则远远未能真正解答这个问题。

梅尼克一生追求的是能在互相矛盾和冲突着的思想之间找到调和,他要调和国家政权和个人价值、民族主义和自由主义、历史传统和社会进步、文化精英和劳动群众、德国精神和世界公民。这个工作在有些地方是做得比较好的,例如他提出唯有通过德国文化的民族化才能真正丰富世界的文化;另有的地方则远没有成功,例如他对歌德时代的古典文化就缺乏具体的分析。晚年的梅尼克在经历了浩劫之后,痛定思痛,已经更深入地体会到了国家权力中的"恶魔"成分了;这时候,他仍能以一种真诚的人道主义的精神在向往着精神文化和政治权力之间可以达到一种更高的、更健全而美好的平衡和统一。全书的结论仍然念念不忘德国古典文化的永恒价值,寄希望于这一高度精神文化能够东山再起,它不仅将复兴德国民族,并将对世界做出它的独特贡献。或许这可以看作是不失为一个历史学家的温柔敦厚之旨吧。对于一般读者,这种想法会多少予人以不切实际之感。但对于像梅尼克那样一个从深厚的德国历史主义的土壤里成长起来的历史学家而言,这却正是须臾不可离弃的头等大事。

这部书许多地方闪烁着一种老年人的成熟的智慧,然而它也难免老年人那种恋旧的心情,乃至一切都率由旧章的思路。梅尼克在1954年去世,享年92岁,已来不及目睹第二次世界大战以后西方和全世界发生的一系列重大的历史变化。假如他能活到今天并能思考的话,书中的许多观点将无疑地会有所改变。或许在本书的结尾部分他就不会提出那些发思古之幽情式的建议,并把它们看作是德国民族精神生活的唯一出路了。然而作为事实、作为历史,并不成其为真实的东西;作为思想、作为史论,却又有其真实性并因而有其价值。其中所反映的德国老一代的史学思想,那本身就是一种历史见证。这部书曾被《美国政治学评论》评为写出了德国历史的内在冲突。它和另一部著作,即李特尔(Gerhard Ritter)的《欧洲和德国问题:关于德国国家思想的历史特点的考察》(*Europa und die deutsche Frage:Betrachtungen über die geschichtliche Eigenart des deutscher Staatdenkens*),在西方被认为是德国思想自我反省的两部代表性的著作。此后在他一生最后的几年里,他没有再写任何专著,只有几篇文章和讲演。1948年他写了一篇纪念1848年革命一百周年的文章，1949年又写了一篇评论德国历史所走过的错误道路的文章。两篇文章继续提出要高举解放战争时期的那种崇高理想的旗帜。

一个历史学家不但同时也必然是一个思想家，而且还必须首先是一个思想家，然后才有可能谈到理解历史。对历史理解的高下和深浅，首先取决于历史学家本人思想的高下和深浅。对历史的认识和理解，首要的条件并不在于材料的堆积而在于历史学家本人的思想方式。历史之所以可能成为人们的知识，乃是由于历史学家的思想之创造性的劳动的结果；历史学家本人思想的高度和深度要比其他任何条件都更积极而有效地在形成着人类知识中的历史构图。清理史料只不过是机械性的工作，只有历史学家的思想才能向一大堆断烂朝报注入活的生命。所以历史理论和史学理论就成为历史学中带有根本意义的一环，而史论的重要性就并不亚于历史著作的本身。读者也许可以从这个角度来估价和评论这部德国思想文化史论。

本书于1946年初版于威斯巴登（Wiesbaden），最初英译本是哈佛大学历史学教授费（Sidney B. Fay, 1876—1968）翻译的，1950年出版于哈佛大学。费在中国历史学界不是个陌生的名字，早在几十年前，他的《（第一次）世界大战的起源》一书就被列为大学历史系的近现代史参考书。费对此书采取了意译的方式，译文不大忠实于原文，还有不少遗漏和失误；当然，原书行文的风格和思想的翳影有时候是译文所难以精确表达的。梅尼克晚年任柏林大学校长；他死后，柏林大学的梅尼克研究所于1957—1963年出版过他的一套《选集》，共六卷。1969年赫茨费尔德（Hans Herzfeld）编订的《梅尼克全集》在斯图加特出版，是迄今最完备的结集。关于研究他的专著，可以提到贺佛（Walter Hofer）的《历史学和世界观：梅尼克著作研究》（*Geschichtsschreibung und Weltanschauung: Betrachtung zum werke F. Meineckes*, 1950）。关于他本人的著作以及对他的研究，《历史杂志》第174卷第503—523页上载有一份完备的目录。

中译文是根据赫茨费尔德编《梅尼克全集》（Stuttgart, Koehler Verlag, 1969）第八卷第三编第323—445页所载《德国的浩劫：思考和回忆》（Die Deutsche Katastrophe: Betrachtungen und Erinnerungen）一书的原

文译出的。翻译过程中得到中国社会科学院哲学研究所张文杰和甘阳两同志的鼓励和帮助,并此致谢。

原载《德国的浩劫》,梅尼克著,何兆武译,北京:三联书店,1991年

# 读 G. E. 史密斯的《人类史》

历史学著作通常大都是出自专业的历史学家之手。专业的历史学家又大都为自己的知识和见识的狭隘天地所局限，每每只会从小处着手，考订尽管入微，却不能从大处着眼，先立乎其大者；因而就免不了见树不见林的缺点。正所谓小事聪明、大事糊涂。

人是自然界的一部分，但很少有历史学家是能从自然界的高度和广度去审视宏观的人类历史的。在当代，反倒是有位小说家叫韦尔斯（H. C. Wells，1866—1946）的，写了一部《世界史纲》，曾以很大的篇幅描述人类的史前史，把人类史置于一个广阔的自然背景之下。而与此形成鲜明反差的却是那位鼎鼎大名的史学家，即以其罗马史而获得1903年诺贝尔奖的蒙森（T. Mommsen，1807—1903），当他目睹了古生物的化石之后，竟然不相信生物和人种的演化史，而认为那都是胡编乱造的谣言。"人之异于禽兽也，几希"。人大抵上也和禽兽是一样的动物。就其作为动物而言，他和禽兽并无不同之处。可是，举世之中又有几个历史学家是能从这一更普遍的角度去考察历史的呢？毕竟，"万物毕同而毕异"。不见其同，则无以认识其普遍性；不见其异，则不能认识其特殊性。只有把握了其全部的同与异，才能窥见历史的全貌。历史的主人是人，这里的"人"是有血有肉的活生生的人，而不是某种抽象的人的概念。然而到了某些历史学家的眼中和笔下，活生生的人却被抽掉了血和肉，变成了某种没有生命的抽象概念的化身。要写活人的活生生的历史而不是进行空洞而虚伪的说教，则必须是从活泼泼具体的自然与人生出发。

这里所说的这部《人类史》的作者 G. E. 史密斯是英国出色的人类学家，他不是以流俗的政治伦理的抽象概念来观察人类历史，而是从自然史与社会生活的具体现实来考察和论述人类历史的，故而能在流俗的林林总总的历史著作之外，向一般读者提供一部别开生面的历史著作，从人类文明的深层背景看到了为流俗的历史学家所未曾梦见的一幅历史画面。本来,历史乃是现实生活的表现,决不应该只是某种虚伪的道德说教或抽象概念的体现,活泼泼的丰富多彩的历史演出,绝不应该只归结为干巴巴的空洞的教条。但是缺少了人类学和民俗学的眼光,历史著作就必定只能沦为空洞的说教而远离了历史学求真、求实、求是的根本要求。人之异于禽兽者几希,正是这"几希"使人类产生了文明,从而脱离了他的其他兄弟物种的自然史,而成就了他自己的独特的人文史。由此,人类就和自己的兄弟物种分道扬镳而有了自己独一无二的文明史。其他一切物种依然只受着自然律的支配;而人类则在此之外与之上,同时还始终受着人文因素的支配。这就构成了人类史的一阕独特的二重奏:一方面他要受自然律的支配,所以就不可能违反自然及其规律;但是同时另一方面,人文动机或人文因素已使他成其为对自然的一种异化,或者使用德国学术界所惯用的一个名词来说,研究人文现象(它的表现即历史)就成其为与自然科学相对而言的"精神科学"(Geisteswissenschaft)。遗憾的是,能从这一两重性的高度着眼进行历史研究的,为数委实是太少了。这或许是我们读一些流行的历史著作时,每每感到不能餍足的原因。

　　读者可以看到这部《人类史》是从原始人讲起的,但只讲到"希腊的光荣"为止,而从"罗马的伟大"以降竟然不着一词。难道说,中世纪和近代都不属于人类历史的范围么?对此,我的理解是:人文精神——正是它,才使得人类史成其为文明史而有别于自然史——就在自动地而又自觉地异化于自然界。由此便有了确切意义上的人类史。文明由此而产生,而到了希腊古典文明时代则一切人文的要素均已灿然大备,从此人类的历史就走上了文明的不归路。这个取向及其途径是义无反顾的而又无可逆转的。哲学家康德认为天意一旦创造了人,同时也就把自由赋给了他,从此之后人的历史就是人的自由创造的事业,天意就再也不插手加以任何干预了。人文史的开端究竟是自然史止步的地方呢?抑或仍是自然史的一部分(尽管是其中异化的一部分),二者并行而不悖、殊途而同归呢?对此要给出一个能够自圆其说的答案,则非有人类学、历史学、哲学、比较文化学等多方面的知识与洞见不为功。本书作者不失为有资格对此给出一份自己的答案来的学者之一。当然,认识是不断进步的,没有任何一个答案可以被认为是,或者自封为是万世不变的金科玉律。不过,凡是经过认真研究和深入思索而得出来的见解,总会有助于丰富我们的思想和认识。

本书问世距今已有七十多年了,书中的论点自然有若干已显得过时,随着人们认识和观点的进步,已不再为学术界所普遍认同了。但即使是如此,也仍然应该承认:具体论点的正确与否是一回事,而作者的思路和方法是否有其有价值的成分,则又是另一回事。我想即使是不同意本书作者的某些具体论断的人,大概也不会不同意作者的思路和论断有其有价值的合理成分。本书是供普通读者阅读的,然而一个普通读者读后所受惠于其中的思路和观点的,也许并不亚于一个专业学人的读者。本书在序言中就确切地界定了人类文明史所具有的自然意义的与人文意义的两重性。文明乃是两者的统一,而不是两者的分裂。这就是确切意义上的人类史,亦即人类文明史。作者就是通过自然史与文明史相统一的这一角度来探讨和理解人类史的。按作者更准确的说法,这种意义上的人类史研究乃是一切科学和艺术的唯一目的。人是历史的中心和重心,人类史所研究的就是自然史与人文史相统一的历史。用通俗的话来说,研究历史也就是要理解人,理解活生生地生活在物质世界中、同时也生活在自己心灵世界中的人的这种两重性。学无止境,认识和理解也是无止境的。尽管本书某些论点可能已为当今学术界所不能同意了,尤其是他那文化起源的一元论见解。因为目前学术界广泛认同的见解是:不仅各个民族的文化起源可能是多元的,就连同一个民族的文化,其起源也可能是多元的。更何况人类学以及其他学科一个世纪以来又有了多方面突飞猛进的发展。但本书的价值却并不因此受到根本性的损害。不同的观点和见解有助于我们自己认识的深化和境界的提高。本书对大多数读者来说,其启蒙的作用也许更远甚于它作为一种结论的价值。人是一个整体,历史也是一个整体。为了方便起见,我们固然无妨从不同的专业技术角度着手某一片面的研究,但某一片面的研究最后总需归结到一个全面的理解。只有达到这一点,才可以称之为有了某种对历史的理解。

18世纪诗人布莱克(William Blake,1757—1827)的名句有云:

> 一粒沙里看出世界,
> 一朵野花里见到天国,
> 把无穷放在你的手掌里,

>永恒在刹那间收藏。

这是诗人在驰骋他的想象,发抒他的宇宙幽情。但是一个历史学家、一个人文学者是不是也应该同时是一个"振衣千仞岗,濯足万古流"的诗人呢?因为归根到底,他对人生的领悟之基于其诗人的感受更有甚于其基于逻辑的分析,他对生活的体验更有甚于他的技术性的操作和推论。本书的贡献恰在于它提供了新颖的观察角度,从而开辟了新的视野和新的思路。习惯于阅读传统历史著作的人可以从本书领会到一种新的观察角度和思想方式,如若不然,就不免如作者所说的"不能清楚而公正地考察各种不合人之常情的观点了"。而任何学术上的真知灼见,表面上乍看起来往往总是会显得不大符合我们狭隘的日常生活经验中的常情的。

原载《博览群书》2001 年第 8 期

# 盖伦和他的《科技时代的心灵》

《科技时代的心灵》一书的作者阿诺德·盖伦(Arnold Gehlen)是当代德国著名的哲学家和社会学家。他于1904年1月29日生于莱比锡,就读于莱比锡大学,获博士学位;随后相继在莱比锡、哥尼斯堡(Konigsberg)、维也纳、斯培尔(Speyer)、亚琛(Aaschen)各大学及瑞士高等工业大学任教多年,晚岁于1976年1月14日在汉堡去世,享年72岁。盖伦一生著作宏富,主要的有:

《意志自由的理论》(1963,1965)

《国家与哲学》(1935)

《人——他的本性和他在世界中的地位》(1940)

《工业社会的社会心理学》(1949,1957年再版易名为《科技时代的心灵》)

《社会学》(1955)

《原始人与后来的文化》(1956)

《时间——图像》(1960)

《人类学研究》(1961)

《社会学与人类学研究》(1963)

《道德与超级道德》(1969)

《洞见》(1975)

作为当今西方哲学人类学的主要代表之一,盖伦继承了德国古典哲学(尤其是费希特)的思想传统,进而发展出一套功能学派的社会人类学与哲学人类学。作者在莱比锡大学就学时,师从当代哲学家杜里舒(Hans Dreisch,1867—1941)。杜里舒在20世纪20年代即曾被引入我国,这个名字对我国的学术思想界当不陌生。后来盖伦即继杜氏任莱比锡大学的哲学教授。盖伦的研究路数是从生物学和社会学的观点出发,对人类心灵做出一番新的哲学解释。在哲学上,他反对本体论和形而上学以及任何一种心物二元论和知行二元论;他力图结合米德(G. H. Mead,1863—1931)的实用主义(社会行为主义)、席勒(F. C. S. Schiller,1864—1937)的知识相对论与伊林格(Rudolph Ihcring,1818—1892)的整合主义(Integrationalism)、斯宾格勒(O. Spengler,1880—1936)以及海德格尔(Martin Heidegger,1889—1976)的文化批判哲学而建立起一套新观点。他的新观点大致是这样的:历史上起决定作用的因素并非是个人的价值而是体制的功能。对人的心灵的研究,一方面他反对使用自然科学的实验方法,另一方面又反对"精神科学"(Geisteswissenschaft)的"理解"方法。他认为,要解释各种社会文化的体制,就必须采用现象学的方法。人是社会文化体制的产物,故而起强大的、决定作用的乃是思想的力量而不是脆弱的生物本能,也就是说,人的生存状态更多的是有赖于并取决于社会的技术手段。这里指的是广义的社会技术手段,包括语言乃至神话都在内。人就是这样地创造出来了约定俗成的共同文化传统,而这一传统的环境就通过一定的体制而得以延续下来,于是便形成了国家、家庭、法律、经济生活,等等。正是社会文化体制才把自主性赋予了个人,因之使他得以参加到一个"秘密的协议"(entente sécrèt)中来。这便是社会文化体制的作用。所谓真理不仅仅是指通常人们所认为的"符合论"(即我们的认识与外在的对象相符合)或是"融贯论"(即我们认识的自身在逻辑上的融通一贯)的产物,而且更是体制这一传统所形成的习惯与信念的产物,——它尽管并不具备理性上的或实验上的论据,却并不妨碍其具有不容置疑的确凿性。正是社会文化体制才形成了人们的"指导思想"(idées directrices)和他们的行为,这是任何科学知识所无法取代的。

盖伦大体上是以颇为暗淡的眼光在看待现代文明的。他认为现代文明的特征乃是传统体制的解体并趋向于一种无政府状态的知识化(intellectuation)。物质生活水平不断地提高远远不是意味着人类的进步,反而是意味着在炮制永远不能餍足的欲求;——它是与人性中的道德义务背道而驰的,它包含着人们精神生活日愈庸俗化的危险,还会剥夺人们政治生活中的高贵与尊严。科学的日益专门化反而使得群众日愈陷入蒙昧状态,而世界的一体化则又导致人们日益丧失自己的独立与自由。因此,哲学的任务就是要指明这些衰落的迹象,并且能够挺身而出维护传统体制中种种"合法的"成分。盖伦的这些论点,无论正确与否,似乎都对当前正在经历迅速的现代化和后现代化历程的世界不失为一种值得思考的意见。同时,对于所有想要在哲学与社会科学之间重建密切联系的人们来说,他那种力图综合欧洲与美国双方思想理论的尝试,也不失提供了一个有趣的参照系。

在学术思想研究的领域中,有时候提出问题的价值并不亚于给出结论的价值。盖伦本书的价值或许更多的是应向此中求之。全部人类的文明史,不外是前后两大阶段,即传统农业时代的社会与近(现)代化的科技社会。前者基本上是静态的,无论是太平盛世还是动乱时代,一个人的终生乃至若干世代的延续,其生活环境与生活内容大抵是延续不变的。于是人类在几千年文明史的漫长过程之中,便逐步形成了种种固定的社会制度、行为规范、思想模式与心态。然而近代社会和以往几千年的传统社会大为不同,它是一个工业化的、技术的社会,而工业和技术是日新月异的;于是人类就不得不告别以往基本上是稳态的、常规的社会,而步入一个急剧变化着的社会。随之,人类以往备受尊敬的、习以为常的而且似乎是理所当然的种种制度、习俗、规范、思想、理论乃至感情和心态,也就被迫不断地要改变自己去面迎这种日新月异的挑战。但是人类文化生活在这些方面的改变,却远远赶不上而且适应不了工业技术的迅猛变化。现代人类文明社会的一切问题、一切矛盾和冲突,归根结底大都可以溯源于此。它不是人类文明某个方面(哲学的、艺术的、政治的、经济的等等)的危机,而是整个人类文明坐标系的危机。本书内容就环绕着这一中心论点而展开,作者在书中提出了不少自己的独特的见解。当然,对于这样一个带有根本性的问题,我们不必期待任何一部著作——包括作者这部篇幅不大的、简明扼要的著作在内——能够做出最后的答案。无论如何,现代化文明的内在矛盾及其所造成的现代人的心理失调和灵魂中的阴影,乃是每一个人文科学家和社会科学家所无法回避的问题。盖伦的努力或许有助于学者们对这一问题做进一步的思考和探索。

在所有物种之中,人类是唯一在知识上和技能上可以不断积累的物种,因此大体上人类的知识和技能就总是日新月异不断地提高。而其他一切物种则只能是简单地重复他们前辈的本能的生活,从零开始,所以无法提高。但是另一方面,人的道德情操或精神境界却是无从积累的;这方面,后人不会在已有的基础上不断提高,每一代依然是从零开始。于是人类的文明就出现了一场理性的分裂:纯粹理性(或工具理性)不断地在飞速前进时,而同时实践理性(或道德理性)却牛步迟迟永远都从原点上重新起步。毫无疑问,今人的知识是古人所望尘不及的;但是今人的德行也比古人高尚吗?我们似乎没有任何根据可以这样肯定。(例如,能说今天"满街都是圣人"吗?)是不是人类文明史就永远注定了是在这样一场理性的二律背反之中摸索着前进的呢?

原载《博览群书》2001 年第 2 期

# 原子、历史、伦理
## ——读《费米传》书后

### 一

早在20世纪初叶,爱因斯坦就从理论上论证了原子中蕴藏着无比的能量。随后在20年代后期,费米在罗马大学物理系从实验上证明了这一点。在20世纪群星灿烂的核物理研究星座中,爱因斯坦和费米堪称最为辉煌的两颗。有关爱因斯坦生平传记的中文著作和中译本已屡见不鲜,而关于费米的传记中文著作或译本尚不多见。由费米夫人劳拉·费米所写的这部传记以通俗的语言叙述了人类对原子的解密直至原子弹使用的全过程,颇便于一般非专业读者的阅读。同时她又以家庭成员的身份,记录下了诸多饶有趣味的身边琐事,使读者从一个侧面亲切地了解到一个卓越科学家的日常生活和情趣。这里随手例举几则如下。

故事一:1942年费米领导的研究小组在芝加哥大学网球场实验加速器获得成功。当晚恰值费米夫妇宴请小组的同人,每个与宴的客人来到他家的第一句问候都是:"祝贺你。"由于当时严格保密,费米夫人全然不知道实验的事。当她听到每个客人都向费米祝贺时,感到惶惑不解,就问客人祝贺什么?但所得到的,全是答非所问。如,有的客人王顾左右而言他,有的客人就含糊其词地说,费米不是很聪明能干吗?不该祝贺吗?来客中独有一位唯一的女工作人员伍兹小姐回答得十分具体。她悄悄告费米夫人说:他击沉了太平洋上的一艘日本主力舰。什么?费米远在芝加哥,居然击沉了太平洋上的一艘日本主力舰,当时还没有导弹,德国最早的飞弹V—1也只是1944年才从西欧打到英伦。费米夫人疑问道,难道是发明了激光武器(即第一次世界大战时被称为"死光"的)?

故事二：战时参与原子弹研制工作的重要科学家,每人都配备有一名保镖。在阿拉莫斯时的一次假日,费米想去郊游,但是战时汽油配给限制是极为严格的,非因公得不到批准。这使费米犯了难。此时他的保镖鲍迪诺就自告奋勇向费米说：你去郊游是因私,按照规定不得配给汽油。我的任务是随时随地跟踪保护你。我伴随你,无论到哪里去,都是因公。于是鲍迪诺以此为由,正大堂皇地因公领了汽油,费米也就顺便搭乘了鲍迪诺的车子。

　　故事三：战时参与原子弹研制工作的每个科学家都须使用一个假名。康普顿在芝加哥,他去西部阿拉莫斯基地时用一个假名,到东部时另用一个假名。一次在飞机上,空中小姐问他的姓名,他揉揉睡眼望着窗外,反问说："我们现在是在什么地方？"因为在东部和西部,他各有一个不同的名字。

　　原子裂变的成功使得人类第一次掌握了太阳能以外的能源。在此之前,万事万物都是要靠太阳的；但自此而后,万事万物就不必非再靠太阳不可了。从此人类也就可以和太阳分庭抗礼,也可以说是人类对于上帝恩赐的一种挑战、一种背叛。但是上帝是一个骄横狂傲的上帝,他不能容许人类和他抗衡,他要惩罚人类。人类凭什么和他较量？就凭知识。知识是禁果,吃了禁果,人就可以和上帝一样高明。因此在各个民族的古老传说里,知识都是被诅咒的。仓颉造了字使得天雨血、鬼夜哭。普罗米修斯偷了天火给人类,所以被缚在高加索山顶上,长年受巨鹫的啃啮。人类的祖先亚当和夏娃吃了禁果,从此被逐出乐园,"满面流汗、终生荆棘",连累得我们这些子孙都要背负着永恒的原罪。看来知识就是罪恶,而知识的承担者也就理所当然地生来就犯有原罪。究竟核能这种人类空前的大知识,会不会带来人类空前的大灾难？——这就只好有待历史来作见证了。

二

　　说来像是讽刺,对第二次世界大战研制原子弹贡献最大的两个人都来自法西斯国家。爱因斯坦来自德国,因躲避法西斯的迫害,1933年移居美国(普林斯顿),1940年归化入美籍。费米是意大利人,最初的贡献也是在意大利做出的,曾在意大利被吹捧为是法西斯主义在科学上的胜利。费米本人早就对法西斯心怀不满,1938年他趁被授予诺贝尔奖去瑞典领奖之际,由瑞典转赴美国,不再返回意大利。第二次世界大战中他是以敌侨身份参与原子弹研制工作的。5年以后,他才归化入籍,取得美国公民身份。

1939年秋第二次世界大战在欧洲爆发,此时德国科学家哈恩和迈特纳在德国境内以慢中子轰击铀已获得成功。这个消息促使在美国的几位核科学家敦请爱因斯坦出面写一封信致罗斯福总统,促使他注意原子弹可能发展的情况。这封信已成为一份重要的历史文献,本书中载有原信的影印件。罗斯福总统决定立即着手进行,于是原子弹的研制计划由此正式揭开序幕。工作场最初设在芝加哥大学,代号为"冶金实验室",由费米主持这项与人类命运攸关的实验。自持链式反应实验成功后,实验基地与工作场迁至新墨西哥州的洛斯·阿拉莫斯沙漠区,代号更名为"曼哈坦计划",移交给军方主持,由格罗夫斯少将负责组织工作,奥本海默负责科学工作,仍由费米负责实验工作。

1945年6月16日在新墨西哥州的沙漠里,成功地爆炸了人类历史上第一颗原子弹。制造工作紧锣密鼓地加速进行。8月6日由一架B—25超级空中堡垒型轰炸机在日本广岛上空投下了第一枚用于实战的原子弹,当量为20000吨TNT。当时的重型炸弹一般为一吨左右,故在火力上大致相当于20000枚重磅炸弹。广岛受害人数为16万人,全城的3/5完全毁灭。8月8日苏联对日宣战,出兵我国东北。8月9日第二枚原子弹又投在了长崎。8月14日,日本公告接受波茨坦宣言,9月2日日本在东京湾的密苏里号战舰上签订了投降书。

究竟在多大程度上,原子弹的投掷加速乃至决定了日本的投降?这个问题众说纷纭,迄无定论。有人(包括有些科学家)认为,德国既已于5月7日签署投降书,形势所趋,盟国的胜利大局已定,日本的战败指日可待,已完全没有使用原子弹的必要。否则,还很有可能在政治上产生消极的影响。美国军方则持另一种态度。他们的估计是:如不使用原子弹,战争还要继续一年以上。此时已做好计划,准备次年(1946年)在日本本土的九州、四国登陆,但鉴于太平洋塞班、硫磺各岛攻防战的损失重大,所以估计美军尚须付出死伤100万人以上的代价。投掷原子弹便可以(而且确实是)提前结束战争,减少数以百万计的美军伤亡,还不用提日本军民可能为数更大得多的伤亡。持此说者还有史料方面的根据:当日本最高当局在最后关头和战不定之际,是天皇一纸诏书最后拍板定案的。天皇的诏书中说:最近敌人方面使用了一种新型炸弹,为了减少人民的牺牲,所以我决定停止战争云云。似乎由此可见,原子弹是在最后起了决定作用的。按我国20世纪40—50年代的说法,则红军出动是击败日本的决定因素。近年来的说法则是:中国是击败日本的主力。看来这个问题恐怕还要争辩下去,一时难以遽下定论。不过其间曾涉及的一个争论之点似应一提。

原子弹是大规模的杀伤武器,遽然使用,很可能引起人们思想情绪的强烈反应和反弹。因此有人建议,应该事先向日本或者向全世界发出一个警告,并在无人区做一次示范表演,使日本和全世界都了然于它的威力。假如日本仍不投降,再来投掷原子弹,就在道义上更可以说得过去了。这看来是一种更稳妥的、也是更有风范的做法。然而当时的美国陆军部长史汀生——此人在胡佛总统期内任国务卿,对九·一八事变曾提出过以他的名字出了名的所谓史汀生"不承认主义"——事后所写的回忆录则是说:当时原子弹成功与否,尚无完全把握。如果事先作出警告而临场却未爆炸,就不免贻笑世人,成为一场笑柄了。所以这一建议终于未被采纳。史汀生的回忆又说:投在日本的两颗原子弹,乃是当时美国武器库中所仅有的两颗。如要再投,尚需加工赶制。日本当时并不知道这一点。不过他又进一步解释说:促使日本投降的,并不仅仅是那两颗投在日本本土上已经爆炸了的原子弹,而是还有必将继之源源而来的千百颗原子弹,是这个可怕的前景,促使日本决定投降的。史汀生的这一番解说,看来似也颇为言之成理。大势所趋和人心所向,日本的战败固然已经无可怀疑;但是原子弹究竟应该使用与否及其利弊得失,仍然是当代史中一个议论不休的问题。

三

留给后世的更严重的问题,是一个伦理问题。广岛一颗原子弹消灭了16万人,绝大多数都是非武装的平民。日本有不少人谈到此事,至今耿耿于怀,愤懑难平。不过,可以反问一下,假如是德国或日本当时已领先掌握了原子弹,难道就绝不会使用它攻击对方了吗?恐怕未必吧。1940年夏,法国溃败投降。同年秋的大不列颠之战中,德国入侵英国(所谓的"海狮计划"付诸实施)已迫在眉睫;当时的英国做好了准备,一旦德军入侵,就毫不迟疑地使用毒气。使用毒气是违反人道的,第一次世界大战后国际上已同意禁止使用。但是古今中外任何一个政权或当权者,面临自己的生死关头,大概唯一考虑的就只是自己的存亡,而绝不是什么人道或人民的生命。第二次世界大战后,纽伦堡国际法庭审判德国战犯,许多战犯都被控犯有反人道罪,即在战时杀害过无辜的平民。而多数被告者的辩护词几乎照例是:在战争中,残酷的行为是不可避免的。后来1954年,德国总理阿登纳访问莫斯科,与苏联领导人会谈。会上苏联领导人赫鲁晓夫、莫洛托夫等人就指责德国战时的残暴行为。阿登纳回答说,任何战争都是免不了残暴行为的,红军进攻德国时也曾有过残暴行为。这个说法当即受到赫、莫诸公的严词驳斥;他们强调指出,最根本的要害是:双方是在进行两种性质不同的战争,一方是正义的,另一方是非正义的,绝不允许混为一谈。大概人类有史以来,从没有任何战争是绝对不曾伤害无辜的。其间的界限应该怎么划?是不是目的就可以辩护(justify)手段,乃至可以走到只问目的、不择手段的地步,像是马基雅维里所主张的;抑或,你不能用一个坏手段达到一个好目的,只有手段是正当的才能辩护目的是正当的,像是洛克所主张的。

  热核武器诚然是威力要大大超过传统武器,但二者并没有性质的不同,都是要杀害人的;正如在历史上热兵器的威力要大于冷兵器,但二者的性质是一样的,其功用并无不同。1937年日本侵华并没有配备核武器,但是只用热兵器和冷兵器(例如代表大和魂的军刀),仅仅南京一座城市就屠杀了中国人民30万之众,那数量远远超过了广岛原子弹之下的无辜受难者。简直无法想象,根据什么尺度,南京大屠杀就比广岛原子弹来得更仁慈一些。中国人会觉得奇怪,为什么有些日本人一提到广岛就耿耿于怀,却不肯也同时提到南京大屠杀呢?是不是人类普遍的行为准则就是:只看到别人身上的错,而看不到(像《福音书》中所云)自己眼中的刺呢?严于责人而宽于恕己,大概是人性的普遍弱点,是难以根除的。使用核武器屠杀无辜者,固然应该是受到谴责的,但是难道用常规武器、冷武器乃至不用武器而杀害无辜者,就是可原谅的而不该受谴责么?

发明原子弹是少数专家的事，费米小组最初在罗马只有三五个人，到芝加哥后组织扩大了，但即使最后到阿拉莫斯研制成功，真正了解并参与机密的也不过为数寥寥的少数人。其余的工作人员乃至科学家们的眷属，根本就不知道他们做的是什么性质的工作，是为着什么一个最后目的。然而原子弹一旦出世之后，它就不再是少数科学家的事了，而是成为关系到全世界数十亿人民的命运和人类前途的大事，其中也包括各个国家的核专家和当权者在内。尽管绝大多数人都不懂得原子的奥秘，但那奥秘却又和每个人的命运息息相关。20世纪的20年代，西方有一批年青的核物理学家聚集在德国哥廷根大学，过着清贫却富有诗意的学院生活，围绕着像玻恩这样的大师，满怀热情在探索原子的奥秘，费米也曾经是其中的一个。30年以后，时移事去，原子弹已经爆炸，第二次世界大战亦已结束。接着50年代初，一场麦卡锡的歇斯底里席卷了美国大地。连原子弹计划的主持人、战后任原子能委员会顾问委员会主席的奥本海默本人（他战时是支持对日本投掷原子弹的），在这场浩劫中也未能逃脱厄运，被牵连进了所谓的反美活动，受到政治迫害。主持制造原子弹的人，从而深深左右了世界上亿万生灵命运的人，到头来却不但掌握不了原子弹，也掌握不了自己的命运。这真是一幕悲剧，使人无法不沉思人类的命运究竟往何处去？

早在1945年8月，几乎在人们沉溺于胜利最初的一阵放歌纵酒的同时，就听到有不同的声音，在社会上、也在科学家们中间出现了谴责的论调，认为原子弹乃是人类道德的沦亡。科学家们在战争情绪高涨的年代里，纷纷走下大学讲坛去直接从事更实际的战时工作，为争取胜利而奉献自己，——这难道有什么不对吗？然而应该想到，武器归根到底并不是掌握在发明它的人们的手里，而是掌握在当权者的手中。谁能保证举世的当权者之中就绝不会有一个野心家，在狂热之中或在绝望之中，不惜孤注一掷以求一逞呢？谁又能保证原子秘密永远不会扩散，除了现有的核国家而外，就再不可能有别的国家加入到核俱乐部里来呢？科学家们忧心忡忡地想到这一点时，也曾提出过要成立一个国际管制委员会的建议。但费米不肯在这个建议上签名，他认为它太不现实，是实现不了的。确实，这个建议始终也没有实现。核裁军半个多世纪以来始终也只停留在善良愿望的口头阶段上。第二次世界大战以后的半个世纪里之所以没有发生核战争,或许是因为核威慑的力量制止了人们的轻举妄动(有如某些理论家所断言的那样),也或许是因为——这要感谢上帝了——手里掌握了核武器的人(毕竟人数不多,至今全世界也只有5个核国家)并不想打一场核大战;而不惜乃至一心想要动用核武器的少数战争狂人,手里却又没有掌握核武器。如果是由于前一种原因,那实在是一种太危险的势力均衡了。有朝一日这种均衡一被打破(任何均衡终究是不断要被打破的,不会永世长存),人类的前途将不堪设想;更何况随着不可避免的核扩散,终究无法保证核武器就永远不会落入战争狂人、野心家、冒险家之手。已故的法国戴高乐将军对这一前景是悲观的。他认为武力不比金钱,一个守财奴的手里积累了大量钱财,可以永远都不去花费;但是手中积累了巨大武力的人而永远不去加以使用的,历史上尚无先例。

费米1901年生于罗马,1924年获意大利比萨大学博士学位,1927年任罗马大学物理学教授。在柴德维克发现了中子的基础之上,费米钻研原子核的构造,发现了多种同位素以及慢中子活动增长的现象,并首先使用了水和石蜡作为缓冲剂。1938年费米获诺贝尔奖,借去瑞典领奖的机会转道去美国,任哥伦比亚大学教授;第二次世界大战爆发后,去芝加哥大学领导建造第一座原子反应堆,随后去洛斯·阿拉莫斯领导研制原子弹的工作。战后,他重返芝加哥大学,同时兼任原子能委员会顾问。奥本海默事件发生后,他曾出面为奥本海默辩护。1954年这位被认为是伽利略以后意大利最伟大的物理学家死于癌症,春秋五十有三。

写这篇短文时,恰值在电视上看到放映一部旧影片《攻克柏林》,其中有德国庆祝希特勒50寿辰的历史记录镜头,半个多世纪以前的历史场面又一幕幕地呈现在眼前。今天我们大多数人固然不相信希特勒了;但是如果不理解当年那么多德国人的那份狂热,简单地斥之为发疯,则恐怕对于历史和人性的理解仍有未达一间。这就又回到一个老问题:人类的历史是在不断进步吗?从物质文明方面来看,那答案应该是灼然无疑的。人类的物质文明,一代胜于一代。今天的物质文明,比起仅仅半个世纪以前的第二次世界大战时期,又已不知高明了多少。1940年大不列颠之战,英国所用以抗击德国空军铺天盖地而来的狂轰滥炸,也不过只有当时最先进的800架飓风式和喷火式战斗机,其航程不过600公里,速度每小时只半个多马赫。而不到40年之后,英法合制的协和式巨型客机已经是以每小时两个马赫的速度横渡大西洋了。

  可是,在精神文明方面,人类的历史也是在不断进步吗?能说人们今天的精神境界比起半个多世纪以前的第二次世界大战时期(如1937年中国的举国抗战,1940年英国的大不列颠之战,1941年苏联列宁格勒的围城),比100年前、1000年前、甚至上溯到无怀氏之民和葛天氏之民的时代,就更为高尚了吗?恐怕没有人能给出一个肯定的答复来。剩下来的唯一借口也许就是:我们必须把恶认为和善一样,也是历史进步必不可少的条件(像是康德所论证的那样)。也许人类的命运就注定了总是卑鄙和高贵、血腥和圣洁、圣徒和敌基督者、人道和反人道双方不可分割地构成一个统一整体。片面地强调道德理想而全然不顾生活现实,固然未免是"迂远而阔于事情";但片面地强调生活现实而无视道德理想,也未免短见而未能把握历史和人生的全貌。人活着总是要吃饭的,但人活着又不仅仅是吃饭而已。人这个物种之异于禽兽就在于,他毕竟是有一点精神的(好的和坏的)。没有精神的追求,也就没有人类的历史。

  知识就是力量。但力量究竟被引向何方,是造福人类,还是为祸人类?这却不是知识本身、因而也就不是科学本身的事了。在这种意义上,知识不是德行,也不能等同于德行。知识是要由德行来引导的。可是德行又由谁来领导呢?据说人类和其他物种不同,人类乃是智人(Homo sapiens)。知识是力量,但不是智慧。但愿原子弹出现在人类历史上这件大知识,也能对人类的大智慧给以启迪。

原载《史学理论研究》1997年第3期

# 读杜兰《世界文明史》

## 一

在近代,我国读者正面了解西方史,应该说是很晚的事。戊戌变法时期,康有为进呈光绪皇帝御览的书目中,和俄国大彼得政变记与日本明治维新考夹在一起的,还有一本马垦西的《泰西新史揽要》,大概要算我国近代最早的(虽则也是极其蹩脚的)有关西方历史的知识了。真正有关的正面介绍,恐怕要从五四以后的新文化运动算起。就我个人印象所及,最早的一部应数梁启超老先生主持之下翻译的 H. G. 韦尔斯的《世界史纲》。韦尔斯是小说名家,而他的历史著作《世界史纲》却以其别开生面的宏伟架构轰动一时。他把人类历史上溯到古生物的世界,以大量篇幅描写了史前史,从而给了人们一幅自然史与人类史的全景画面,而与传统上言必称三代的"圣人制作"说相去甚远,从而使中国人学习世界史的,第一次把文明史的历程放在了一个科学的自然史背景之上。自此以后,一系列有关的书籍陆续出版,包括房龙、桑戴克、福雷代尔、海士、麦尔茨等人的著作。1949 年以后,又出版有苏联科学院多卷本的《世界通史》和近年出版的《剑桥史》系列,它们都是大部头的著作,都包括有颇为详尽的文明史和文化史的部分。至于文明史的专著,则有拉尔夫的《世界文明史》的中译本和杜兰夫妇这部《世界文明史》的中译本问世。

早在半个多世纪以前,杜兰就以他的《哲学的故事》一书不但蜚声西方,而且也为中国读者所熟知。20 世纪 30 年代,凡是稍微涉猎西方哲学的中国读者,几乎人人都看过此书,甚至于就把它当作是一本入门书。此后,杜兰夫妇自 1935 年起就开始着手进行一部大规模的《世界文明史》的写作,上自古代东方、希腊罗马,下迄 19 世纪拿破仑时代,共十一大卷,前后历时四十年之久,终于在 1975 年九十高龄时完成了这部大著。杜兰本来是以通俗浅易的文风擅场而引人入胜的,但这部大著深入浅出兼有一定学术的深度,数十年来在西方风行一世,它的读者群不限于一般专业的学生和学者,而且也有大量历史学的爱好者。

读者或许有理由疑问,一部人类文明史,上下五千年、纵横八万里,其包罗之广与方面之多是一个人的力量所能胜任的吗?这里的答案是相对的。我们可以从两个方面看。一方面,任何一个人都没有可能做到真正把握世界文明史的全貌,巨细不遗。但是另一方面,对历史的理解最终需落实到个人(每个作家、每个读者)的心中。如果未能达到一种全景式的理解或者说整体的把握,那就终究不能说是理解了历史,而至多只是知道了有某些历史事件而已。知道有某一桩或若干具体历史事件的存在,并不等于就理解了历史。人们对于世界、人生和历史总是要追求一种全面的、整体的把握。人生是有限的,但又永远是在追求着无限;"世界无穷愿无尽"(梁启超句)正是人生的永恒特征。历史学家重构历史景象的工作说到最后总需落实到个人的思想认识上,所以历史书就总是要由个人来写。正是个人的思想在重建历史的生命。在这种意义上,只有个人修史才能写出有生命的历史著作来。大规模的史料集成需要有集体合作,但最后赋之以生命的则是个人自己的思想创造。在这种意义上,历史学的性质有似于艺术。此所以刘知几不赞成官家修史,而力主修史非私家不可。我们似可以从这个角度来评论每个历史学家的得失,包括这部书的作者杜兰夫妇。

精英文化与通俗文化之间并不存在一条不可逾越的鸿沟,——艺术上如此,学术上亦然。杜甫也作打油诗,司马迁也讲故事,那和通俗作品并没有什么两样。然而一般的西方史学家出于学院派的偏见,大都不提此书,认为是不入法眼的,如 20 世纪 80 年代出版 E. 布赖萨赫的《史学史》即是例证。其实,这部书的读者为数之众多是远远超过了一般历史学专著的。罗贯中《三国演义》的流行及其深入人心,是远远超过陈寿《三国志》的,但是在史学史上《三国演义》从来不曾占有一席地位。如果说演义是小说,那么试问正史又有多少内容是真实的呢?美国历史学会所编的《历史文献指南》倒是著录了此书,说它是一部"写得很好的通俗文明史",是"对世界历史一幅绚烂多彩的论述,重点是人物与事件",同时又说全书

"结构松散,虽引人入胜但深度不够",看来尚不失为持平之论。

## 二

既然杜兰此书介乎通俗与专著之间,也就不足为奇地要受到专业与通俗两方面的挑剔。专业学者认为它缺乏严谨的学术规范与研究力度,一般读者又嫌它卷帙浩繁难以卒读。以全书的布局而论,西方中心论固然是西方作家的通病,但本书十一大卷中分配给东方的仅有一卷,而对中世纪与近代的东方竟然不着一词,何况西方所谓的"黑暗时代"正值中国大唐文明的盛世,也是阿拉伯文明辉煌灿烂的时代。即以西方中世纪而论,其时间跨度也占三千年西方文明史的三分之一,而全书十一卷仅给了一卷即"信仰时代",比例未免不伦。不过作者叙述起来,仍能线索分明,使读者并无枯燥沉闷之感,倒也颇为难得。全书的比例失调尤其表现在一部世界文明史是以拿破仑时代而告结束的;最近两个世纪极为绚烂丰富五光十色的人类文明竟然付之阙如,难道作者也是那位福山的同调,竟然认为人类文明的进程就以法国革命的原则而告终结了吗?然而读者同时也在书中享受到种种动人的描述,例如在写十八世纪"日耳曼的雅典"(魏玛)的生活时,把当时的人物和具体的生活写得那么跃然纸上,甚至一般正史中不会提及的如演剧大师加里克、悲剧女王西邓斯夫人都一一展现在我们的面前。历史本来是有血有肉的人的具体生活,所以历史学就不应该是用抽象的概念进行说教。谁能再现具体人物的具体生活,就是成功的历史学家,否则就是失败的。作者的成功之处得力于他不是以任何抽象的、武断的教条向人说教,而可以说是颇有良史之风;他不采取任何的价值取向而能照顾到历史的全貌。例如处理文艺复兴,他就把重点同等地给予了教皇利奥第十、波尔查家族、达·芬奇和弥尔顿,放眼于广阔的文化背景而不局限于一隅,从而使得本书在介绍人类文明的全貌时——如习俗、风尚、迷信、巫术、图腾、塔布、复仇、贞操等诸多方面——有其特殊的优点,为一般教科书难以企及而成为全书最值得称道的特色。

这样一部带通俗性的著作是不是会有失于哲学的深度呢?作者确实没有着意于宣扬某种哲学或某种历史哲学。然而这并不意味着作者没有自己的见解或观点。一个历史家而没有自己的观点或见解是不可能的。

如果要指出什么是作者本人的历史观点和见解的话，或许可以说它无非就是一种普遍的人性论。他论证中世纪信仰时代时所流露的见解无非是要说：越是最神圣的时代也就越是人欲横流的时代。普遍的人性仿佛是一个常数，越是大讲特讲仁义道德和崇高伟大，就越是要有男盗女娼和阴谋诡计来作为补充。信仰与说教最高扬的时代，也正是道德极其败坏的时代。于是我们便看到文艺复兴那种道德风尚的堕落就正是对中世纪禁欲主义假道学的反弹。由于文艺复兴的人较之中世纪更为富有（物质条件），也更有知识（思想条件），所以就呈现出一幕人性大解放或者说人欲横流。作者对此的态度是：他只是加以说明，而并不加以褒贬。这就是文明史，是名副其实的人类文明史的历程。

作为一部在另一种文化背景之下所写出来的作品，本书当然和我们中国读者的立论与取向会有某些重大的不同，然而另外的坐标也有可供我们参考和批判的价值。一个人不仅是侧身于某一个时间、地点和社会，也还是永恒的人类大家庭中的一个成员，即一个"世界公民"。历史学家还必须教导人们从世界公民的观点去考察已往具体的历史。"世界公民"是18世纪康德和歌德就已引用的观念。考察问题不仅要从自己国家出发，也需放眼全人类。作者就这样去考察——比如说——罗马帝国的灭亡、整个古典文明的破灭，其原因何在？有人归之于外因，即蛮族入侵的结果，有人归之于内因，即古典文明自身腐化堕落的结果；又有人则说是内因外因共同结合作用的结果。吉朋则认为是基督教取代了古典文明的结果。但是基督教为什么取代了古典的异教文明，仍然需要给出一种解释。作者本人于此并没有指出是某种原因，他只是描述了事实过程，这似乎比指出某种原因更能启发读者的思路。一位有名的哲学家曾说过：人们由历史所学到的唯一东西，就是他们从不曾由历史学到任何东西。确实，历史上充满了那么多的愚昧和野蛮，但人们却又如此之健忘，竟致仍然一再犯同样的错误。同时，人们又总是怀着一种根深蒂固的不满现状的心态，总是眷恋着以往美好的太平盛世：文景之治、贞观之治、伯里克利时代、路易十四时代。美化前人或迷信未来，乃是人类天性弱点之所在。历史上盛世的幸福和美好照样也是充满了人间的丑恶和黑暗的。启蒙运动认为自己的理念不但对18世纪的法国是有效的，而且对千秋万世的全人类都是有效的。但是学习了历史，我们最好还是像伏尔泰笔下的坎第德一样地向自己说:"让我们还是好好耕种我们自己的园地吧!"

### 三

任何一部书只要有可取之处,就有存在的价值,人们不必求全责备,更何况是杜兰这样一部可读性很高的通俗作品。不过,读过此书之后仍不免感到有某些严重的不足。其一是前面提到的比例失调。其二是本书的体制每每是以个人概括时代。世界文明是全人类的共业,既包括精英文化也包括大众文化,既包括先进文化,也包括发展中的文化。须知西方文化领先于世界也只不过是最近四百年的事。怀德海在《科学与近代世界》一开篇就指出,公元1600年的西方世界在整体上并不高出于公元300年古典文明的知识水平。文明既是全人类的共业,所以一个人无论多么伟大总不可能就概括或者代表整个的时代。出席联合国的代表有一份正式的全权代表证书,他在法理上就是某个国家唯一的合法代表。但历史事实并没有这种意义上的代表。"以孔子或儒家为代表的中国文化",在历史学的意义上是说不通的。中国文化是一个综合体,不是任何个人或团体或派别所能代表的,而且事实上并不能,理论上也无权代表。然而本书作者的思路却径直以个人来概括时代,如伏尔泰时代、卢梭时代、拿破仑时代等等。以个人来涵盖一个时代的文明史会是偏颇的、不妥当的。

关于中译文也颇有可商榷之处。这样一部洋洋大著能有中译文问世,自然是值得称道的事。它无疑会嘉惠我国读者了解世界文明的历史。译文整体说来颇欠可读性,甚至染上了时下译坛上某些假冒伪劣工程的痼疾,形同学术骗子,大肆偷工减料、信口开河、生编硬造、错误百出。这类行径,居然号称是研究某方面历史的专家,岂不是误尽苍生。

或许由于本书译文不可能是出于一人之手,质量就显得参差不齐。有不少句子是佶屈聱牙令人难解的。随手举一个例子。书中讲到斯宾诺莎时,有这样一段中译文:"和讥其同类复顿挫之的酸楚斯威夫特同属的一类,成就了莎士比亚的戏剧……巴特农神殿因其耸立,西斯丁教堂堂顶为之藻饰,即使它钉以十字架,却仍理想且珍爱基督,人类已成就以上种种,且莫去辜负他。"(中译本卷8,页909)

我读了好几遍,不知是什么意思,怕是译者自己也不知所云。这不仅是译者的责任,主编和编辑怕也不得辞其咎。再举一例,书中讲到歌德时,引了《浮士德》最后那首有名的"神秘的合唱",最后一句话中译文作:

上苍有好生之德
辅我助我永无尽期(中译本卷10,页995)

按,原诗中这两句话的原文是"Das ewige Weibliche/Zieht uns hinan"("永恒的女性引我们上升")。"永恒的女性"一词已是家喻户晓的口头禅,一变而为"上苍有好生之德",实在是不伦不类、不知所云。今后再版,译文实在有仔细修订的必要,以免谬种流传贻误读者。

原载《中国图书商报》1999年6月

# 谈有关西方文化史的介绍

传统的历史学著作都是着重于写政治史,而于文化史则很少注意,无论中西,概莫能外。例如汉武帝伐匈奴应该算是古代规模最大的战争了。每一次战前都要做好几年的准备工作,养好十万、八万匹马,由大将军、骠骑将军率大军出云中、雁门,大体是经由蒙古、贝加尔湖、西伯利亚向西绕道中亚的草原和沙漠,由西域入玉门、阳关回国。且不说要进行的生死交关的战争,哪怕是和平性质的谈判,在古代的条件之下又是如何可能的?没有任何现代化的工具:交通和通讯、地理知识、粮草和装备的补给和运输,等等。一支十万、八万人的旅行团又怎么可能进行这样一场迢迢万里的大规模的旅行?我们现代人简直难以想象。可惜的是古代的历史学家(例如两位司马)都没有着眼于物质文化史而给我们留下多少材料。我们对此只好是凭自己的臆测了。

历史学家的视野从政治军事转到思想和文化上面来,在西方也是19世纪末叶的事。中国方面对世界文化史的了解,哪怕是一部初步的教科书,也要从19世纪的末叶算起。当时的广学会——这是一个由西方传教士在上海设立的出版机构,是最早传播西学的重镇,但也传播了不少糟粕——出版的书籍中有一本书叫作《泰西新史揽要》,作者是英国人麦恩西,原名《十九世纪史》。这是一本浅薄可笑、见解荒唐的通俗读物,康有为在戊戌变法前夕进呈光绪皇帝的阅读书目中就列有此书,因为当时还只有这样一本读物,可见戊戌时代知识储备的贫乏。要等到五四新文化运动影响,对西方文化史才有了更深一步的了解。是在那位思想异常敏锐的梁启超老先生的主持之下,人们读到了韦尔斯的《世界史纲》的中译本。韦尔斯是以作家的身份更有甚于历史学家的身份而享有盛名的。他的这部风行一时的巨著确实是眼界开阔、布局宏伟,令人有别开生面耳目一新之感。他不但能够放眼全人类的历史(这是至今也很少有专业的历史学家能够做到的),而且能放眼宇宙,把人类的历史作为自然史演化过程的一部分加以叙述,全书约近三分之一的篇幅是讲自然演化史的。在具体的事件和人物的描述上,他或许比不上专业的历史学家,但在为读者开阔广阔的视野上,却是专业史学家无法望其项背的。同时,此书又一扫专业史学家狭隘的政治斗争观点的陋见,而能重视人类文化活动的价值;例如,书中有专门篇章介绍了巴哈、莫扎特、贝多芬、舒伯特等古典作曲家的贡献,可谓为历来专业史学家的梦想不及者;狭隘的专业史学家是连科学家的名字都排不上队的,更不用说是音乐家了。然而,难道像贝多芬这样光辉的名字在历史上的地位竟然比不上同时代的塔勒兰和卡斯勒黑之流的政客的地位么?这里就表现出了一种博大深远的历史眼光。

在五四以后,20世纪30、40年代有几部介绍给中国读者的西方文化史是值得一提的。一部是梅尔茨的《十九世纪思想史》,原书四卷,1914年伦敦出版。此书内容丰富、体大思精,不失为一部优秀的学术著作,可惜在当时的中国除了对少数专业工作者而外,不太适合一般读者,所以虽有中译本却不为广大的读者群而熟知。另一部是戴克的《世界文化史》。此书的中译本一厚册,是一部通俗性的教科书,内容平易,颇为易读,被有的学校指定为参考书。书名虽然号称世界文明,实际上重点仍放在西方,这是一般西方著作的难免的通病。这一时期国内最流行的西方史教科书是海斯、蒙和魏兰三人合作的世界史一书。海斯和蒙两人还曾合写过西方《古代史》《中古史》和《近代史》,是当时各大学西洋通史的标准教科书,是文科学生必读的。另外,海斯还写有《近代欧洲政治社会史》一书,是中译本。随后,他在此书基础上又写了一部《近代欧洲政治文化史》,这是当时国内大学历史系学生必修课西方近代史的教本;此书共上下两大卷,上卷自文艺复兴至法国革命,下卷自工业革命到第一次世界大战。海斯的书,文字平易而流畅,条理清楚脉络分明,也有其思想和见地,例如他强调没有经济的民主就没有政治的民主,较第二次世界大战中罗斯福提出的"免于匮乏的自由"犹早十年。大约今天年龄较大的史学工作者,对于这部书都还是耳熟能详的。

1949年后,最初的世界史读本是中译本苏联科斯明斯基等人的三本通史教材,其中古代和中世纪都嫌过于简略,只是简而不明的中学教本。近代部分论述较详,从法国大革命讲起。但苏联作者在分期方面显得举棋不定。按五种生产方式的理论,近代史应该是资本主义时代的历史。然而这个"近代"应从什么时候算起?最初,是从法国大革命算起,因为法国大革命是资产阶级民主革命最典型的形态。其后,又改为从英国(清教)革命算起,因为英国是世界上最早最重要而又最发达的资本主义国家。但是英国革命早于法国革命一个半世纪,而这一个半世纪的历史书中竟然没有交代,仿佛英国革命之后继之而来的便是法国革命,显的颇为不伦。何况英法一水之汤仅 26 哩之远,两国政治社会发展的形态亦绝无相差 150 年之理。尔后,又认为尼德兰革命更早于英国革命,所以又把近代提前到尼德兰革命。按《资本论》的提法,资本主义生产方式的萌芽已散见于 15 世纪末意大利地中海上的各城市,到了 16 世纪的最初 30 年间正式登上了历史舞台。这样,近代史的开端就应该置于此时,那就和西方史学著作一般均置之于文艺复兴时代,恰好同时。

  近代有近代的好,不同于古代的中世纪传统的思想文化,较早的苏联教材在这方面着墨不多。等到中国读者读到苏联科学院多卷本的皇皇巨著《世界通史》时,中苏关系已经恶化。由于政治大气候的影响,这部巨著并没有像过去的苏联教材那样受到重视。尽管这部书也不免当时苏联所流行的一些教条与僵化的缺陷,然而无论如何它代表了当时苏联学术的水平,内容丰富,论述全面,不但体系完整而且能重视思想文化的历史地位,不像一般历史书籍只偏重政治经济而忽视文化。遗憾的是,苏联解体之后,有关当前俄国的学术思想动态国内介绍的太少了,使我们中国读者对于过去是那么熟悉的近邻和盟友,竟然变的是那么陌生。

  与此同时,西方的学术著作却在大量引入。能引入当然是好的,这有助于繁荣我们自己的学术。很难想象一个在思想文化上是封闭的国家,有可能在学术上置身于先趋的行列。当然,在这个过程中缺点又是有的,饥不择食或食洋不化大概就是一个显著的特点。一方面大量引入的并非都是精品,尤其是介绍者或翻译者由于某种现实利益的驱动,往往粗制滥造,缺乏严肃认真的态度;另一方面则是有些必要的基础还没有来得及打好,比如西方哲学的名著康德《纯粹理性批判》一书至今还没有一个可读的中译本就是一例。

  我以为就西方文化史的介绍工作而言,似乎应该双管齐下,一方面是介绍西方的基本经典著作(如康德的《纯粹理性批判》),一方面是介绍一些有价值的参考书、教科书或研究成果(如伯奈特、于伯威格、文德尔班、罗素和柯普尔斯等人的哲学史)。关于西方文化史的著作,即如上述海斯的《近代欧洲政治文化史》,虽非学术经典,但不失为一种风靡已久的入门教材,而几十年来竟然无中译本。近些年来在西方比较流行的希林顿的《西方思想史》,希鲁诺夫斯基、伦达尔、伯恩斯等人的著作,也未见有中译本。

最近看到了新出版的拉尔夫等人《世界文明史》的中译本上卷。这应该真是一部较全备的概括性的综述,但又正因为如此,在思想的深度上显得颇为不足。继此之后,能不能考虑一下把另一位伯恩斯(Harry Elmer Barnes)三大卷的《西方思想文化史》翻译出来,作为一部高一级的综合性的参考书,同时又希望能把更多更好的一些重要的原著和有价值的研究成果或学术著作逐步介绍来给一般读者和专业的研究者。选择要更精当一些,工作要更认真一些,这应该是对我们介绍和研究西方文化史工作的起码要求。

# 当代西学翻译与出版的病灶

## 近代史西学译介的两次高潮

我想,最早可追溯到19世纪末,即晚清,国人开始比较有意识地有目的地翻译介绍西学。一般认为"中学"是古代的东西,西学是现代的东西。19世纪末,中国社会开始了现代化进程,中国的思想、学术自然也要向现代化转型,翻译是第一步。那时主要是跟着西方的潮流跑,比如,因《天演论》等译著的出版,最早在国内产生影响的达尔文的进化论,当时在西方也很流行,不只是物种进化论,还有社会进化论。这可以说是西学译介引发的第一次思想震荡。当然最著名的译者就是严复了,严复是大师。

总的说来,那个时代的知识分子思想还很传统,比如,不使用白话文写作,严(复)译《天演论》等(后来商务印书馆出版有"严译名著丛刊"八种),都是用桐城派古文写就的,已经不符合时代发展的要求了。

那时中国面临的都是很现实的问题,严复在翻译的过程中添加进去很多自己的想法,夹议夹批,也不尽然符合纯学术的标准。还有一位译家,也是严复的老乡,叫林琴南(林纾),他的译法更原始,他不懂外文,就请别人给他讲,他来写。实际上,他是根据人家的内容,自己写了本书,他自称为"译述"。林纾的翻译是否忠实于原著,很大程度上取决于他的合作者。这些合作者中只有一个是比较好的,叫做魏易。

中国离日本很近,有一部分东洋留学生,从日文转手译介西学经典,多少带点儿日本气。中国离欧美都很远,因此,去欧洲和美国的留学生都很少,翻译的东西也就不多,这就有点偶然性了,碰到某一个人,读到某一本书,于是就翻译了,并不是有一个很全面的规划。我觉得一直到今天也还没有改变。比如说,我是搞哲学的,就没有看到这方面的大的规划,当然小的规划还是有的。但就不像西方,搞古典学的,搞古代希腊罗马的,很齐整,资料也很现成,他们有一套"洛布"(Loeb)丛书,把古希腊、罗马的著作都收齐备了,就像是我们的"诸子大全"。

接下来,西学经典的翻译与出版到五四前后达到了一个高潮,在开放观念的主导下,西方那些流行的理论和思想都被介绍了进来。五四的功劳还是很大的,当然也很不成熟,事物发展规律即是如此。

## 当代西学经典翻译与出版的病灶

到了20世纪50年代后,西学经典的翻译与出版,每个时期都有每个时期的热点。比如说20世纪50年代中国全面学习苏联,而且是整个照搬过来,所以,有一阵子苏联的文艺理论和作品是最流行的,但也只是几年的时间,很快这阵风就过去了。

令人遗憾的是,在这方面我们没有一个全盘的规划。译者也有点儿盲目,就像单干户、个体户,自行其是,自己喜欢什么,就译点什么。而且也没有一个专业资格审查,好像你只要认得哪国文字,哪国的什么你都能翻译。这是荒唐的。比方我也认得几个中文字,但你什么专业都来找我,什么原子能的、航空的、无线电的,那我根本就不懂,我最多认得那些个汉字,可那跟专业没关系,专业翻译必须懂得专业。我们也有外语学院,但那里培养的都是语言人才,缺点是没有专业,最近几十年,翻译界最大的问题就出在这里。

下面这个例子我可能言重了。我们国家领导人在会见外宾时,谈到"天赋人权",翻译就译成"by heavn",意思是"由上天……",这跟"天赋人权"的意思截然相反。稍微读一点历史的人都知道,天赋人权论是18世纪法国和美国革命的理论根据,就像阶级斗争是19世纪社会革命的理论根据一样。什么叫"天赋人权"呢?原文是"by nature","上帝赋予的",是否正好与原义南辕北辙?过去皇帝为什么有最高的权力?因为天子受命于天,是天给"我"的(即"by heavn"),中西方皆然。西方也是讲皇权神授,是上帝给予"我"的权力来管理"你们"。像这种基本理论完全搞错了,而且还是在重要场合,实在不应该。

我看过几部书稿,原著上根本就没有的东西,译者也硬给加上去凑数；有的则相反，图省事，简略掉了。比如，有本书上有一段景致描写，应该如实翻译出来的，译者偏一句"很漂亮"一笔带过。还有的错误百出，这些都是极不负责任的。解决这个问题，首先汉语要规范；其次，要忠实于原文。信笔就来，那你自己写本书可以，就不用译人家的了。鲁迅先生曾经提倡硬译，当然硬译也不合适，因为毕竟是中文，不能按外文的规矩来，可是，我想他那也是严格要求的意思吧，至少你的翻译不能跟原文完全对不上口径，自己胡编乱造。

还有一个奇怪的现象，讲到翻译，不问质量，只问数量，某某人了不起，译了几百万字了，某某人几千万字了，净论这个。老子《道德经》才五千言，那可评不上教授了。还有些考核规定必须发三篇文章，你管他几篇呢，就一篇（只要够分量）也可以嘛，你写个30篇（无用的），等于零。我们历史研究所也是一评的时候，谁谁谁多少万字，我开玩笑，照你这么一说，牛顿也评不上，牛顿的万有引力定律才几个字啊，写出公式来才几个字母，用语言来表述就一句话。还有就是，完全认牌子，要认定你在哪一级的刊物上发表的，照这么说，高级别的刊物，就只有好文章，没有坏文章了？反过来说，一个不起眼的杂志就不能登一篇好文章？我听说这些很生气。20世纪70年代，中苏论战的时候，有九篇大文章批评赫鲁晓夫，人称"九评"嘛，我们都学习的，那时候学习了差不多两年时间，后来出了一本书，人手一本。当然现在看来是毫无意义的，赫鲁晓夫也垮台了，苏联也解体了。前几年，我在《人民日报》上看见有人提到"九评"，说是"现在看起来，当时双方说的都是废话"。我们也说废话，他（赫鲁晓夫）也说废话，为这些废话，写了那么九大篇文章，订了那么一大厚本书，都是废话？……文章的分量也是要经过历史检验的。

有些单位规定，翻译不算学术成果，我认为也不能一刀切，得看翻译什么东西。假设你把马克思《资本论》三卷都翻译出来，怎么能不算学术成果？《资本论》不光是德文的问题，还涉及历史学、经济学等等问题，你没有那个笔力，你翻不出来的。我在社科院的时候，有人写了本《马克思论……》，把马克思的话摘那么几段拼凑起来，就算你的研究成绩？有人同我讲，量化好，便于统计。或许现在通行的办法可能操作起来最省事儿，但有时也过分得荒唐了。像我们单位招聘，要求都得是博士。博士就都好吗？不是博士就不好吗？后来因为博士太多了，又加了一个档次，叫博士后。博士后本来不是一个学位,现在也成了门槛了。美国基辛格国务卿到中国来,我们尊称他基辛格博士,现在看来也太低了吧,得是博士后呀!要是爱因斯坦到中国来呢?称呼他爱因斯坦教授?当然,学历也是一个参考数据,但是不能单论头衔。例如,我们学校的华罗庚、钱钟书都不是博士,但很有水平,年轻时就成了教授,本来就不需要嘛!

原载《中国图书评论》2010 年第 6 期

# 致孙开太同志书

开太同志：

你好。《中国思想发展史》①之英文本业已出版，曾托宣民同志奉上两部给你，想已邀览。顺便向你汇报一些该书的情况。

此书英文本列为外文出版社《中国丛书》之一种，为向国外宣传中国文化的系列丛书。上次给你看过的白寿彝《中国通史》亦为其中之一种，规格及印刷形式与此书完全相同。以往国外之讲中国者，率多为洋人所撰写，但洋人自有其洋人之背景，与中国人不同；而中国人撰写者，则又系针对中国读者，而非针对洋人者。此丛书之目的则既是由中国人撰写，而又为针对洋读者之著作；在中外文化交流史上尚属别开生面之创举。故我在动笔时，并非全系翻译，而是根据原书内容改写，以求符合上述之要求。外文出版社之要求为"provide an English vision"（提供一份英文本），而非要求翻译。故此书之英文书名已改作"An Intellectual History of China"（《中国思想史》），藉以表示已是另一部著作。内容方面则自古及今，越改越多。故除改变书名外，于扉页上亦已注明"Revised and Translated"（修订及翻译），表明非徒翻译也。如你所知，修改部分均是我们讨论和协商之结果。所以你填写报表时，作为翻译可，作为另一部新著亦可。如何之处，悉听尊便。记得过去曾和你谈过，我以为中国思想最为精粹之部分乃在先秦诸子百家。尊稿先秦部分既高屋建瓴又深入浅出，无愧为先秦灿烂辉煌之思想文化的最佳概括，嘉惠士林而贡献于学术界者，足堪为弘扬祖国文化之大业增光。

---

① 《中国思想发展史》由何兆武、步近智、唐宇元、孙开太四人合著，中国青少年出版社1980年出版。由何兆武执笔的英文版为：*An Intellectual History of China*，revised and translated by He zhaowu, Foreign Languages Press, 1991。

至于何以降及近代,中国文化与世界文化的先进水平差距日益增大。我以为主要在大一统政权必然要统一思想,而思想统制、定于一尊,最足以戕害文化之生机与创造性,固非仅以中国为然也。古希腊之诸子百家蔚为人类文化史上之奇葩,降及罗马帝国之大一统,皇权神化,政教合一,遂使思想文化奄奄一息、了无生气,再降及中世纪之神权大一统,循至造成历史上之"黑暗时代"。及至文艺复兴,神权专制之大一统破灭,思想文化始重新出现曙光。时贤每每称道秦皇专制主义之统一,似乎凡统一必好,使我不禁忆及1933年(我刚上初中),蒋介石来北平,曾宴请各界名流,吴佩孚亦被邀与宴,被蒋奉之为老前辈。吴致酒曰:我和蒋先生可以说是同志,蒋先生是主张武力统一中国的,我也是主张武力统一中国的,蒋先生可以说是实现了我的理想。然则,统一之于吴佩孚或蒋介石,又有何进步性可称道?近代德国原为各邦分裂,俾斯麦之统一只是初步,要到希特勒才真正统一。统一于希特勒又何足称道?法西斯统治下,迫害异己,人莫予毒,循至两位当代原子科学之先驱爱因斯坦(从理论上论证了原子分裂释放能量之可能)、费米(从实验上实证了这一点)均被迫流亡美国,遂使美国造出了第一枚原子弹。号称站在了马克思主义经典作家科学高峰上的某些当代四人帮史学家们,却满脑子封建大一统的观念,醉心于讴歌秦皇暴政而不疲,抑识见之何其浅陋也?鄙见如此,未审以为然否?

此函便中并请转步、唐两位过目为感。

即颂

年禧

兆武顿首<br>12月18日

# 记《中国思想发展史》阿拉伯文译本的出版

1976年"文革"后期,中国科学院历史研究所、中国思想史研究室步近智、唐宇元、孙开太三位先生合写一部简明中国思想史,也邀了我参加。两年以后,这项工程完成,由中国青年出版社出版(1980年)。随后此书被外文出版社发现,认为它适合于列入他们中国文化丛书的系列,向国外介绍我国的文化。他们已经出版了好几种这类的书,都是列入这个系列之中的;于是便征求我们的意见。我们自然也表示愿意参与其中,于是,便由外方出版社动手从事将此书翻译为英文。

不意不久之后,他们又通知我们,他们翻译不了此书,只好请我们自己动手翻译,否则的话,就难以出版了。据我个人猜测,我们的外语教学往往是只重外语而不重(或不懂)专业,而外文本身并不能代替专业知识,所以也就往往不能胜任涉及专业知识的翻译工作。本书的三位作者,作为解放初期的在校学生只学过俄文,却又不久即由于中苏交恶便终止了对俄文的学习。故而他们这一个年龄段的人大抵都不识外文。这对于一个现代的学人来说,自然未免是一种损失。我的年龄较大,所以略识英文,故而他们便推我去承担此任。我过去虽然也曾译过别人的和自己的几篇文章且已出版,但是译整部的书为英文,这还是第一次,总不免心怀不安,但又找不到别人,只好勉为其难,不再推托而承担下来。随后几乎是用了两年的时间才完成这一任务。当年严又陵曾慨叹译事之难是"一名之立,踌蹰半月",何况我所经历的是反其道而行,要从本土的语文翻成域外的文字。例如"道"字,我以为译作 the Way 不妥,仍以 Logos 为宜。幸而完工之后交稿,居然还得到了出版社方面的好评。这是此书第一次译为外文(英文)的经历,已是20世纪80、90年代的事了。

时间又过了十多年,到了2003年6月我意外地忽然接到中国驻埃及使馆文化处的一封信,原文如下:

何兆武先生,您好!

  两个月前,埃及最高文化委员会恳请我处向中国新闻出版署达其计划将您的作品《中国思想发展史》一书译成阿拉伯语并希望免费征得版权一事。相信此事您已经听说。日前,我处接到新闻出版署来函,建议我处就版权问题直接与您本人联系。故此贸然给您写信,请见谅。

  经我们了解,该委员会委托埃及爱资哈尔大学中文系主任阿卜杜·阿齐兹先生(此人曾经在华学习汉语多年,并获博士学位)负责翻译此书,且已翻译完毕。

  我处建议您同意将该书版权免费授予埃方,并译成阿文。此举有助于扩大您在阿拉伯世界的影响和知名度。

  望速复为荷。

  感谢您对我处工作的大力支持。

驻埃及使馆文化处 2003 年 6 月 19 日

  意想不到的是居然又有人从英译本翻译此书为阿拉伯文,当然我们也不会不同意。多少年来,欧美各国和日本都有不少学者在研究中国历史文化,其中包括大量的译著,仅《老子》一书,英译竟有数十种之多。但是有关阿拉伯世界在这方面的情况,限于我们的孤陋寡闻,有关他们对于中国文化的研究,我们却一无所知。这次还是我们第一次得知阿拉伯世界翻译中国当代的著作。其实,阿拉伯各国乃是一个极其广阔的世界,从大西洋东岸横跨北非,包括近东、中东各国直迄中亚的阿富汗和巴基斯坦。我们对于这部分世界的了解,就我个人而言,除了《天方夜谭》和冰心女士早年所译的阿拉伯先知的语录之外就再也没有看过任何一本有关阿拉伯的著作了,连《可兰经》都没有摸过,更不用说有关阿拉伯世界介绍中国文化的作品了。言念及此,不禁令人汗颜。

  意外的是,从此之后一连数年阿方竟然全无音信,而我自己也就一直没有把这件事放在心上。直至今年年初有一次我忽然忆及此事,遂写了一封信给驻埃及使馆询问此事。直到上个月我们清华大学计算系的王宏教授因公赴埃及,我国驻埃及使馆文化处才托他将此书带回国交给我,并随有一封信,才知道阿拉伯译本已于 2004 年出版,并转送给埃及开罗大学图书馆。

由于全书均是阿拉伯文,我们自然是一片茫然,全无所知。全书阿拉伯译文共达 769 页之多,附有引得。只是扉页下端有一行字如下:

EI Gabalaya St. Opera House,Elgegira,Gairo Tel:7352396 Fax:7358084

读者感兴趣的,或可与之联系。

原载《中华读书报》2008 年 12 月 24 日

# 辑 四

# "中学"与"西学"
## ——从李陵说起

### 一

《万象》2000年12月号载有李一航先生《幸亏只有一个李陵》一文,是作者阅过钟晶的新著《李陵》一书的读后感。钟书我尚未有缘阅读,无从评说。但李文却引发了我不少的联想:想到李陵,想到中国传统文化的心态,还想到有关伦理评价的一些问题。

从小就知道汉代有位李陵是个降将军,颇有玷于他的先人飞将军李广的盛名,即那位千载之下还被唐代诗人王昌龄所讴歌的"但使龙城飞将在,不教胡马度阴山"的飞将军李广。记得小时候,《苏武牧羊》一曲几乎是人人会唱的:"苏武留胡节不辱,雪地又冰天,寝草十九年,渴饮雪,饥吞毡,牧羊北海边。"没有听说过有人讴歌李陵的。大概为李陵作过辩护的,亘古以来唯有司马迁老先生一人而已。记得1937年抗日战争爆发后,大批人文学者和知识分子纷纷内迁,胡适和北大的同仁曾劝周作人南下,周作人复函,自明本志,说是希望大家把他看作是冰天雪地里持节的苏武而不是被俘降敌的李陵。周作人这位苦雨苦茶的性灵小品家,抗日战争不久就做了汉奸,却仍以自己是苏武而不是李陵自辩,亦足以见传统的价值观是何等之深入人心。中国文化的传统历来是只有断头将军而无降将军的。一篇《正气歌》所讴歌的正是张巡、许远那类"鬼神泣壮烈"的英勇不屈的斗士。至于历史上战败投降的将军,如洪承畴一流人,就连他们的新主子后来修史时也都鄙夷他们,特意为他们别立《贰臣传》,把他们打入另册,以示区别。就连征服者的满人,在这一点上也接受了被征服者的汉人的文化价值观。19世纪海通以来,连叶名琛那样昏庸颟顸的封疆大吏也还是对敌坚守"不战不和""不死不降"的原则。抗日战争期间,有个集团军总司令叫做庞炳勋的军阀,叛国投敌,国民党当局尚且出面为他粉饰,硬说这位总司令被俘时原是准备自杀成仁的云云。可见投降一举即使在一个腐朽政权的眼里,也是颇为不光彩的事。《古文观止》一书从前是人人必读的,其中收有一篇李陵的《答苏武书》,中学学国文时是必须背诵的名篇之一。此篇为赝品,早在宋代苏东坡即已指出过,那种四六骈文体的格调只能是"齐梁小儿为之"。不过那篇文字背诵起来,倒也不失为荡漾着一股悲愤填膺的怨气,似乎英雄末路也颇值得同情。千古以来为李陵翻案的文字流传下来的,大概仅此一篇而已。看来对这位降将军的定案,仍然是铁板钉钉子。与此相对照,还有一位降将军是大家耳熟能详的,那就是京剧《四郎探母》中的杨四郎杨延辉。1949年后,京剧《四郎探母》已经绝迹于舞台多年,那原因是此剧有为降将叛徒翻案之嫌。不过近年来这出戏又在舞台上大为走红。是不是其间也有胡适所喜欢引用的那句名言"理未易明、善未易察"的缘故在内呢?还是传统观念在现代化的大潮冲击之下已经褪色了呢?

降将军不只中国有,外国也有。第二次世界大战中就有个现成的例子。1941年12月7日,日本偷袭珍珠港,发动太平洋战争,打了英美一个措手不及。日本军队迅速席卷了东南亚和南洋群岛。当时在菲律宾的美军司令温赖特(Wainwright)中将节节败退,率众退守巴丹(Bataan),奋战至1942年4月9日,终于无法支持,举起白旗投降,他本人也被俘虏;后来日美双方交换俘虏,他才得以回国。温赖特回国后,在公开场合一露面,就受到成千上万群众像是迎接胜利归来的将军般地欢呼,这有当时新闻电影记录为证。尤为可怪——至少在中国人眼中觉得可怪——的是如下的一幕:1945年9月3日,日本在密苏里号战舰上签投降书,代表盟国统帅部签字的是总司令麦克阿瑟,代表美国签字的是太平洋舰队总司令尼米兹海军五星上将,而站在尼米兹身旁作为特邀代表的竟赫然是温赖特中将。可见不但美国民众,还有美国官方,都对这位降将军怀有何等崇敬的热情。这在我们中国文化传统所积淀的心态之中,怕是不可想象的事。既然已经英勇战斗过了,而且还打得很出色,那么在已经绝望的条件之下继续作无谓的牺牲就没有意义了。这种说法能够成为论证投降之举的正当性的充分理由吗?这仅仅是一种伦理价值的判断呢?抑或有其更为深远的文化心理的积淀呢？这种做法会不会产生消极的影响呢？无论如何,它在当时并没有对美国人民作战的热情造成消极的影响,那影响反倒是积极的。这显然似乎更加令人难以索解了。

## 二

一个多世纪以前,中国文化思想界曾经爆发过一场中学与西学之争的大论战,那实质上是一场保守与进步之争、守旧与维新之争。本来,所谓"学"("学术"或"科学")是只有正确与错误之分、真与伪之分,而无所谓中与西之分的。学术者,天下之公器也,并无所谓中西。几何学源出于希腊(或埃及),没有理由说几何学是"希学"或"埃学"。代数学源出于阿拉伯,也没有理由说代数学是"阿学"。别的民族一样可以学好几何学和代数学,甚至于比古希腊人的几何学或中世纪阿拉伯人的代数学来得更加高明。中国人历史上有过四大发明,但也不能说那就是中学,别的民族是不能有的,就是学也学不好的。任何学都不是某一个民族所能垄断的专利,所以没有理由可以挂上一个中学或西学或英学、法学之类的招牌。任何学是任何民族都可以学到手的,而且完全有可能青出于蓝。就"学"之作为学而言,本来无所谓中西。总不能说马克思主义是"德学",尽管马克思本人是德国人。不过,百年前的那场大论战却并不是没有意义的。在当时的历史条件之下,所谓的中学有其具体的内涵,所谓的西学也有其具体的内涵。当时的中学是指三纲五常,西学是指声光化电。"中学为体、西学为用"的具体涵义就是说:我这个君主专制政体的绝对权威是不能动摇的,虽则科学技术的用处也还是少不了的。及至后来,历史条件变了,再标榜中学、西学就没有任何意义了。在今天,你怎么界定中学、西学？难道西方学术就不研究伦理道德？难道中国学术就不研究物理学、化学？五四时期所揭橥的民主与科学两面旗帜已经是全人类共同的价值取向,其内容实质并不存在什么中西之别。然而一百年后神州大陆竟又掀起过一阵中学、西学之争,实在是叫人觉得有点不知所云了。难道时代竟然倒流,乃至我们又回到了一百年以前的思想认识的水平了么？

然则,究竟有没有中学和西学呢？也可以说是有的,但只能是限于在下述的意义上:即某些学术在历史上最初是出现在中国的,我们就简称之为中学;最初是出现在西方的,就简称之为西学。一种学术的出现当然和它的具体社会历史条件有关,但并不和某个民族有必然的内在联系。别的民族处于相同的条件下,也完全可能做出相同或类似的贡献。几何学也好,印刷术也好,帝王专制也好,仁义道德也好,莫不皆然。其间当然也有偶然的个人因素在起作用,但那无关乎本质的不同。所谓中学西学之分,不外是历史发展的不同,但其间并没有一条不可逾越的鸿沟。所有的民族大体上都要走全人类共同的发展道路。毕竟真理是放之四海而皆准的,其间并无中西之分或者华夷之辨。在学术上谈不到什么以夷变夏或以夏变夷,而应该是通常所说的"坚持真理,修正错误""取其精华,弃其糟粕"。这里并不存在任何先天注定了的本质之不同,像是吉卜林(R. Kipling)口出狂言所说的什么"东方是东方,西方是西方,他们永远也不能会合"。

  任何民族的文化或学术既是与一定历史条件相制约的产物,所以也就必然会随历史条件的改变而改变。这一点是不言而喻的。一百年前中学与西学之争的那一幕,到了五四就已经寿终正寝了。此后再继续这一争论(如"全盘西化"或"保存国粹"之类)就成了毫无意义的语句。不过在那场争论中以及在前几年再度被炒起来的那场争论中,似乎有一个根本之点却是往往被人忽略了的,没有受到应有的重视:那就是中西历史不同的具体背景长期以来所形成的中西文化心态之不同,也可以叫作"情结"的不同吧。上面提到的对降将军所持的态度不同,即是一例。又如恩格斯《起源论》中提到过日耳曼人比起古典的古代来,历来就比较尊重女性,也是不同的文化心态之一例。文化心态固然也不必一定永世长存,但它又确实是在漫长的时期内一直在渗透人们的心灵的,这也是不争的事实。与其浪费口舌纠缠一些假问题的无谓之争,何如认真地探讨一下具体的历史条件之下所形成的具体的心态这类真问题。长期以来历史教科书大抵是空洞说教的成分多,而具体的心态分析和解读的内容少;假如能跳出空洞的概念之争,进入实质性的心态研究,或许会更有助于我们理解历史,并能更公正地判断历史。威尼斯画派喜欢画裸体美女,倘若被一个严肃的卫道者看到了,他必定要斥责这哪里是什么艺术,分明是道德败坏、腐化堕落;而另一个浪漫的艺术家则会称赞这是最美好的艺术、最崇高的理想,哪里会有什么道德败坏和腐化堕落。假如让双方来进行一场辩论,大概是谁也说服不了谁。归根到底,双方的不同无非只是不同文化背景所积淀的价值观或心态不同罢了。一个人固然免不了要采取某一种观点,但如果同时也能学会多以另外不同的观点来思考,或许就更能深化自己的认识和提高自己的境界。我没有研究过李陵,本文也毫无为李陵定案或翻案之意,只不过觉得如果能从具体的文化心态的角度切入,或许更能得出较为深层的看法,——尽管深层的看法也未必就是确凿不移的结论。

由此联想到最近的一条新闻。据近来媒体报道,台湾政坛爆出了台版的莱温斯基事件,而此中爆出的最大冷门新闻则是:这桩公案背后的发难者竟然是那位副座吕女士,她正企图以此作为夺取正席宝座的手段。假如此说属实,倒确实是反映了中国文化心态的某种典型特色,因为法定接班人希望搞掉正座,可以说是中国文化悠久的传统之一。最近媒体上不是还在报道有副市长谋害正市长希望抢班夺权的新闻吗?而这类例子在西方文化中则较为少见。

因而忆及历史学界前辈北京大学邓广铭先生谢世后曾看到有一篇纪念文章提到:有一次(当然已是"文革"之后)邓先生在系里闲谈,曾有这样的话:老实说,我(邓先生)在"文革"中并没有吃太大的苦头,因为我的原则是"好汉不吃眼前亏"。"好汉不吃眼前亏"——这条原则在伦理上能成立吗?不妨设想假如你是单身一个人黑夜里遇到暴徒手持武器,勒令你放下钱包。如果这时候你同他英勇地进行生死搏斗,当然是不失为一个维护正义的英雄好汉。但是若是你老老实实地交出钱包来,那恐怕也不失为明智之举。权衡利害得失,一个人又何必一定要舍命不舍财呢?不过这项灵活性与原则性相结合的有效性,应该允许推行到一个什么限度呢?所谓好汉不吃眼前亏,就必然是以牺牲原则性为其代价的,它必然导致说假话、办亏心事等等。邓先生本人若是在"文革"中说了真话,大概也是不会不吃很大的苦头的。故而说假话、办亏心事怕也是属于悠久的传统文化心态之一。雍正皇帝当年不杀曾静,为的是不但要给他那部《大义觉迷录》留下一个反面的活教材,而且还要逼得大小臣子争先恐后地纷纷表态,为文作诗,摇笔乞怜,一面詈骂曾静罪不容诛,一面就肉麻地歌颂天子圣明。这种具体的心态,难道不是比空洞的理论更值得研究么?

历史研究者往往喜欢引用一句谚语:历史决不重演。具体的历史事件自然是不会重演的。但是某些历史的精神,即一个民族根深蒂固的文化心态却可以不断持续地重演,直到它能自觉地进行一场理性的自我批判为止。历史研究这门行业大概本来是宜于大处着眼、小处着手的吧!

原载《博览群书》2001年第5期

# 谈中学与西学
## ——和清华大学中西文化综合班的谈话

一百多年来，中国的问题出在哪里？如果从思想的或文化的角度来说，很可能是中国始终在思想上没有把自己跟外界摆好关系，——特别是跟西方，因为所谓外界主要指西方。当然后来也有日本，日本维新以后也是学的西方。主要的问题很可能就出在，始终没有把这个关系摆正确。假如我们能够正确摆好自己跟外界的关系，那么近代以来的曲折跟痛苦的经验有很多可以避免。我想把近代的历史放到这个文化背景上来考虑，所以我就想讲这么一个题目，叫做"中学和西学"。就从这个角度上来看问题，怎样才能正确摆好这个关系，给我们一些启发，免得以后走一些弯路。这就是我选择这个题目的原因。

上个星期，清华思想文化研究所请了北师大的龚书铎先生来讲了一次。他讲的主要也是这个内容，不过主要是从历史的观点去考虑，而我今天要讲的，主要是从理论的观点去考虑。所以，如果有的同学上个星期听了龚先生的讲座，那么，可以与我今天所讲的结合起来考虑一下这个问题。我们看问题，既从理论的层面去看，也从历史的层面去看，历史讲的是现实，但是理论上讲的是是非，我想两个层面都应该考虑，这也是我选择这个题目的原因。

下边，我想就几个方面来谈这个问题：一、我为什么提出这个问题；二、我们怎么从理论的角度考虑这个问题；三、我们怎么从历史的事实的演变来考虑这个问题；最后，我想提出自己的一些看法，大家批评也可以，讨论也可以，我想留一点时间大家提问，或者讨论。

一

我们说中国是一个古老文明的国家,并且那文明在长时期里,远远超过跟她相邻的民族或者国家的文化。我们说过去五千年的历史,总有四千八九百年,历史上的中国文化要高于她的四邻,包括日本。我们知道,日本在古代就有遣唐使,就是派遣留学生到中国来学习,今天的日本字还是模仿中国的汉字造出来的,所以至今里边还夹杂很多汉字。不但是日本,所有的南洋的国家,现在中南半岛上的一些国家,以及北方的一些游牧民族,入侵到汉族地区来的一些民族,他们的文化都远远落后于中国。我们中国是世界上少有的文明古老的国家之一,而且是历史最悠久的、没有中断的文化,这一点又跟其他的古文明不同了。其他的古文明,比如说埃及的或者巴比伦的,甚至希腊、罗马的,后来基本上都中断了,这些古老的民族都已经不存在了,他们的文化、他们的文明,若断若续,继续了一个时期以后断层了。但是中国的文化始终没有中断,这一点是中国特别是汉民族的一个光荣。但是,这也遗留下一种心态,就是老以为自己是"天朝上国",所以把其余的民族都看成是"蛮夷"。那么,"蛮夷"跟中国是什么关系呢,是"番邦"对于"天朝上国"的关系。我们是宗主国,他们来是朝贡的,是来天朝上国取经的。清中叶以前没有外交部,只有理藩院,把外国看作是藩邦。这个关系是几千年养成的,一种自高自大的心态。

所以到18世纪的时候,已经要开始成为世界上一个超级大国的英国,派遣她的使臣马戛尔尼到中国来,希望跟中国通商,但是到中国来觐见乾隆皇帝的时候,不但乾隆皇帝,整个朝廷乃至整个的国家都是以一种天朝上国的心态来看待这个英国人,认为英国这个蛮夷之邦朝贡来了。后来,英国的使臣提出要跟中国通商,乾隆皇帝怎么答复他呢,是说我们天朝上国什么都有,不必依靠你外国蛮夷之邦,好像用一种恩赐的、高高在上的态度来看待洋人。我们知道,还为了觐见的礼节,引起很大的矛盾,因为在西方,跪只是对上帝,可是我们中国人见皇帝时要跪的,他们不肯跪,因此而闹了纠纷。这是一种天朝上国的心态。但是到了19世纪,公元1840年,鸦片战争,是对中国一个极大的打击,一交战,打不过洋人,失败了。失败以后呢,它给了中国一个非常深刻的教训,从这以后,有很长一段时间,中国连续打败仗,这是大家知道的。接着就是第二次鸦片战争,英法联军,就是英国、法国对中国的战争。再后来就是中法战争。一直到1894年,是甲午战争,对日本的战争。结果呢,因为日本经过了明治维新,学了西方,结果日本就变成了东方的强国,本来在中国人眼里日本只是一个小国,是一个藩属,结果这样一个小国、这样一个藩属把天朝上国也给打败了。不光是西洋人把中国打败了,连日本都把中国打败了,这对中国是一个非常大的刺激。接着是1900年,我们知道,就是义和团,结果八国联军把北京城给占领了,当时北京是首都。一连串的败仗,给中国的心理方面造成一个很大的扭曲、挫伤。看来中国这个天朝上国不行了,在西方人的眼睛看来,是个野蛮的、落后的国家,而且确实也不堪一击,一打仗就是打败仗。这就造成一种情结、一种心理上的complex,一下从天朝上国这种状态变成百不如人的状态,什么都不如人家。这个心态,我想一直存在下来,这个心态就是《毛泽东选集》中提到的一看见洋人就觉得洋人那么有来头。

在清末的时候,外国人叫做"夷人",认为它是蛮夷之邦。但是后来,这个自高自大一下变成自卑自贱的心理。结果,就把洋人认为是文明的,中国自己是野蛮的,于是就把西方的一切都加上文明两个字。中国古代的婚礼是跪拜的,跪拜天地,跪拜高堂。后来婚礼也改革,改革以后不跪拜了,叫鞠躬,那叫文明结婚,认为这种结婚是文明的,那么我们过去传统的结婚就是不文明的了。甚至于非常细的小节,也是这样看。中国过去的演戏,都是歌舞剧,西方的戏剧传来了以后,演话剧,中国本来不演话剧的,这时把话剧叫做文明戏,认为那个戏是文明的。换句话说,我们那个戏是不文明的。甚至于日常生活里面,比如人年老了,拿个手杖,洋人到中国来也拿手杖,他们的手杖跟中国的形状有点不一样,那个手杖叫什么呢,叫做文明棍,或者文明杖,表示洋人的是文明的,而中国的手杖相形之下就是不文明的了。

我说的是很琐碎的生活细节,它表示心理上的一种扭转。自卑和自大是一对孪生的兄弟,一个时期内是自高、自大,本来是认为自己高人一等的,忽然一受到挫折,就跳到另一个极端去,变成自卑、自贱,觉得自己什么都不行。这种不正常的心态总是在两个极端之间摇摆,摇到这个极端就是崇洋媚外,摇到另一个极端就是排斥一切洋的东西。比如,在鸦片战争以前,曾国藩的老师、大学士倭仁就是个极端的守旧派,据说他见了"洋"字的时候,就用扇子遮住自己的脸,看这个"洋"字是一件肮脏的事情。

后来的外交部,清朝那时叫总理衙门,形状是很奇怪的,因为中国的衙门应该是三个门,中间一个大门,两边两个小门,中间一个大门是不开的,皇帝来时才开,普通出入从来走小门;可是外国使节来了,作为国家的代表,一定要走正门,而中国人就绝对不能给他们开正门,于是造这个总理衙门就没有正门,只有两边的侧门。洋人出入,也只能走这两个侧门,这是一种变通的办法。这种变通的办法的背后,反映的是一种心态。

到了义和团的时候——义和团究竟怎么评价是另外一件事——义和团也充分表现出了中国的那种狭隘的排外的心理。凡是中国人信教的、信基督教的,就是二毛子。怎么叫"二毛子"呢?"大毛子"就是洋人,"毛子"是"鬼",大毛子就是洋鬼子,二毛子就是小洋人,那些信教的人,就是二鬼子。义和团的时候,大毛子要杀,二毛子也要杀,而且把德国公使克林德也给杀了。这也是历史的见证,见证了我们国家的民族心态不健全的一方面,总是在两个极端之间摇摆,跳到一个极端就是狭隘的民族主义。

自高自大,会妨碍了自己健康的进步。一个人要进步,就不能够极端的狂妄、自大。虚心使人进步,骄傲使人落后,你老以为自己天下第一,结果自己吃亏,没有进步;可是,有时候跳到另外一个极端里去了,变成一种自卑自贱的心态,认为自己百不如人,什么都比不上人家。我想,如果从这个角度来看中国近代历史的进程,特别是中国近代文化史和思想史的进程,大概会得到一些启发。如果我们今后希望可以健全、稳固地进步的话,那么这种情结,这种心理上的疙瘩,这种complex,一定要避免。既避免狂妄的自高自大,也避免那种最没有出息的自卑自贱。只要经过努力,完全可以赶得上别人。

## 二

第二点,前一个星期龚先生来讲的时候,也曾经谈到过。他介绍一句话,大家都熟悉的,就是中国对一切外国文化(其实对一些古代文化也是这样),无论对古今中外的文化,都应该是"取其精华,弃其糟粕"。这句话按字面上说是完全不错的,本来我们对人家的东西,就应该吸收他好的东西,去掉他坏的东西,即"取其精华,弃其糟粕"。不过仔细一想,仅仅这么说是不够的,等于是句空话,因为我们学习人家总是学好的,不是学坏的。

你作为一个学生学老师,当然是学他的优点,不是学他的缺点。任何老师不会只有优点没有缺点。我们学习别人,当然是学习他的优点。说你好好向老师学习,是学习他的优点,这是不成问题的问题,用不着提。王国维先生是我们的太老师了,他抽烟抽得非常厉害,连珠炮似的不断地抽,他身体很坏,跟他的吸烟恐怕有关系。那么,学生向王老师请教的时候,不必学习他的吸烟,吸烟并不是他的优点。我们本来学习一个人都是学习他的优点,不是学习他的缺点,所以"取其精华,弃其糟粕"这句话说的,在逻辑上说有点儿同义反复:我向他学习什么,向他学习优点,事实上这句话等于没有说。当然这个提法在字面上也没有错,但是,使之有具体的内容、具体的意义,我想有两个问题是要考虑的,这两个问题我们过去都没有很好地深入研究,没有很好地探讨。

## (一)

第一个问题就是:什么是精华,什么是糟粕,这条线怎么划分?

划分这条线是很不容易的。你说哪个是精华,哪个是糟粕,每个人可以有不同的标准。你认为是精华的,我认为是糟粕;我认为是精华的,你认为是糟粕,这些往往确实非常难界定。一个东西是精华,是糟粕,我们根据什么标准来确定?而且,这个标准不会是永恒不变的。那么,究竟什么是精华,什么是糟粕呢?

现在提倡京剧,说京剧是国粹。有一位伟大的人物鲁迅,你们看鲁迅文章里面对京剧是怎么评价的,把京剧骂得一塌糊涂!五四时期很多人都如此。鲁迅不但是看不起京剧,而且对于国粹非常头疼。当时是二三十年代,守旧派提出来保存国粹。针对保存国粹,鲁迅有一段话,是这样讲的:我们要保存国粹,但是也要问国粹能不能保存我们。中国面临亡国灭种的危险,你的那个国粹现在并不能够保存我们。

更具体地说,比如孔孟之道。这是统治了中国几千年的东西。孔孟之道。是不是国粹?应该说它是。但也有人说它是糟粕,不是精华。它是不是糟粕？这个东西确实很难说。你们看1930年代的文献，凡是赞成尊孔读经的，都是反动派，《毛泽东选集》就是这么说的。1930年代的时候，我还是一个中学生。不单是我个人，我们同时的那些中学生，你要问他们对尊孔读经的意见，大都是反对的。其实我们一点儿也不理解经书，根本没读过。为什么反感？反感最简单的原因，就在于当时提倡尊孔读经的都是些反动军阀，其中包括：戴季陶，大家知道他是蒋介石一辈的人，那时做监察院院长；广东的陈济棠是粤系军阀，他尊孔读经；在我的老家湖南的何键，湘系的军阀，他是尊孔读经的；在北京，那时叫北平，是宋哲元，二十九军的；山东的韩复榘，是地方军阀，西北军的，也是大力宣扬尊孔读经。那时候我们虽然想法很简单，但是也很有道理，像这些人宣扬的东西肯定不是什么好东西。这些最愚昧、最反动的军阀，他们提倡的东西，你想能有什么好东西。所以凡是提倡尊孔读经，年轻的一代大都不赞成。

如果你们看当时的文献，凡是要求进步的，要求中国改革的，都不赞成尊孔读经。尊孔读经，尊了几千年，读了几千年，结果中国的面貌没有改变，还是那么落后。这就证明你的尊孔读经救不了中国，所以大家不赞成尊孔读经。

但是今天，我们的情绪好像又有点儿反过来了，我们又要发扬国粹，又要保存国粹，又要不反对尊孔读经了，提倡弘扬国粹。孔子又被尊敬了。最近开了一次孔子的纪念会，想起一位老一辈的革命家李一氓，他曾很感慨地说："马克思的诞辰我们都不纪念，孔子的诞辰纪念却这么隆重。"我这里不是想评论对不对，我只是想说，我们对精华和糟粕怎样才能够提出一个明确的划分标准来，这是很困难、很困难的事情。

什么是精华，什么是糟粕？比如说孔孟讲"仁义道德"，讲"仁者爱人"，这应该是一种崇高的理想，应该算是一种精华了，大家都要爱别人。但是你们看鲁迅的《狂人日记》，那里边怎么讲？什么仁义道德，背后都是血淋淋的"吃人"两个字，就是用这"仁义道德"在吃人。当然这个说法也对，中国历史上最残酷的事情都是打着仁义道德的幌子去干的一些坏事。所以，精华和糟粕的划分要定一个标准的话，是非常困难的事情。可是，我们过去在理论上考虑这个问题的时候，仅仅停留在抽象的词句上，就是"取其精华，弃其糟粕"。我们应该更明确的是，应该有一个具体的界限，什么是精华,什么是糟粕,怎么就算精华,怎么就算糟粕。这是涉及原则的、比较重要的、需要解决的首要问题。

(二)

第二个问题:不但这个标准很难划,而且我们知道,精华跟糟粕是可以互相转化的,这个问题就更麻烦了。这里所涉及的,我觉得更复杂得多。

一个东西本身无所谓精华与糟粕,要看你在什么条件下怎么运用。比如一把刀,这把刀很锋利,那么我们可以拿它来做很多事情,我们可以拿它来切肉,这时它就可以算作精华;可是反过来,如果有个暴徒拿它来杀人,那么这个精华就变成糟粕了。精华跟糟粕之间可以互相转化。

比如说鸦片烟。这种东西中国过去叫做大烟,非常流行,吸毒吸的就是鸦片烟,现在嘛,毒品更进步了。鸦片算是精华呢,算是糟粕呢?当然是糟粕,不能要,要禁止,要禁烟。但是鸦片也是一种疗效极好的药,有些病用鸦片一治就好。你要把它作为药物用的话,它是精华。所以,问题在于对这个东西怎么运用。运用得好就是精华,运用不好就是糟粕。精华和糟粕不在于东西本身,而在于你怎么运用它。

原子能是人间最有威力的能源了,如果我们用它来造福人类,那么可以用它来发电,可以把它微型化,用在飞机、轮船上。那么和平使用原子能是造福人类的。如果你要制造原子弹去毁灭平民百姓,那么它就是危害人类了,究竟是精华还是糟粕,这看你怎么用。世界上用原子弹杀人的,最早的而且是唯一的一次,就是1945年的夏天,美国给日本投了两颗原子弹,一个是8月6号投在广岛的,一个是8月9号投在长崎的。照美国军方的解释,投这两个原子弹,日本马上就投降了。确实日本8月14号就投降了,相隔只有几天。而且日本天皇投降的诏书上说:最近敌人用了一种新型武器,为了避免人民更大的伤亡,所以我决定停止战争。这个诏书好像可以反证这个原子弹是起到了停止战争的作用。所以,第二次世界大战以后,关于原子弹的使用有各种不同的意见,包括美国在内也有不同的意见。有的美国人就认为这是人类道德的堕落,一个原子弹投下去就可以死伤几十万人,大部分都是无辜的平民,并不是作战人员,这就太不人道了,无辜的平民怎么可以杀害呢!在美国也有另外一种解释,说如果不投这个原子弹的话,估计日本还可以作战一年,美国就要派自己的海陆军去到日本登陆,要打还得打一年,估计美方的损失,死伤就要有一百万人,当然日本的损失就更大了。在日本本土上作战,那么不仅仅是日本军人受损失,肯定日本总有大量的平民伤亡。这个数字要比这两颗原子弹更大得多。所以权衡轻重,还是用原子弹为好。

这个你究竟应该怎么评价呢?我想现在也很难评价。很多这类的问题是非常复杂的,确实很难讲。

还有一个例子是涉及伦理问题的,作为故事讲一讲,供大家参考。北京大学历史系的邓广铭老先生,90岁,去世了,我在报上看到纪念他的文章,提到邓先生在"文化大革命"以后,有一次在系里说:老实说,我在"文革"里面没有受很大的罪。大家知道,"文革"期间,老一辈的学者大概都是吃到苦头的。他说,为什么我没有受很多的罪呢,因为我的原则是"好汉不吃眼前亏"。那就是,当时要他怎么样,他就怎么样,所以就没有受很多的苦。

这里面就涉及一些很复杂的伦理问题了。

如果我们在黑夜里面遇到一个暴徒,掏出武器来,要你把钱包放下,在这种情况之下,你应该怎么对待他?当然你可以非常英勇地跟他进行生死搏斗,不失为英雄好汉,是与恶势力作斗争的;但是另外一种办法是,你要我把钱包放下,我就乖乖把钱包放下。我想,采取第二种方法,也不失为一种明智之举。你何必一定要为了你这个钱包,瞎一只眼睛,或者受重伤,恐怕也犯不上。你不如把钱包放下。这里涉及到一个伦理道德问题,假如皮包里是大量公款,怎么办?说的再严重一点,就是传统所谓"饿死事小,失节事大"。

如果涉及更大的利害,应该怎样办,是继续跟他搏斗呢,还是应该丧失原则呢?邓先生那句话,实际上,里边就包含了丧失原则。你要我说什么我就说什么,说的都是违心之论,说的都不是真话,但是可以不吃眼前亏,说真话就没有好下场,所以就说假话。这里边就涉及到一个很复杂的问题。

我是想说,精华与糟粕之间是可以转化的,我们很难找到一种方法说是绝对正确的。它总是在不同的条件之下,可以起不同的作用。所以,什么是精华,什么是糟粕,这并不取决于事物性质的本身,如取决于原子弹本身,而相反地,要取决于你怎么用它。精华与糟粕之间有没有一条不可逾越的界限。恩格斯讲辩证法时说,事物之间并没有一条 hard and fast-line,没有一条明确的界限,没有一条不可逾越的界限。

所以我们说,"取其精华,弃其糟粕",在以上两层意义上,都是很难把握的。这是最困难的问题。

(三)

下边要说到第三个问题:如何从理论去确定一下我们所谓的中学与西学。这个问题曾困扰了人们一百多年,可以说是中国近代文化史、思想史最重大的一个问题。

首先,什么叫中学,什么叫西学?

按字面上,中学就是中国几千年来的传统留给我们的学问,广义一点,留给我们的知识、思想都算是中学。那么,什么叫西学?就是最近一百多年,鸦片战争以后,一个半世纪,从西方传入到中国的各种学问,各种知识,各种思想,或各种理论,是中国传统上所没有的,就叫它西学。

中国到了近代,必须自己经历一场近代化,不能老是那些传统的、中世纪的东西。所以就要有一个近代化的历程。近代化、现代化在英文里是一个字,都是 modernization。Modern 是近代或现代,modernization 就是近代化、现代化,其实是一个字。早些的时候,比如一百年前,就用"近代化",当今我们就用"现代化"。中国历史到 19 世纪,所面临一个最重大问题就是怎么近代化。不要现代化,就不能生存在近代的世界里,那就等于自取灭亡。我们已不可能再在中国古代传统里边生活了。我们不可能完整地、一丝不动地保持几千年传统的那一套思想、学问和知识,那样就无法回应近代的世界。

这场近代化的历程应该怎么解决?怎么样把中学与西学,它们之间的不同、矛盾或者冲突,很好地加以解决?这里先做一个理论上的说明,然后再做一些事实上的说明。

《毛泽东选集》里说到,鸦片战争以后的近代中国,就是一场中学与西学之争,或者说新学与旧学之争。西学是新学,中学是旧学,是旧的传统的那一套学问。20 世纪 30 年代清华大学的冯友兰先生曾写了一部书,是在当时学术界很有名的《中国哲学史》。清华的哲学系老师金岳霖先生写了一个《审查报告》,其中提到,如果一个人写一本书叫《英国物理学史》,那么意思是什么呢?他不是讲"英国物理学"的历史,而是讲物理学在英国的历史。这里是两个不同的概念,一个是英国物理学的历史,一个是物理学在英国的历史。这好比我们写一本《法国物理学史》,也有两种不同的意义。一种含义是"法国物理学"的历史,也就是说有一种东西叫"法国物理学",跟"英国物理学"不一样,我们就叫"法国物理学"。但大家都知道物理学都是一样的。所以严格地说,英国物理学只是物理学在英国的历史,法国物理学只是物理学在法国的历史。那么有没有一种东西叫"中国哲学",有没有一种东西叫"西方哲学"呢?我们说"中国哲学史",究竟是指"哲学"在中国的历史呢,还是指"中国哲学"的历史。如果要说哲学在中国的历史,在这种意义上,那么一本《中国哲学史》的内容,其内容在本质上与西方哲学史就没有区别。比如说,我们认为哲学的根本问题是什么,就是存在对思维的问题。假如哲学根本问题就是这些问题,那么中国哲学史与西方哲学史,作为哲学史来说它本质上没有不同。当然它某些形式上可以表现不同,比如我们用的是方块字来表示,他们用的是拼音文字来表示。或者我们管这个东西叫做理或气,而在古希腊呢,它就叫做形式或者质材。我们可以说中国哲学史就是哲学在中国的历史。

那么极而言之,有没有中国文学史,或者英国文学史?那是"文学"在英国的历史呢,还是"英国文学"的历史;是"中国文学"的历史呢,还是"文学"在中国的历史。当然,有中国文学,有英国文学。可是你要从另一个的角度看,也可以说没有中国文学,没有英国文学,只有文学在中国,文学在英国。中国的文学不过使用方块字表示,西方的比如英国的文学不过是用英文字来表示。除了这个形式不同以外,内容则是一样的。就好比我们的几何学,最早清朝末年的几何学学的三角形不叫 ABC,叫甲乙丙,后来才改叫 A、B、C,用英文字母来表示。但那无非是用的字不一样,内容是一样的。我们讲三角形甲乙丙,或者讲三角形 ABC,无非是用的字不一样,其内容实质上是完全一样的。那么我们就可以说没有英国数学,没有中国数学,只有数学在中国的历史,数学在英国的历史。然而是否有中国文学,或者西方文学呢?如果是这样的话,我们是否可以说文学在中国的历史,无非是他用中国文字表示。而且我们还可以找出具体的例子来,比如说某些爱情诗。我们可以找出两首爱情诗,都是要表达自己的热情,表现自己的深刻感情,表现得非常好。这个内容没有任何不同,无非是文字形式不同。人作为人来说都是一样的,没有什么不同。爱情作为一种感情,也没有本质的不同。例如我们说"思君令人老"和说"To think of you makes me old",是文字不同呢,还是内容不同呢?

  我这里举这些例子,是要肯定一下中学与西学本质上的意义是什么。什么叫做本质,这个很难界定。一位 17 世纪的大哲学家叫做斯宾诺莎,给本质下了一个定义,说本质就是"By substance I mean that which exists in itself and is understood by itself"。就是它以它本身而存在,并且是通过它的自身而可以加以理解的东西。当然这个说法比较抽象,我用一个具体的例子来说明什么叫本质。比如说几何学,大家知道,那是希腊人的天才贡献,欧基里德做出一套几何学。现在全世界的几何学都得学欧基里德的几何学,我们做学生的时候学的几何学就是欧基里德的几何学。这个几何学成立于希腊,我们可以不可以说几何学就是希学?恐怕不能这么讲,不能说它就是希学或西学。因为在别的国家的几何学一样可以发达,而且它的内容跟希腊的是完全一样的,没有任何不同。如果不同的话,无非是它用的字母不一样,我们用甲乙丙,希腊甚至 ABC 都不用,而用 ABΓ。到了英国才用 ABC,但这不是它的本质。作为本质来说,几何学都是几何学,欧基里德几何学,两千年以前的希腊和今天任何国家的都是这样的。所以我们不能说几何学就是希学。

  在这种意义上,我们很多东西,都不能说它就是西学。比如说牛顿,他是英国人,是不是牛顿那套古典体系就是英学?不能那么讲。我们今天在中国学的也是牛顿的体系,也是学牛顿的定律,那么这是不是我们学的就是西学?不能那么讲。我们学的是数学,是几何学,是物理学,学的不是西学。因为在本质上并没有规定这个东西只能属于英国。牛顿是英国人,这个定律最早是牛顿提出的,但别的国家一样可以提。我们知道 18 世纪的时候,牛顿体系最流行是在法国,发扬光大是在法国,法国分析学派两位"拉",一位拉布拉斯,一位拉格兰治,两个都是法国人。这个学派的发扬光大是在法国,不是在英国,那么我们是不是叫它法学?也不能这么叫。将来完全可能我们中国的物理学走在世界的前沿,那也不能说这就是中学。本质上不能说它是什么学。因而在这种意义上,这个所谓中学、西学,就没有什么具体的内容规定。

什么是中学,什么是西学?我们说孔孟是讲仁义道德的,是不是一讲仁义道德的就是中学?也不是那么回事。难道西方的思想家、哲学家就不讲仁义道德了?肯定不是这样。比如说耶稣基督也讲爱人如己,那跟中国孔夫子的教训"仁者爱人"是一样的。后来,18世纪康德讲学,也讲仁义道德。古今中外都讲仁义道德,没有不讲仁义道德的。我们不能说讲仁义道德就是中学,反过来,我们也不能认为凡是讲船坚炮利,或者讲声光化电就是西学。因为中国的照样可以讲而且必定讲。所谓西学无非是说某门学问最早出现在哪个地方,并不是说它本质上就是属于某一个国家民族的文化的,而不能属于别的国家的文化的。换句话说,那都是后天的,不是先天给定的,所以这里面有两层含义的混淆。

　　我们过去很长一个时期,以为中学、西学始终是先天的品质,那个东西就是西方人的,这个东西就是中国人的,好像先天就注定了,中国就是这样,西方就是那样。我觉得这是一个概念上的混淆,把后天偶然在某种条件下所出现的某种东西,认为是他先天本质所规定的东西。事实并非这样。中国历史上没有几何学,这完全不意味着上帝在创造中国人时就给中国人的遗传基因里面把这个几何学的因子给抽掉了,所以中国人不懂几何学。完全不发生这个问题。只不过是因为某种条件,使得几何学最早出现在希腊,不过是因为某种条件,所以近代牛顿的力学体系出现在英国。这决不是说这个体系就是英国的专利,别的国家、别的民族就不配发现这个定律,或者根本学习不了。不发生这个问题。中国人学习力学一样可以学习得很好,甚至于可以超越他。诺贝尔奖不是中国人也可以获得吗?中国一样可以学,并不意味着这个东西是西学。可是很长一个时间里面,我们把这两个概念混淆了。总是有意无意之间认为某一个民族先天注定了具有某些特定的品质,只能够习惯于哪些学问,而另外的学问是他所不太能学习的、不大能去掌握的。于是把这个问题叫做中学,把那个问题叫做西学。我现在要在概念上明确的,就是所谓中学、西学仅仅是后天的偶然的出现的一种情况,它偶然在某种情况下出现在哪个国家,并不意味着这种学问是天生注定的属于某一个民族的特质的,而不适宜于别的民族。

　　由于这个观念的错误就引致了一百多年来中国思想界很多不成问题的问题,正是这些个问题的纠缠使中国摸索了很多曲折的道路并造成了很多的浪费和损失。最开头中国以为自己是天朝上国,那么文明、好得不得了,所有的蛮夷都是野蛮得不得了,所以他们都是落后的。这种心态经过鸦片战争一打,中国打了败仗。你说你是最了不起的,结果你却打了败仗。中国有一批人觉悟最早,觉悟之后就认为中国为什么打败仗呢,是中国的船炮不行,洋人的船坚固,洋人的炮厉害,是洋人的船坚炮利。所以最早一批思想比较开明的人、比较清醒的人,就提出来要学西方的这个长处。林则徐是第一个跟英国人正面打仗的人,林则徐的朋友魏源提出来一个有名的口号,这个口号后来一直在中国非常有市场,叫做"师夷之长技以制夷"。学习夷人,就是学习外国人的长处来对付外国人。他们不是船坚炮利吗,我们也学他船坚炮利。这是最早的一批。我们过去的几十年历史研究,认为这是早期的改良主义。当然这批人在政治上是改良的,我觉得不如用另外一个词比较妥当,就是把这些人认为是在文化领域、在思想领域认识最早的新学派,或者叫做西学派。他知道中国不能闭关自守,老是保守自己的一套传统的旧东西不行了,要学一点外来的新东西。这个第一步就是学他们的船坚炮利。这是很现实的。你没有船,没有炮,你对付不了他们。这就是"师夷之长技以制夷"。比魏源再晚一点,曾国藩的学生冯桂芬写了一本书,他在上海。太平天国当时到了上海。他避难在上海,写了一部书,叫《校邠庐抗议》,这是他的政治理论文集,那里面正式提出来他的文化政策的主张,叫人们应该学习中国历代圣人所给我们留下来的经典的同时也要学西方的长技、西方优点作为辅助,这是最早的一个文化方案,就是说我们应该怎么摆正这个中学和西学的关系,把中学作为主,但是以西学作为辅。光是中学也不够,但是中学还是主,要加以一些西学作为辅助。

后来又进一步,就是所谓中国近代史上的洋务派,他们是掌实权的人,通过他们自己的体验,也觉得光是中国传统的那套学问,对付不了现代的世界,还是需要另外一些新的东西。曾国藩、左宗棠,后来的李鸿章、张之洞,这几个人是最重要的代表。清朝末年的变法有所不同了,后来地方的势力比较大了,变成了外重内轻之局。像曾国藩、李鸿章,虽然不在北京,但是在地方上势力比较大,这些人开工厂,办一点近代学校。这些学校学的内容是什么呢?是学外文,学自然科学,基础自然科学。为什么呢?因为这时候有了更进一步的认识,就是说我们不光是要造船,比如江南造船厂、福建马尾造船厂。因为中国要对付船坚炮利,自己就得造船,所以就有这些造船厂。

但是后来知道光是技术还不够,你得有基础科学知识。数理化都不懂的话,你这个船炮造不好;所以一定要数理化的基础知识。换句话说,基础科学一定是要的。所以那个时候起,眼光更进了一步。比他们再晚了一辈的或者跟他们同时的一批我们叫做洋务派的知识分子在政治上是改良主义者,并不赞成革命,还是要保持中国原有的政治制度,但承认老一套是不够用的,要学习西方很多的东西,从西方传来的。我们学习西方无非是学一些新的知识、一些科学技术的知识。比他们稍晚一些的人,我想最早应该是郭嵩焘,湖南人,他做过这个兵部侍郎,一定要勉强折合今天这个位置的话,应该算是国防部副部长。后来他也是作为中国第一个出使英国的大臣,或者今天叫做大使或公使。他在英国住了一段时期,他算是最早的一个比较具有世界眼光的人。从他开始,出现了一批人,其中包括他的幕僚,包括应该算是他学生的人。这些人在思想又进了一步,觉得还不光是要学科学技术,科学技术发达要有一个社会条件,没有相应的社会政治的体制也不行。所以必须要有一套社会政治体制与之配套,也就是我们所谓的近代化或者现代化。没有那套社会政治体制跟它配套的话,科学技术就发展不起来,所以他们就提出来政治上要改良,要君主立宪,要设议院,开国会等等,这都是清朝末年改良派的立场,要求通上下之情,因为过去都是最高的领导说了算,下面只有服从的份,没有真正参与决策。

现在,他们看到了西方的国会、议院。这个议院或国会是做什么的?是沟通上下之情的,就是人民与政府之间有个沟通的渠道,有议员、人民代表。这是一个条件,没有这个条件的话,一个国家的繁荣富强是不可能的,近代的科学技术也不可能发展。接着认识上再进了一步的,就是我们的太老师王国维先生,梁启超先生那辈人物了。清朝末年,王先生就说,我们过去向西方学习,学的都是他那些形下之粗迹,而没有学到他那个形上之真髓。严复也是这种看法,认为我们过去学习西方,只是着眼于他的科学技术,而没有考虑到那背后思想和文化的根基。没有这个根本精神,科学技术发展不起来。科学技术要和思想文化,要和政治社会体制相配套。当然这就看到了更深层次的东西,看到一个国家的历史文化的深层次的东西,而不仅仅是看表面上的技术。所以王国维先生、梁启超先生都是属于最早介绍西方的思想理论的行列,也包括严复。那时介绍了很多西方的政治理论,比如说严复就翻译了亚当·斯密的《国富论》,亚当·斯密的《国富论》可以说是西方自由资本主义的《圣经》。中国有没有经济学理论呢?当然过去也有,不过那都是片断的,没有像亚当·斯密那么系统地、那么完整地来讲。讲什么呢?我们假定一个自由市场,在这个自由市场里边,每一个人都是单纯追求自己的最大的物质利益,换句话说,就是追求自己的发财或唯利是图,正因为每个人都追求自己的最大利益,就有一个无形的手在里面调节,使得这个社会成为一个最有序的社会,而且是一个秩序最良好的社会,也是一个最繁荣稳定的社会。其实亚当·斯密所说的不过如此,简单地说这就是他的《国富论》最基本的内容。它介绍到中国来,就给中国的发展资本主义、个人主义提供了一个理论的基础。过去中国传统都是集体主义,都不讲个人主义,一讲个人主义就是臭得不得了的事情,是自私自利的。但是,亚当·斯密在自私自利里面发现了一种因素,这种因素他认为是真正维护社会的进步和秩序的最重要的条件。亚当·斯密《国富论》理论被介绍到中国来了,同时梁先生和王先生都是最早把德国古典哲学介绍给中国的人。这是清末一直到民国初年的情况。

比这个情况再晚一点,到了中华民国以后,大概是1911—1921年这十年里面,出现一个高潮,这个高潮最后就是五四运动。五四运动提出两个口号,大家都知道的两面旗帜,一面旗帜是"科学",一面旗帜是"民主",即德先生,赛先生。德先生就是民主,赛先生就是科学。中国过去有没有科学?当然有。但是中国过去有没有近代科学。在严格意义上说,也可以说没有。中国真正学习牛顿体系是60年代的事。一直到19世纪末,可以说自然科学在中国还没有生根。这不是说古代没有科学。比如说古代人会造车轮,他就会知道圆周和直径的关系,大约是三比一的关系,所以叫做周三径一,《考工记》里面提到这句话。但是这不等于近代科学,那是从经验里得出来的片断的知识。近代科学是一种有系统的知识工程,我们要走这个路,就非得有赛先生不可,非有近代科学不可。但是跟近代科学相配套的,还得有德谟克拉西。德谟就是人民群众,克拉西是政体,我们没有一个民主政体,科学本身很难成立。科学一定要有一个社会条件,这个社会条件就是德谟克拉西。所以五四运动就提出了两面旗帜:科学与民主。可能在当时还有某些幼稚或者不完备的地方,不过中国近代的需要确实就是这两个东西,一个是科学,一个是民主。这可以说中国的认识又进了一步。

清朝末年最后一个代表是张之洞。那个时候民主革命的浪潮已经开始高涨,张之洞做过湖广总督,并且办了很多近代的实业。他也知道这方面要学习西学,可是传统的政体却不能改变。传统的政体不能改变的话,那么传统的思想学风也不能改变,因为一改变,君主政体就不能维持了,所以他说民权之说一兴(民权就是讲德谟克拉西),全国必然大乱,中国就不能收拾,所以张之洞总结出一个口号,这个口号虽然也有人提出过,但是最后集大成的是张之洞,叫做"中学为体,西学为用"。你要守住一个本体,这个本体是什么? 就是中学。但光是中学还不够,也要用西学来作为你应用的东西,西学为用。一方面我们固守我们传统的思想学风,意识形态,作为体;但是其中也吸收西方的各种技术,作为我们的用。

从表面上看,这个提法跟三十年前的冯桂芬基本上是一样的,冯桂芬也是要以传统的中学为体,辅以西方的富强之术,就是用西方的富强的办法来作为补助。从字面上看是一样的,但是在不同的历史条件之下,其内涵却不一样。在冯桂芬的时代,中学还没有根本动摇,所以你只能提中学为体,大概谁也不会反对中学为体,问题是要不要西学。保守派就认为西学是绝对不能要的,但是冯桂芬就认为西学还是需要的,所以冯桂芬的立场实际上是为西学争地盘,也就是给近代科学争地盘,就是说这个东西不能不要。但是到张之洞的时候,革命已经是风起云涌了,那个时候传统的政治社会体制已经根本动摇了,他要维护这个体制,所以要讲中学为体,西学为用;实际上是在为中学争地盘,唯恐西学动摇了中学之体,他的目的是为维护中学之体。

那个时候的中学与西学,是各有其具体内涵的,与我们后来的争论不一样。后来的中学与西学,什么叫中学,什么叫西学,并没有一个确定的含义。而当时的中学跟西学则是有非常明确的内涵的。张之洞所谓的中学是什么? 是三纲五常,君为臣纲,父为子纲,夫为妻纲,这是绝对不能动摇的,这是几千年的传统的社会和传统的政治理论的基本原则:这个是体。在保存这个体的前提条件下,我们用西学作为补充的工具,所以他的目的是要保持这个摇摇欲坠的中学之体,但是冯桂芬的意思反而是要向其中输入一些西方的辅助的东西,这是在给西学争地盘,所以两个人字面上是一样,可是内容上却有很大区别。但是到了后来,到了20世纪30年代,也有人谈民族本位文化,那就有点缺乏具体的内涵了,因为你到30年代,还讲中学,还讲西学,就没有意义了。每一个名词,或者每一个概念,或者每一种思想的提出,都有其当时具体的规定。如果脱离这个历史条件的话,我们还用这个中学、西学的观念去概括我们的知识或思想的内容,那就文不对题了。这种情形非常普遍。

随便举个例子,我们习惯用的、一直到今天还在用的左和右,某个人左,或某个政策左,或某个政党左,或某一个右。左右这个含义只有在固定的历史条件之下才有意义,如果脱离了这个历史背景,左右这个含义就变成空洞的了,就没有内容了。比如说,在革命的时候,有的人赞成彻底的革命,采取激烈的革命行为,这个我们说他左;有的人不赞成革命,赞成保守,维持原来的秩序,或只做一点枝节的改良,这个我们说他右。也就是激进跟保守之分。但是后来我们一直延用这个观念,有些就对不上号了,比如说四人帮,你说他是左呢还是右,我们过去批"四人帮"都说四人帮是极左,可是到了后来,华国锋,党中央的主席、军委主席、国务院总理,怎么提的呢?他说四人帮这些人什么极左,右得不能再右了。这话是对四人帮的定案。四人帮是极右,不是极左。又是极左,又是极右,到底是左还是右?我想两方面都能够说得通,因为那个时候左右的含义已经不同了。假如我们说左,就应该是大家吃一样的饭,穿一样的衣服,三同,同吃同住同劳动,这个算是左。四人帮的生活远远脱离人民群众。把皇家的园林圈起来,作为自己的跑马场,这是连帝国主义的亿万富豪也做不到的,不能想象英国的亿万富豪把白金汉宫圈起来自己跑马,也不能想象法国的大亨把凡尔赛宫圈起来,别人不许进来,他在里面跑马。这是不可能的事。可是四人帮做到了这点,你说他是极右还是极左?所以我想华国锋所谓极右也有他的道理。从根本上说,左右的概念是要在一定的具体条件之下才有意义,脱离了这个一定条件,左右的概念是不适用的。

这个可以说明所谓中学西学,只有在清末的时候,才有具体的内涵,有具体的意义。所谓中学,就是要维持传统的一套思想体系、意识形态和它的政治社会制度。那么所谓西学,就是反对那一套东西。到后来,到了五四以后,再讨论什么民族文化本位的这类论战,就没有意义了,因为你已经脱离了那个具体的背景,专制王朝已经被推翻了,至少表面上也打起了民国的旗号,也是共和国了。旧的所谓中学为体的"体"已经不存在了,也不念孔夫子那一套东西了,所谓中学就没有意义了。用现代术语来说,语境已经变化了,原来的语言本身就没有意义了。你脱离那个具体的语境,就没有意义了。一个语言有意义,是只有放在具体的语境之下才会有意义,你脱离那个具体的语境,就没有意义了。所以到了 30 年代,中学与西学之争就变成一种很空洞的东西。再举一个例子,来说明这一点。30 年代的时候,国民党专政。国民党是反对马克思主义的,它在反对马克思主义时也做理论斗争,也从理论上批判马克思主义。怎么批判马克思主义呢?其中最振振有词的一条理由就是马克思主义是外来的东西,不适合中国的国情,所以不能要马克思主义。毛泽东在 1949 年写的新华社的社论里面还提到,马克思是德国人,此人已经死了 66 年了,是外国人。他的学说当然不是中国的东西,不是中国的国粹。那么,他的东西是不是适合中国的国情呢?那个时候,30 年代的马克思主义阵营就是反驳说:马克思主义是放之四海而皆准的真理。是真理就是普遍有效的。这一点大家都知道,假如它不是普遍有效,就不是真理。$2+2=4$,我们说它是真理,为什么?它在英国也是 $2+2=4$,它在日本也是 $2+2=4$,它在中国也是 $2+2=4$,它在古代春秋战国也是 $2+2=4$,它到今天也是 $2+2=4$。它是普遍的真理,所以它是"放之四海而皆准,俟诸百世而不惑"的,等到一百代以后,它也不会动摇的。这才是真理,既然它成为真理,它就是普遍地有效的,所以无所谓适合不适合中国的国情。

40 年代的《大公报》,有时候也打一些擦边球。国民党老是宣传所谓中国的国情,《大公报》社论就有一篇标题是《贵顺潮流而不贵适国情》。它说,我们珍贵的是要符合时代的潮流,不是要适合中国的国情,或者某国的国情。因为国情是人造的,是可以改变的。再举个例子,19 世纪末年的时候,洋人、特别是西方人到中国来的时候,给洋人最深刻的印象是什么?是中国的男人都梳"猪尾巴",一个长辫子。我们现在看清朝的电视剧都是男人梳个长辫子。他们把这叫做"pig tail"猪尾巴。女人都是缠足,妇女都是裹小脚。然后,男人女人都吸鸦片烟,躺在床上,用一个长烟枪来吸。那时候的洋人对中国人的游记或者报道里面很多都是报道这个,照片也是照的这个。现在要翻那些旧的照片还可以看到很多都是这个,要照男人的"猪尾巴",要照女人的缠足,然后要照男女都躺在床上吸鸦片烟。你也可以问,这些是不是中国的国情呢?某种意义上,也可以说是。几乎当时中国的男人都得梳长辫子,几乎当时的中国妇女都要缠足,这些也可以说是中国的特色,我们还不知道世界上有哪个国家或者哪个民族,男人都要梳"猪尾巴",女人都要缠足,好像还没有。当然这也是中国的国情。但是要不要适合中国的这个国情,我看可以不需要适合中国的这个国情。这个国情可以改变嘛!国情是人造的嘛!既然是人造的,人就可以改变它。国情不好的话,我们可以改变它。现在中国男人不梳长辫子了,中国女人也不缠足了,这很好嘛,为什么一定要适合中国那种国情、国粹呢?这个国情、国粹可以不必保留。

真理不在乎它是不是符合国情。假如它不适合中国国情的话,那么要加以改变的是国情,而不是要改变真理。国情要适合真理,而不是真理要适合国情。这是我对于中西文化的一点认识。学术和文化,不以中西分。

但是使我自己没有想到的是80年代的时候,这个问题又出现了。我以为在1949年以后,这个问题是解决了的,所以就不需要再谈什么"中西之争"或者"体用之争"了。不过没有想到,到了80年代,忽然一阵文化热,又提出来,"中学""西学"之争。这个争论已经没有意义了,可是仍然提出了这个争论来。

我想今天不是什么"中西体用之争",今天如果再说"中学""西学"的话,我觉得不如改变一下,应该叫做"近代化"或"现代化"的问题。也就是说,我们中国过去是一个古老的社会,有几千年的传统。但是这个传统的文化和传统的思想,也要不断地更新,要不断地创新,不能够老停留在原来的状态。时代是不断进步的,人们的思想、人们的知识也是要不断进步的。这里面已经不存在"中学"和"西学"之争。"中学"和"西学"之争是在特定条件下才有的,就是当时中国要不要"近代化",还是固守古老的传统。在这一点上双方的争论,代表不同的社会势力的争论。这个争论当时是有它具体内容的,今天要再提"中学"和"西学"之争,是没有意义的,是没有价值的。今天不发生"中学""西学"的问题。今天的问题是时代潮流的问题,我们应该是适应时代的潮流,赶上时代的潮流,并且要领导时代的潮流。就这种意义来说，不发生什么"中学"与"西学"之争的问题。这是我个人所想到的一点结论。

今天，就谈这么多，我想留点时间，同学们有什么意见或者有什么问题，欢迎你们来提出来。

答问部分：

（答一）梁启超是在前面。梁启超先在湖南时务学堂讲"民权平等之说"，后来张之洞对这非常生气，就针对梁启超的"民权平等之说"批判了他。其实那时候，梁启超也没有多少民权平等，但是他有点新思想，结果就批他。张之洞那本书是在"戊戌变法"时候写的，所以他针对的对象是梁启超。梁启超比他早，梁启超在时务学堂是1895—1896年，张之洞是1898才写的。他那是批梁启超的。

（答二）我觉得在八九十年代又出现了老的问题，新时代又出现老问题，那是因为我们在过去在思想理论上对老问题并没有真正很好的解决，所以它才又死灰复燃，如果要真正解决了，就不再出现这个问题。例如，今天不会再有人宣扬多勒米的宇宙构造了。今天这个问题在理论上已经不存在了，如果它还出现的话，那是要通过这个问题来表达某种心态、某种思想倾向。比如说，狭隘的民族主义倾向，那么他就要提倡国粹，其实他也不是真正对国粹有多深刻的认识或感情，无非是通过这个东西来宣泄自己一种感情，表现对当时的一种不满，所以是一种借酒浇愁的意思，并不是这个问题本身有多大意义。历史不会是完全重演，今天再提出来，其内容实质不会再是一百年前的简单重演，但可以很相似。

（答三）我不懂艺术。确实每个民族的文化都有他自己的特点，不会完全都一样。不过这个所谓民族的特点毕竟是第二位的，第一位的还是有一个更根本的东西是大家一致的。这个就好比说"马克思主义"，你认为它是普遍真理。作为普遍真理来说，它无论对哪个国家哪个民族都是适用的。但是，当然每个国家每个民族也有所不同；其次，它在每个国家里面要结合每个国家的某一些特点，但这毕竟是第二位的，第一位的毕竟还是真理的普遍有效性,其次才是各个地区,或者各个集团、各个社会的不同特点,那毕竟是第二位的。作为艺术来说,它有没有价值?它的价值有多大,这毕竟是第一位的,而它采取什么不同的形式或者受了什么不同的影响,或者有什么不同的习惯,那毕竟是第二位的。

(答四)不是我赞成没有中国文学。你可以这么去设想,就是说并没有中国文学史,没有外国文学史。中国文学史仅仅是文学在中国的历史,就正好像没有中国数学,没有英国数学是一样的。所谓中国数学史是数学在中国的历史,在这种意义上,你可以那么讲。是不是有中国文学我不敢说,不过我想,所谓中国文学和英国文学其中没有截然不可调和或一致的本质,它们总有很多共同之处,不会截然不同的,虽然它们用的文字不同。比如一个诗人作诗,他的思想感情有好多总会和别人是相同的,比如悲欢离合、喜怒哀乐,我想不会有什么实质的不同。

我的意思是说,中学和西学具体的内涵在过去是有区别的、有其特定的规定的,今天再提中学和西学之分就没有意义了,因为时代已经变了,环境已经变了,内涵也变了。当时有具体的意义,但今天这些词句没有具体的内涵了,只有语言上的意义。

对艺术,我不懂,不能置一词。不过我想艺术里面也有很多共同的、相通的地方,不然的话,比如说我也不懂法国的绘画,不懂德国的音乐,可是看,我也觉得雷诺阿很好,听,我也觉得贝多芬很好。所以可见,思想感情上还是有相同的地方,不然的话你不会听着或看着觉得好。我想文学恐怕也有这个问题,不过当然它采取的语言文字不同,英国诗人用英文表现,中国诗人用中文表现,可是我们读着都会有很不错的感受。这就表示还是有很多共同的地方,不然你怎么会有感受呢?不同的文化也可以"冶于一炉",但是看你怎么融合,比如说"中学为体,西学为用",这是一种融合的办法。再比如说"全盘西化",这也是一种融合的办法。过去争论的是以哪个为体,哪个为用。可是我想今天应该不再发生这个问题。当时有当时的背景,跟今天不一样。所以说当时的争论是有意义的,今天你再争论这问题就没意义了,因为我们的立场和出发点已经不一样了。

关于学派的特点。学派可以侧重某一个方面或者某一种路数。这个我想不是中西文化的不同特点,因为比如说中国人也可以进行数学的抽象思维,当然中国人也可以用艺术的形象思维来思维,西方人也可以采取不同的思维方式。这是学派的特点,不是民族文化的特点。我想总会有结合,就看怎么个结合法。这恐怕要在实践过程中去摸索了,在事先恐怕无从预定。比如说画家,中国画也可以采取一些西方的手法,中国画也可以影响西方画家,西方画家也可以采取一些中国的手法。至于具体怎么融合,这得看各个人、各个学派的不同了。

原载《在清华听讲座》第一辑,中国社科出版社,2001

# 中西文化与全球化

今天要我来讲中西文化与全球化这个题目,这个题目不是我拟定的,是上个星期开过一个学术会,他们拟定的题目,那个学术会请了好几个先生来讲。为了方便起见,我就把上次我所讲的基本上重复一遍,就是"中西文化与全球化"。

现在世界的局势是在朝着全球化前进,世界上各个部分的联系是越来越紧密了。不要说5000多年以前,就是100多年以前,各个地方的交往也还是非常困难的,各个民族的交流还是很少的,但是现在的联系是越来越密切了,整个世界正在不可逆转地一体化。讲到全球化,就必然要讲到中国和外国之间的文化交流。这个题目是大家比较关心的题目,我所说的只是我个人的意见。大家无论是读书也好,还是听别人讲演也好,都要经过自己的一番思考,不必一定要接受书上的话,也不一定要接受别人讲的意见。如果你一定要接受书上的意见,一定要接受别人讲的意见,那么人类的思想就不会有进步,人类的文化也不会有进步。只有总是有不同的意见来超过前人的意见,人类才会进步。特别是我年纪大了。年纪大了,人的思想就容易僵化。你们都是年轻人,所以你们应该用你们敏锐的思想来批判一个思想比较僵化的人的讲话。

什么叫做文明,什么叫做文化?要是你翻字典的话,你可以找到各式各样的定义。如果一定要根据字典来抠字眼的话,就不免有点书呆子气了。因为没有一个定义是绝对的,是不可变的。我们普遍说什么是文化?也有人说是文明。一般来说,文明和文化这两个词有的时候是可以互相通用的。我们说"中国文明史"、或者说"中国文化史",这个基本上大致是相通的。可是有的时候,又有些区别,就是说文明比较侧重于物质方面的,文化比较侧重于精神方面的。比如说,人类开始没有汽车,后来有了汽车,开始没有轮船、火车、飞机,后来都有了。像这些个东西,我们就叫它做"文明"。文化则涉及精神方面,比如说哲学,比如说艺术,这些个东西,我们就把它叫做文化。其实这些名称主要看你习惯上怎么用,并没有一个大家一致的意见。

说过了文化与文明的区别。下面就说一下这个中西文化的接触与全球化。中国文明应该有5000年的历史,至少大家都这么讲。一直到19世纪中叶以前,也就是说距今天差不多170－180年以前,中国基本上是一个封闭的社会,和外界接触非常少,所以中国文化的一个特点就是,它是一个和外部世界接触非常少的文化。它自己的文化是闭关发展的,而它四边邻居的文化又都非常落后,这一点对中国的文化来说是一个不利的因素。只有各种文化都往高度发展,这样才有利于促进文化的发展。我想个人的发展也是这样,比如你的学习非常好,而你周围的同学的学习也非常好,那么我想大家都可以互相促进。可惜中国的周围都是一些文化比较落后的民族。这些落后的文化和中国的文化接触以后,一方面他们接受了中国比较先进的文化,但是另外一方面也使得中华民族,或者说汉族,产生了一种自高自大的心态,总以为自己是天朝上国,把别的民族的文化看成是蛮夷。

近代的国家,无论大小,都是一个主权国家,他们都是独立的平等的,但是在古代,由于中国认为自己的文化高,就妄自尊大,看不起周边的民族,把他们叫做蛮夷。事实上汉族的文化也确实高于周边民族。有一个最近的例子,就是满族征服了汉族以后,建立了清朝,所以我们称它为满清,但是满族人建立了清朝以后,汉化得非常快。今天在北京,仍然有很多满族的同胞,可是他们已经完全汉化了。比如他们有过自己的语言,也有自己的文字,但是他们已经都不用了,所以说现在的满人和汉人已经基本上没有区别了。如果要追究血统的话,北京现在的人口中满族人还是占一个相当大的比例的。可是他们已经完全汉化了。不但是现在汉化了,200年前就已经汉化了,尤其是皇帝都已经汉化了。你们看看北京的古迹,再沿着运河看看从北京到泰山,一直到南京、苏州、杭州的古迹,看看清朝皇帝的题字。康熙也好,乾隆也好,他们所题的全是汉字,而且写得还非常好,要知道,那个时候满人入关还不久。大家都说乾隆的诗作得不怎么样,不过无论如何,他们能够作出的那种诗是今天的大多数汉人都做不出来的。他们的汉化程度非常深,我想,大概他们应用汉族的语言和文字的能力已经远远超过他们应用满族的语言和文字的能力。

这个情况,给以汉族为主的中国人造成了一种自高自大的心态。那个时候中国没有外交部,处理国与国之间事务的,有一个理藩院,就是处理藩邦事务的部门。当时与中国交往的都是藩属,都是属国,所以把处理藩属国的事务的地方就叫做理藩院。一直到了清朝末年的时候,中国连续打败仗。打了败仗以后,西方的列强就要求中国也设立自己的外交部。中国的外交部就叫做"总理各国事务衙门",简称就是总理衙门。这个衙门就设在东单的外交部街(现在大概改了名字,我不知道叫什么街了)。那个外交部的建筑,就非常反映当时中国的那种心态。按照中国的建筑,一般说官邸都是三个门,中间是正门,两边是两个旁门。正门一般是不开的,除非有大典,比如说皇帝来了,普通事务都是走两边的旁门。外国的使臣来了,也让他们走旁门。可是外国使臣不干,外国使臣是代表国家的,代表国家就一定要走正门。这就闹矛盾了。中国的心态还是天朝上国,所以外交部建筑就只有两个旁门,没有正门。让你出入的时候就只能走旁门。

我们知道英国在18世纪的时候已经开始了工业革命,它是全世界最早步入工业化的国家。换句话说,英国是全世界第一个走入现代化的国家。一直到19世纪末,20世纪初,英国是全世界唯一的超级大国。这个地位有些像今天的美国。我们知道美国是二战以后才变成今天的超级大国的,而在此以前美国还是孤立的,它是不愿意卷入欧洲事务里面的。鸦片战争以前,英国已经是世界上最先进的国家了。可是中国那个时候太愚昧了,昧于世界大势,把英国也看作一个藩属。英国在18世纪末年的时候派了一个使臣来中国希望和中国通商,那个使节叫马戛尔尼。他上书给乾隆皇帝。乾隆答复给他一封信。这个信现在史料里面都有,你们有兴趣的话可以去看看。乾隆这封信的内容不但反映了乾隆个人的心态,也反映了当时中国大多数人的心态,就是认为中国是天朝上国,我们什么都有,我们不需要和你们通商,但是我们是很宽大的,我们容许(恩赐)你们和我们通商,把英国视为一个落后的蛮夷国家。就是这样一种心态造成了后来很多的矛盾,比如,我们知道中国见皇帝的时候要下跪,可是他们见国王的时候不像中国那样的三跪九叩。他们是对上帝才下跪。

在1840年以前,中国只有一个通商口岸,就是广州。在广州有13个洋行，这13个洋行包办了对外的贸易。英国来了后，就通过这些洋行和中国接触、交涉。英国那个时候已经是自由贸易的国家，并且是全世界最先进的工商业国家，但是中国设立了很多的关卡尽量限制他们的活动。中国认为通商是一种恩赐，而不是一种互利，所以当时发生很大的争执。我们举一个例子来说明。争的是什么呢？中国的官方规定，夷人夷妇不得同时上街。夷人就是洋人，夷妇就是外国的女人，也就是说外国的男女不得同时上街。这个规定今天看起来非常可笑，可是当时中国方面对这个问题非常重视。男女公开在大街上招摇，这怎么可以？这叫"男女混杂"，是不可以的。中国在这么一个小问题上争论非常厉害，可以说反映了双方的价值观的不同，而价值观的不同反映了传统文化的不同。

我们每个人都不相同，即使是孪生兄弟，即使在一个家庭受一样的教育，这样的兄弟两个也不会完全相同。这个不相同的原因是什么？这个不同是由什么造成的？在多大程度上是先天的，在多大的程度上是后天的？所谓先天的不同是生来就不同的，所谓后天的不同是由环境、教育、习惯或者经验等"养成"的。我们说两个民族的文化不同，这个不同是先天的不同还是后天的不同？是先天的不同吗？清朝末年这个观点就流行了，讲中学和西学，讲中国的学术和西方的学术，好像是中学和西学先天就不一样，就是中学从一开始走的是这条路，西学走的是那条路。当然我们也可以用后天来解释，是后天环境的不同、后天经验的不同、后天文化的积累的不同造成了双方之间的不同。我想个人之间不同的原因，很可能是先天的成分也有，后天的成分也有，但重要是后天的成分在起作用。各民族文化的不同很可能也是这样。有先天的成分在里面，但主要的是后天的环境造成的。

用一个例子来解说，讲中国思想文化史的有一个比较普遍的看法，就是觉得中国的思想是短于思维的逻辑，所以逻辑思维不发达。好像很多学者都谈到这一点。那么中国逻辑思维不发达，这一点是由于中国人脑子里面天生就缺少这个基因、缺少这根弦呢，还是由于什么别的后天原因造成的呢？我想主要是由于后天的原因，并不是说中国人天生注定了逻辑思维能力就不行，我相信中国人学逻辑也可以做出很多成绩来，而且事实上我们中国现在也有很多优秀的逻辑学家。至于说为什么过去不发达，那是由于社会的原因，是由于历史积累的原因。其实你看西方似乎也有的时候逻辑学不发达,那也是由于社会的原因,由于历史文化背景的原因,并不是说中国人天生就短于这方面的能力。

反过来说对于西学也是一样,西学在当时就是指近代科学。比如说在清朝末年的时候,西学刚传进来,对于中国是个新鲜的事物,因为中国过去没有,但这并不是说中国人天生就在这方面落后,因为我们现在一样有了近代科学,我们一样可以学习近代科学,而且可以做出成果。当时有当时的背景,今天有今天的背景,是历史的原因造成的。

我们简单回顾一下中学和西学冲撞的历史。在鸦片战争以前,中国还自高自大,还以为自己是天朝上国,鸦片战争一仗就打败了。为什么吃败仗?这就促进一部分中国先进的知识分子,一部分反应比较敏锐的知识分子来寻找这个原因。他们的答案很简单,就是认为我们打败仗是因为夷人(就是洋人,具体说就是英国人)"船坚炮利"。就是他们的船厉害,他们的炮厉害,所以我们打败了。那么应该怎么对付他们呢?先进的知识分子中,有一个人叫魏源的,当时写了一本《海国图志》。这本书用今天的术语来说就是讲世界各个国家的情况的,就是"世界概况"。这个书今天看起来是个通俗读物,但是在当时是了不起的,是先进的知识。因为当时中国人很少知道世界上有多少国家,各个国家的情况怎么样。魏源还提出一个口号"师夷长技以制夷",就是我们要学习洋人的长处来抵抗洋人,我们要学习他们的"船坚炮利"。他们"船坚炮利",我们就要用更坚的船、更利的炮来对付他们。这是咱们中国在知识方面的第一步觉悟。

过了很短一段时间人们就发现,这个船坚炮利还需要有自然科学的基础。你要是没有基础科学的知识,你就造不出"坚船",造不出"利炮"。所以还得想办法解决这个问题。工业实际上就是科学的应用。没有科学的基础,你怎么能有工业呢?这个道理很简单。到了1860年左右,中国在上海、在北京就设立了一些学习近代知识的学校。那个时候在北京叫同文馆,在南方叫制造局。制造局就是工厂吧,在工厂里面附带出了许多基本科学的教科书。还有广方言馆,就是学习外语的地方。因为要学习西方的科学知识不懂西方的语言是不行的。

又过了一段时间,大约过了10年左右,中国先进的知识分子的认识又进了一步。当时一个叫做郭嵩焘的,是兵部侍郎,大致相当于今天的国防部副部长。他做了第一任的中国驻英国公使。他去做第一任公使的时候（我们前面说过，当时的英国是全世界最先进的国家），遭到中国许多上层官僚的反对。他们认为这个事情是个很丢脸的事情，认为中国是个天朝上国，怎么出使到蛮夷之邦去，这还是根深蒂固的传统文化势力在作祟。郭嵩焘和一个中国去学海军的学生在一些问题上形成了一致的看法。这个学生叫做严复。两个人谈论中西学术，甚至是彻夜不休。两个人达到了一致的结论，就是中国的落后是科学技术的落后，但是不仅仅是科学技术的落后。科学技术还要求有社会制度作为它的背景。没有这个背景的话，科学技术是无法发展的。这是一个进步，这个进步是什么呢？就是中国近代科学，或者说，近代技术、工业也行，并不是一个孤立的东西，它是一个系统工程，是一个配套的工程。它要有各方面的社会条件相配合。没有社会条件的相配合，不可能有近代的科学技术。

1894年，中国在甲午战争中失败这件事给中国人的刺激太大了。日本原来在中国眼里只是一个藩属，结果中国被日本给打败了。中国和洋人打，和英国打，和法国打，打败了，好像还说得过去；和日本人打打败了，这就说不过去了。大家知道日本经过了一个明治维新。日本原来也有它的深厚的文化传统，但是日本觉得它原来的传统不行了，所以就进行了一次明治维新。所谓"维新"，他们也叫作"脱亚入欧"，就是说原来它是亚洲，现在它要脱离亚洲，它要走入西方的社会。用我们今天的理解，这实际上就是一个近代化。原来是一个传统的社会，现在日本人要脱离传统社会，进入"近代化"或者叫做"现代化"。

"近代化"或者"现代化"在英文里面都是一个字，是"modernization"。我们可以再从广义理解它：所有的人类社会都可以分为两个阶段。一个阶段叫做传统社会，这个社会基本上就是一个小农的社会，是一个单纯再生产的社会。所谓单纯再生产，就是年年生产的内容和规模都照旧。在中国传统社会是这样，西方传统社会也是这样。西方也经历过一个传统的农业社会。西方的传统社会也是基本上年年一样，一个农民今年种多少地，明年还是种多少地，今年种什么东西，怎样耕作，明年还是照旧，年年重复。我们可以看看中国历史上有名的太平盛世，比如说"文景之治"，汉文帝、汉景帝统治的时期；再有就是唐朝的贞观之治、开元之治，从唐太宗到唐玄宗，唐太宗是贞观，唐玄宗是开元；再如到近代，康乾之治，康雍乾三朝持续100多年。即使是这样的太平盛世，人们的生活基本上也是简单的重复,没有什么太大的进步,因为它的生产方式是不变的。到了近代工业化以后,这个情形就变了。它的生产是不断地扩大再生产。比如说一个工厂,它不会100年不变,也不会50年不变。它的技术,它的生产规模是要日新月异的,年年都变换更新。我们的飞机、汽车、轮船都是一直在变化的。我们知道飞机到今天还不到100年的历史,1903年才出现,但是到今天的99年的时间里面,飞机的变化发展是非常之大的。大家可以从照片上看到飞机刚刚出现的时候的样子,那时的飞机是非常的简单的,像纸糊的蜻蜓一样,原始落后,好像一个大玩具一样。飞行距离也就是几百米,那已经是了不起了。可是现在的飞机就太厉害了。比如说先进的客机,如协和式飞机,速度已经是2个马赫,飞越大西洋也就是两三个小时。不到100年的时间,这种发展速度是过去简直无法想象的。生产方式不断变化,再生产的规模不断扩大,人们的生活方式也随着生产的日新月异也不断发展变化。我们今天的生活,内容和50年前、和100年前的生活是大不一样了。从简单说我们的衣食住行,从高级说我们所学习的科学内容,100年前的教科书和今天的就完全不一样。这是人类社会发展必然的现象。一定要经历这样两个社会阶段,一个是传统的阶段,一个是近代化的阶段。

近代化或者现代化同时也是一个全球化的过程。有的东西是在这里或是在那里发明的,但是无论在哪里首先发明,很快就要扩展到所有的国家。不能说你有了电灯,我们国家始终不要电灯;或者你有了电话,我们国家始终不要电话,这是不可能的。甚至于原子弹,最早就是一两个国家,后来是三四个国家,再是五个国家,保持了一段时间后,现在连过去最落后的印度、巴基斯坦也有了。以后也一定还会扩散。这就是一个不断的发展过程,大家都要近代化。这是没有问题的。

问题是这个过程怎么走法,因为每个国家的历史不同。就像学习一样,每个人的具体情况不同,要怎么学,学什么东西,情况是不一样的。每个国家在近代化的过程都不是一帆风顺的,总会有许多困难。问题是你如何针对所遇到的问题,改造自己。日本是采用维新来改造自己。日本战胜中国后,当时中国人都认为这是它维新的结果,是日本脱亚入欧的结果,是它近代化的结果,所以中国也就要维新,不但是要向西方学习科学技术,还要改造我们原有的社会体制和政治体制,这样才能适应科学发展的要求。甲午战争后没有几年,中国也有一次大的维新运动叫做"戊戌变法"。所谓变法就是把传统的社会政治体制改造为现代化的政治体制。但是变法失败了。六君子在宣武门南边的菜市口被砍头。变法的领袖人物康有为和梁启超都流亡到国外。大家知道梁启超是清华的太老师,他是清华建校时实际的校长。因为清华是赔款学校(用庚子赔款建立的学校),所以需要一个官僚做校长,但是实际上校长就是梁启超。我们清华的校训"自强不息、厚德载物"就是梁启超提出来的。

以上讲的是中国近代化走过的前一段的道路。

戊戌变法以后,君主专制的政体不能再维持下去了。于是要求推翻君主专制,建立民国。那个时候很多人的想法也很简单,认为推翻了君主专制,建立民国,什么事情就都可以解决了。其实问题没有那么简单。

中国的心态也经历了很多的变化。原来认为自己是天朝上国,自己是最文明的,别人都是蛮夷。后来连续打了好几个败仗,心态一下变到了另外一个极端。这个是很容易的。一个自高自大的心态,一旦遇到挫折就很容易跳到极端的自卑自贱,这其实是同一个事物的两个方面。等到极端的自卑自贱一旦翻过身来,它又会变成自高自大。义和团就是这种心态,他们不但杀洋鬼子,而且还杀"二毛子",就是那些接受了基督教的中国人。这就是一个极端跳到了另一个极端。这都是没有把自己的心态摆正。

中华民国虽然在1911年建立了,但中国的社会还没有改造,仅仅是换一个牌子。原来的招牌叫做"大清帝国",现在换成了"中华民国",但接着就是军阀混战,所以光换一个招牌是没有用的。到了1919年五四运动的时候,这时的中国又进了一步。那个时候提出了两个口号——"德先生"(民主)和"赛先生"(科学)。以为这样两个牌子一打出来,中国的事情就好了。确实中国最需要的也是这两个东西,而且科学和民主还有着内在的联系。科学要求民主的体制,民主的体制可以促进科学的发展。

我解释一下为什么科学和民主是近代化过程中互相依赖不可分割的有机组成部分。所谓近代化,就是科学和民主。没有民主,科学发展不了;没有科学,实行不了民主。这是中国经过差不多100年的教训得到的认识。本来这个认识是非常之好的,但是因为中国的社会还不太成熟,所以这两个口号的提出并没有真正的落实。当然任何口号的真正落实都是很困难的。科学也好、民主也好。我举当代的两个例子。一个例子是德国法西斯,它迫害犹太人的罪行是骇人听闻的,差不多屠杀了600万犹太人,这差不多是整个欧洲大陆的犹太人。爱因斯坦就是犹太人,他跑到了美国,他的理论被称为"犹太人的物理学"。原子弹是最先在美国而不是德国造出的。这件事最先的契机就是爱因斯坦给罗斯福的一封信,提出有可能造出原子弹。于是美国制订了一个"曼哈顿计划"。对原子弹的贡献最大的两个人,爱因斯坦和费米,都是从欧洲跑到美国的。费米是去瑞典领诺贝尔奖的时候跑到了美国。两个人,一个是作出了理论上的贡献,一个是实际实现了铀裂变。两个人都是从法西斯国家跑出来的科学家。还有一个例子也是民主和科学之间的关系。苏联的时候,生物遗传学有一场大争论。当时生物学有两个学派,一个是孟德尔的所谓的"资产阶级反动的"遗传学派,一个是米丘林为代表的所谓的"无产阶级的革命的"遗传学派。当时的苏联是强调阶级斗争的,苏联党肯定了后者而否定了前者。后来一直到赫鲁晓夫的时代才给孟德尔遗传学派平反,而称李森科是学术骗子。

不管是什么理论都有其一定的有效性的范围,在自己的有效范围之内是有效的,而不能随便扩大其有效范围。举个例子,《红楼梦》里面林黛玉爱哭,她一哭,眼泪就往下流。可是为什么她的眼泪往下流,不往上流呢?因为万有引力定律在起作用,所以万有引力定律在这里是有效的,它对林黛玉的眼泪是有效的,它可以解释林黛玉的眼泪为什么往下流而不往上流。超出这个范围就不行了,你就不能用万有引力定律去解释为什么林黛玉爱哭。所以说万有引力定律只在一定范围内是有效的,而不是普遍有效的。那个时候苏联的学术界也是过分地强调阶级斗争,在思想领域里面阶级斗争就成了唯心、唯物的斗争。数理逻辑在苏联就经历过这样的遭遇。那时候批判数理逻辑是唯心主义的概念游戏,是脱离实际的,所以苏联的数理逻辑一直遭到批判,就没有能发展起来。一直到20世纪60年代他们才发现自己的错误。因为那时候发展尖端科技,大量的运算要求用计算机来进行,而数理逻辑和计算机科学的关系非常密切,所以这时候苏联才取消禁令,但是这时他们已经比美国落后了很多年。从这个意义上说,科学和民主是同步的、共生的,是symbiosis,而不是coexistence。Coexistence是共存,赫鲁晓夫说的资本主义和社会主义的和平共处,这是共存。我们说的 symbiosis 是互相依赖,比如大象和它头上的小鸟就是一种共生的关系。其实科学和民主就是一种共生的东西。这一点能够真正认识到,并且能够用于实践是很晚的时候的事情,包括五四那个时代的人,虽然提出了这样的口号,但是还没有真正认识到这样深层的关系。

这是中国所走过的曲折的道路。在鸦片战争以后,中国和西方的文化交流经历了好几个阶段。第一个阶段是只学西学的"船坚炮利",第二个阶段是学西学的基本科学,第三个阶段是要改造政治社会体制,一直到第四个阶段才是整个社会要科学化、民主化。我们可以说大致是经历了这 4 个阶段。

下面我们要谈 19 世纪末中国思想界的一场争论,就是中学和西学之争。一派是主张西学的,另外一个就是主张中学的。有一个有名的口号是"中学为体、西学为用"。提出这个口号的一个重要的人物就是张之洞。他做过军机大臣,那个时候的内阁就是军机处,所以他在当时是非常有地位和影响的人物。他写了一本书《劝学篇》,其中就提出了"中学为体、西学为用"。所谓中学就是孔孟之道,讲仁义道德。但是"用"则要用西学,其具体内容是"声光化电",其实就是今天的自然科学。实际上比他早 30 年,有一个曾国藩的幕僚叫做冯桂芬的,在太平天国的时候就在上海写过一本书提出中国应该以中学为本,辅之以西方诸国的富强之术来求中国的富强。这个提法和张之洞在字面上基本上是一致的,即用中国的本(国粹),以西方的西学为用。

这里我想说明的是:同样的一个说法,尽管它字面是一样的,但是也可能有不同的涵义。在看待当时的"中学为体、西学为用"时,我们也应当看其具体的内涵。在冯桂芬提出这个口号的时候,中学还占统治地位,所以冯桂芬的提法也承认中学是统治地位,但是同时也应该给西学让一席之地,他是在给西学争地盘。而张之洞的时候,中学已经摇摇欲坠了,所以他这么提其实是为中学争地盘。他所说的中学,首先就是"三纲五常"(君为臣纲、夫为妻纲、父为子纲)。其实他是维护君权的。比张之洞再晚 20、30 年,比如清华的太老师陈寅恪先生,他也是主张"中学为体、西学为用"的,但是他和张之洞的又不一样了。陈先生的中学为体就不包括"三纲五常",他并不赞成君权,也不蔑视妇女的地位和权利。他和他夫人的感情非常好,而且他晚年的时候写了一部大书就是《柳如是别传》,柳如是虽然是妓女,但是他并不歧视她。可见陈先生的思想里面并没有"三纲五常",所以他和张之洞的提法字面上相同而内容是不一样的,正如张之洞和冯桂芬的提法字面相同内容也是不一样的。所以我们不仅仅应该看到字面,还应该注意到其内涵的差别。就像同样票面的钞票在不同时期其实际的购买力是不同的,其实际的含金量是不一样的。

下面就谈全球化。所谓全球化,也就是所有的国家都要近代化。可以说没有哪个国家可以自外于近代化过程的。关于文化和文明的比较问题,文明是可以比较的,但是文化涉及价值观的问题,就较难比较了。汽车跑的快慢是可以比较的,东西造价的高低是可以比较的。大家都读过《桃花源记》,里面描绘了一个生活非常美好的世外桃源。一个英国小说家詹姆斯·希尔顿(James Hilton)也写过一个《桃源艳迹》,他杜撰了一个香格里拉。我们可以设想这个社会里没有近代化,可是这个社会也可以说很幸福。好比一个人宁愿生活在没有近代化的社会里面,我们好像也不能说他的价值观的取向就是错误的,尽管他的愿望可能无法实现或者很难实现。当代有一个著名的数学家和哲学家罗素,他就很厌恶工业化的社会。1920年,罗素去苏联访问一个新生的社会,但仍然对苏联不满。后来他又到了中国,他非常喜欢中国,认为中国还没有受到工业化文明的污染。罗素的想法好像恰和当时中国的要求是背道而驰,所以文化的价值判断是很难比较的。桃花源或者香格里拉的生活就不幸福,现在有了飞机、汽车,变成大款的生活就幸福,这并不一定。近代化的全球化的过程似乎是不可避免的,然而这里面涉及许多文化价值观的问题,似乎就很难比较了。

我现在再回来谈中学和西学。"学"本身无所谓中和西。几何学中国历史上没有过,它在埃及出现,在希腊形成体系,就是欧几里德几何,我们学的就是欧氏几何,但是我们不能说几何学就是希腊学。因为其他国家人也可以学习几何,而且可以学得非常好。但是为什么几何学没有出现在别的国家,这是历史的原因形成的。但不是说,其他国家的人就脑子笨,就学不了几何学。只不过是历史上的某种原因使得这门学科最早在那里出现罢了,而且这种学问出现在那里也并不意味着这个学问就是那个国家的专利。过去中国所谓的中学西学之争,老认为哪些问题是中国的,哪些问题是西方的。其实学本身无所谓东方和西方,没有哪一个民族和国家是先天就注定了在某个方面落后。中学和西学作为学来说本身没有中西的分别。至于其内容不同,这也是历史的原因造成的。比如说中国是个血缘的社会,到今天还有浓厚血统论,所以中国语言里面就有姑母、舅母、伯母不同的称呼,而英文里面就是 aunt 一个词。这个是文化传统的不同,但是并不是作为学问来说,中学和西学有什么不同。作为知识,作为人类的理性、思维能力来说,哪个民族和国家根本上都是一样的。

姑且用一个简单的比喻。20世纪30年代,冯友兰写了《中国哲学史》,请金岳霖写审查报告,金先生写了这样一个意见:如果一个人写了一部《英国物理学史》,那么这个人写的是英国物理学的历史呢,还是物理学在英国的历史?显然,应该是物理学在英国的历史。那么有没有一种东西叫做"中国哲学"的呢?金先生没有把握。究竟有没有一种东西叫做中国哲学呢,抑或仅仅是哲学在中国呢?牛顿物理学作为经典物理学是产生在英国,但是不能说这是英国的物理学,因为后来是在法国发扬光大的。物理学就是物理学,并没有所谓英国物理学、法国物理学。我举这个例子就是说明,到底有没有中学西学之分?"学"这个东西,我想,有真假之分、有高低之分,但是没有中西之分。我想澄清一下我的观点。"学"(的内容)虽有不同,但这是各个国家的历史不同造成的,"学"本身并没有不同。比如说哲学,到底有没有中国哲学?按照正统的说法,哲学只有两种,唯心和唯物的,方法只有两种,即辩证的和形而上学的。我觉得澄清这个"学"的观念很有必要,因为这个问题一直纠缠了100多年,一直到前几年中国学术界还在争论它。这种现象是不应该的,没有一个问题纠缠了这么久还不清楚的。德文里面科学那个词 wissenschaft 就很好,自然科学也是那个词,人文科学也是那个词。作为"学"来说,实际上没有什么不同,但是作为文化的不同背景来说,则有不同。比如说中国传统中非常重视"孝",中国汉朝的皇帝去世后谥号上要加个"孝"字,而西方就不那么注重"孝",但是这并不是学本身的不同。

是不是全球化将来就意味着全球的大一统?从联系的密切来说,这是必然的。任何国家之间的联系必然是越来越密切。过去的信息交通非常不便,但是现在情况就大不一样了。比如"9·11事件",我们这里当天就知道了。我想全球化并不意味着"雷同",我们所谓的一致是指 unity,

而不是 uniformity。Unity 是多中有一、一中有多,是 unity of variety(多样性)and variety in unity。uniformity 指大家都一样。比如说中国有中国歌剧,西方有西方歌剧,我们甚至可以设想将中国歌剧和西方歌剧有某种融和,但是我们不应该认为将来就只有一种歌剧。中国歌剧也有很多种,各地有各地的地方戏,但不是说将来中国就只有一个京剧或者是一个别的什么剧。世界的方向是走向全球化,但是是一中有多的。"只有民族的才是世界的"。诗人要的就是人人不一样,否则只要有一个诗人就够了。李白和杜甫的诗就不一样,各种不同的诗构成了唐诗的盛况,所以有"诗必盛唐"的说法。科学也是这样,如果科学里面只有一个声音,科学也就不会进步了。爱因斯坦也不总是字字是真理。用现在的一个说法就是"百家争鸣、百花齐放"。这是我个人的看法。

今天就讲这么多,谢谢大家。下面欢迎大家提问。

答问部分

问:何先生您好,很荣幸可以听您的讲座。我是人大的学生。您刚才说学没有中西之分,只有真假高下之分。您说全球文化没有统一模式。前几年 100 多位诺贝尔奖获得者在巴黎开会发表宣言,说人类要在 21 世纪乃至更久远的时间里存活下去的话,必须回过头去,回到 2500 年前,去吸收孔子的智慧,东方文化经过重新锤炼必将重焕光芒。在我们目前中国的学生自己的民族的文化特点越来越少的情况下,您怎样看这个问题,我们应当怎样发扬自己的传统文化呢?谢谢。

答:我想任何东西都不是一成不变的。任何文化,包括中国的传统文化都不是一成不变的。现在信仰孔子的人和当年信仰孔子的人也不是一样的,从来就没有严格意义上的"原教旨主义"。中国的传统文化里面还是有许多好的东西的。是不是孔子的思想都是有值得吸收的呢?这是一个比较复杂的问题,而我们的许多学者却没有很好注意。通常总是说我们在学习传统文化的时候,要"取其精华、弃其糟粕",可是实际上这是一句废话。因为我们学别人总是学别人的精华,不会去学人家的糟粕。举一个例子。清华的太老师王国维。他的学问非常好,但是他有一个毛病,他吸烟非常厉害,一天到晚是不断地吸,是自杀的吸法,身体也搞得非常坏。所以我们学习不会是去学习王先生的吸烟,只会去学习他的学问。另外我们应该注意精华和糟粕二者是可以转化的。什么是精华?什么是糟粕?你用好就是精华,你用不好就是糟粕。举个例子,鸦片烟作为毒品,它是糟粕,是要禁止的,但是它作为药品,效果非常好,它就是精华。所以精华和糟粕是可以转化的,这一点过去的学者好像重视不够。

问:谈到文化的全球化,一般人们都会提起亨廷顿的"文明的冲突",您是什么看法?

答:我不太相信他的说法,各种文化之间一定可以找到共存的方式。好比历史上各宗教教派之间的斗争非常激烈,但是现在它们发现相互也还可以和平共存。另外,严格的原教旨主义是不存在的,人类总是在发展变化的。

问:您刚才说到各个国家民族文化的不同,总是说到这个是历史的原因造成的。那么您认为这个历史的原因,是不是无数个偶然的总和呢?还是其中有着其必然性呢?是不是其中有着历史的规律呢?这个问题您是怎么看的。

答:历史有没有规律?这个是一个非常大的问题,是历史哲学的问题。我不太相信历史是可以预言的。自然科学可以预言,比如说预言日食、月食,你可以预言精确到年月日,甚至小时、分秒。但是历史是不是可以预言呢?我不太相信。因为历史毕竟是人创造的,而且历史是自由人的自由事业,它没有自然界的那种必然性。

问:那您是不是认为中西文化的差异就是偶然的呢?

答:也不能说就是偶然的,但是它不是必然的。我不认为哪个国家的历史就是非如此不可的,像是自然界顺从自然的规律那样。

问:从历史上看,在一定历史时期总有一个先进文化是主体。比如历史上中国的唐朝的文化是世界文化的主体,现在是以美国为首的西方文化为主体。您如何预测将来世界的文化主体是什么?现在中国提中华民族的复兴,这个问题您是怎么看的。

答：我想历史是不能具体预言的。如果预言的话只能很抽象的预言。比如说将来300年以后全世界就只有英语了，我想也未必。中华民族经历了几千年的灾难，许多古文明都灭亡了，但中华民族竟成为最大的民族，有13亿多人，这说明中华民族是生命力非常旺盛的民族。（笑声）我相信中华的文化是可以兴旺的，因为她是多灾多难的民族，多少内忧外患，但是现在仍然是一个生气勃勃的民族，这说明她的生命力非常旺盛。这点我还是比较有信心的。

问：何先生，历史上优势文化在扩张的时候，会造成弱势文化的被湮灭。我想现在全球化可能也会不可避免走向这个趋势，可能我们在思想上难以接受，但是这个事情可能不是以我们的感情为转移的。比如说历史上欧洲的罗马化，东亚地区的中国化。您说全球化只会是 unity，而不会是 uniformity，这个是不是您感情上的因素呢？再有，当一个优势文化处于主宰的地位的时候，其进步的动力也就大大减少了，比如说东亚，在传统文化的包围中迟迟不能进入近代化，必须要等到一个外界文化的入侵。那么将来当全球化发展充分时候，整个人类社会会不会也陷入这样一个境遇之中呢？比如说得天方夜谭一点，到那个时候，就只能是等着外星人的入侵来帮助我们进步呢？

答：我想也许是有感情上的因素吧。比如说中国在过去盛世的时候，中国周围的国家都受到她很大的影响，但是他们也没有消灭，如果它自己的文化确实是有有价值的地方的话，它还是会保留下来的。我相信屈原、李白和杜甫将来会保留下来的，正如我们相信但丁、莎士比亚和歌德是会保留下来的。比如日本，它受中国的影响非常大，现在它受美国的文化影响也非常大，但是它现在还是保留着它自己的文化特点。我想不一定大家都是必须一样的，大家可以都保留自己的观点。

问：现在大家又在说要复兴儒家思想、儒家文化，您是怎么看这个新儒家的问题的？

答：我想儒家思想只是中国传统文化中的一个组成部分，它到现在已经不占统治地位了，我想它将来也不大可能占统治地位。当然它还是会存在，而且要被吸收到现在的文化中来。

问：您刚才说中国学习外国经历了几个阶段，先是学船坚炮利，发现不行，就学习自然科学，发现还是不行，又改变社会政治制度，发现还是不行，要学习民主与科学。可是其实中国有一个最关键的问题是，这个很可惜，很多清华的同学也没有意识到，就是信仰的问题。其实大家研究一下老子的学说可以看到，它和圣经中对上帝的描述是非常相近的。其实中国最高明的学说不是孔孟，不是儒家，而是老子。圣经上讲道就是上帝。我们不是说90%的美国人宣称自己信仰上帝，但是如果我们要是找回了我们中国失去的大道，那么我们中国的一切问题都可以解决。

答：基督教新约中《约翰福音》一开始就说"太初有道，道与上帝同在，上帝就是道"，可以给你说的做个注解。我一直就不赞成什么"以儒家为代表的中国思想"。这个"代表"是法律意义上的东西。比如说中国出席联合国大会的代表团以外交部部长为代表，这个是法律上的意义，但是他是不是就代表中国人民的意愿和想法？我看也不一定。我不赞成什么儒家就是中国思想的代表，那为什么不说阿Q是中国思想的代表？（笑声）我看阿Q也代表了相当多的中国人的思想。我觉得"以什么为代表"这个是封建正统观念的谬见。好，就这样吧。

（原载《大学讲读录》第一辑，北京：新世界出版社，2002年）

# 中西文化交流与近代化

在开始今天的演讲之前,首先要向大家道歉,因为身体的原因,我没有精力准备很详细的材料,疏漏和不足希望能得到大家的批评指正。我要讲的内容大概分两个部分,前一部分讲中学和西学,后一部分讲近代化。现代化和近代化这两个名词是一样的,都是 modernization。中学,大家知道没有非常明确的界定,不过传统习惯上它包括中国几千年传统的文明,一直可以算到 19 世纪为止。19 世纪以后,中国开始正面地、大规模地跟西方的学术思想接触,这些学术思想当时就简称为西学。下面我讲的是自己个人的理解。

## 一、中西学术之争的历史背景

先说一下中学。大家都知道中国有几千年的文明,是世界文明古国。这个文明古国几千年以来形成了它一套行之久远的而且深入人心的学术和思想体系。这个体系简单地说就是以孔子的儒学为中心的一套道德系统和意识形态,这个我们称之为中学。

18 世纪的时候,英国依靠资本主义的发展,逐渐成为世界上的第一个超级大国,那时候中国依旧闭关自守,自视为天朝上国。当时英国派了一个使臣到中国来见乾隆皇帝,要求通商。乾隆皇帝的答复是,我们中国是天朝上国,什么都有,允许你们来中国通商是天朝上国的恩赐。中国是天朝上国,别人都是落后的蛮夷,这种心态我想当时不仅仅是皇帝一个人有,大多数中国人可能也都有。

1840 年中国在鸦片战争中战败,这对于中国是非常大的打击,这么一个天朝上国怎么被一个"蛮夷之邦"打败了?当时一些开明的知识分子在思想上开始反省,觉得西方坚船利炮比我们厉害,所以以后要对付洋人就要师(学习)洋人的长技,也就是吸收西方比较高明的技术跟他们打。这是中国思想走向近代化的第一步,人们不再认为中国原有的思想文化是高人一等的,中国还需要学习西方的技术。

当时少数比较敏感的知识分子提出了一个可以说是很新的观点,就是过去中国的知识分子所学习的知识,都是三纲五常,这是中学,它的统治地位是不能动摇的,但是要辅之以西方的技术。在此以后,相继有一批人持这样的看法,他们是最早的"洋务派",认为不学习西方的船坚炮利是不能立国的。所以后来就有了江南制造局、马尾造船厂以及同文馆这些机构。这以后,人们又认识到搞技术必须要有科学基础,可以说人们的认识又进了一步。当时具体地说就是学习数理化等知识,就我看到的材料来说,在19世纪60年代,有一个中国人李善兰,是北京同文馆的数学总教习,相当于今天的数学系主任,他第一个把牛顿的经典力学体系,也就是近代的科学体系介绍给中国,这已经比西方晚了两个世纪。这反映了当时中国已不仅仅学习西方的技术,而且还要学习西方的科学。

这个时候就出现了中学与西学之争,究竟应该学习中学还是应该学习西学,或者两个都学。主张学中学和主张学西学的两个阵营互相辩论也好,竞赛也好,都是跟当时的政治和社会背景紧密联系在一起的。自从鸦片战争以后,中国又接连打了败仗,中国越是打败仗就越要强调学习西学。半个世纪以后到1894年甲午战争的时候,中国被日本打败了,这对于中国来说是一个极大的刺激,因为日本过去被中国看作是一个藩属国。当时中国的知识界认为日本经过了明治维新,在制度、文化各方面都学习了西方,即所谓"脱亚入欧",所以才把中国打败了。因此四年以后,也就是1898年中国出现了戊戌变法。应该说戊戌变法比"中学为体,西学为用"进了一步,变法者主张中国不能只学西方的科学和技术,因为科学技术是整个社会的一部分,不能脱离整个社会制度而独立,一定要有一个与之配套的社会制度。所以当年康有为领导的戊戌变法,其中一个很重要的诉求就是我们也要有议会,"通上下之情"。后来戊戌变法虽然失败了,但是它的影响还是很大的。

戊戌变法失败以后,中学和西学之争并没有停止,一直还在争。争到几乎当时所有的中国知识界或思想界、学术界都参与了这场大论战。后来清朝的湖广总督张之洞写了一本书,提出了"中学为体,西学为用"的口号,就是我们中学也要,西学也要,但是以中学为主体,同时借鉴西学作为应用手段、应用技术。"中学为体,西学为用"这个口号很流行。有一点需要说明一下,我们用一个词语的时候一定要考虑到它的语境,它是在什么情况下提出来的。"中学为体,西学为用"提出来的时候,一些传统体制已经维持不下去了,因此提出这个口号,主要的目的还是要积极维持中学,是要为中学巩固地盘。我们不能看一个词语的表面意义,还要看到它的内涵,它背后实际的意义是什么。它实际的意义是维持中学正统的地位,那就是三纲五常,对于皇帝效忠这是天经地义,是绝对不能动摇的,儿子对老子的孝这是绝对不能动摇的,这是传统的"封建道德",也就是封建的体制,这个体制本身是不能触动的,但在这个基础上也要学一点西方的学术,作为应用。

后来辛亥革命推翻了皇帝,成立了民国政府,这表示中国当时的主导思想不仅仅是在科学技术的层面上,而且也在政治体制和社会的层面上开始近代化了。也可以说近代化不再仅仅局限于科学技术的层面,而且上升到政治社会的层面上来。不过这个近代化的思想过程并不是一帆风顺的。后来袁世凯当了大总统还不满足,要做皇帝,他没有当几天皇帝就被推翻了,这表示中国人民不再接受传统的帝王专制的制度。再过了几年发生了五四运动,五四运动可以说是一场启蒙运动。我们知道西方近代化也是经过一场启蒙运动的,18世纪法国大革命也经历了一场思想启蒙运动,启蒙运动最核心的思想也就是要求自由和民主。

有两篇重要的历史文献,大家如果有兴趣不妨读一下。一个是美国《独立宣言》,我们知道美国原来是英国的殖民地,1776年美国爆发了革命,把英国打败了,建立了一个近代化的国家,就是美利坚合众国。还有18世纪末的法国革命,也是把专制王朝推翻了,建立了法兰西第一共和。当时也有一个重要的历史文献,就是法国的《人权宣言》。《独立宣言》和《人权宣言》里面的核心思想就是自由和民主,这个运动我们叫做启蒙运动。中国五四运动就是中国的启蒙运动,就是要在大家思想上确立科学和民主是当代的主潮。凡是反科学、反民主的,都应该让路。

五四运动可以看作是新学和旧学斗争的高潮,而且新学方面取得了胜利。可是这个胜利并不彻底,因为旧学并没有退出历史舞台,一直到20世纪30年代的时候还没有退出历史舞台。这时候马克思主义开始传播到中国,当时反马克思主义有一条最振振有词的论据就是说马克思主义不适合中国国情,提出国情特殊论来。当时马克思主义者怎么反驳的?他们说马克思主义是真理,真理是放之四海而皆准的,不论是中国还是外国,不论是哪个国家,真理总是大家普遍接受的,例如不能说一国的数学$2+2=4$,另一国的数学就是$2+2=5$。那时中国实际上还是军阀统治的时代,统治各个地方的军阀理所当然要维护旧学,说穿了就是维护他自己的统治权,你们犯上作乱是不能容许的,要求自由民主就是犯上作乱,这是不能容许的。

当时国内也有各种不同的思潮,一种思潮是继承五四运动提出的科学民主的思想,还有一种思潮就是马克思主义,当然其他一些如无政府主义也流行了一阵。还有一些保守派或顽固派,比如北京的宋哲元,他是西北军的,提倡尊孔读经,用这个东西来对抗近代化的思潮。不许人们犯上作乱。新思潮会破坏中国传统,所以他要反对。还有广东的陈济棠,他号称天南王,山东韩复榘、南京戴传贤都是尊孔读经,所以当时全国有一股尊孔读经热,实质上都是反对近代的启蒙思想的。20世纪30年代在上海有10名教授发表了一篇宣言叫做《中国文化本位建设宣言》,宣扬中国以后的文化建设要以中国为本位。以中国为本位是什么意思?就是抵抗从西方传来的近代化的思潮,包括启蒙运动思潮,包括马克思主义思想。如果这些思想流行了,当时统治者的专制就会受到很大的冲击,所以一定要反对这些东西,一直到解放战争的时候都是这样。这是中国的近代化的中学、西学之争背后的政治动机。一直延续到40年代,也就是解放战争前叶,有人赞成全盘西化,也有人赞成保存国粹,不过我们看文字的时候,要考虑文字的语境,一句话都是这样说,但是它所针对的对象不同,语境不同,所以它的内涵也不同。

所谓中学它主张的是什么?就是主张不要动摇中国原来传统的社会政治制度。所谓西学是指什么?不光是指学习从西方传来的科学技术,而且还有西方近代化的社会、政治体制,这是中学与西学争论的实质。

## 二、怎样看所谓中学西学之争

1949年后有一个时期中学、西学之争好像比较少了,我以为这个问题应该已成为过去,无所谓中学、西学之争了。中学不代表真理,西学也不代表真理,中学有正确和谬误,西学也有正确和谬误,所以这个问题应该不成其为问题。但是出乎意料的是,到20世纪80年代,中学、西学之争又冒了出来,我不知道当时所争论背后的具体问题是什么,它的语境是什么,内涵是什么。按我个人的理解,学问作为知识来说,无所谓中西之分,而只有正确与谬误之分,有高低之分、精粗之分、先后之分。

例如毕达格拉斯定理,中国古代的数学家也发现了,我们不能说这个定理是中学,不是西学,或者反之,是西学而不是中学。再扩大一点,比如说几何学。我们在学校里学的都是欧几里德的几何学,欧几里德是希腊的数学家。中国古代没有几何学,是明朝末年天主教传教士把欧几里得几何学传到中国来的。但是并没有理由说几何学就是希腊学,尽管欧几里得是希腊人,而且严格地说几何学起源也不是希腊,而是埃及。你也不能说几何学是埃及学,它是全世界人类共同的财富,虽然在某个历史点上它最早出现在埃及或希腊。

像这种的例子太多了,再随便举一个例子,比如中国古书《周礼》就有记载,一个轮子长度和它的直径比例是3∶1,在西方也有这个说法,我们不能因为中国最早有这个说法就说它是中学,也没有理由说这一发现最早是在西方出现,我们就把它叫西学。只要你会做车轮,经过长期制作的经验就会得到这样一个知识,就是车轮的长度和直径的比例大约是3∶1的关系,这个数据可以不断写下去,这无所谓中学还是西学。这个规律总会最早被某个人发现,可是不能说他就有独占权、垄断权或者专利权。真理作为人类普遍的知识,并没有专利权,哪个民族都没有专利权。虽然它因为某种原因,在某一个地方被某个人最先发现,但那是由历史的条件所制约的,并不能说这就是什么民族或什么人的专利。我们知道近代最伟大的科学发现就是牛顿的体系,这是直到今天我们仍然在用的体系,虽然它有一定的范围,可是我们基本上还在一定的范围用牛顿的原理。牛顿是17世纪末英国人,但是我们不能说我们经典物理学就是英学。我们知道,牛顿体系最大的成就不是在英国,而是在18世纪的法国,法国出来一批优秀的物理学家,他们叫分析学派,他们把牛顿的体系发扬光大了。而且这里还有法国的百科全书派,他们对于启蒙运动、对于法国革命有非常大的贡献。科学也必然会影响到政治,所以这一点并不稀奇。我们没有理由说牛顿体系是英学,也没有理由说经典物理学是法学。我们知道全世界物理学家都做出了贡献,包括中国的物理学家也做出了贡献。

科学追求真理,真理是普世的,它不局限于某一个民族。不仅自然科学如此,社会科学人文科学亦然。马克思是德国人,但是我们不能说马克思主义是德学。我们今天学习马克思主义,也不能说我们学的是德学。马克思晚年是在英国度过的,他的著作是在英国写出来的,同样我们也不能说马克思理论就是英学,那仅仅是由于某种历史条件,使得这种学问最初出现在这里,并不是说这是你的专利,别人就学不了,或者是学也学不好。很多年前我听一个前辈数学家讲到,代数学里的三次方程是中国的贡献,他说元代中国人对三次方程就有非常了不起的理解,那时候西方还没有。当时黄河泛滥,泛滥的时候就要筑堤防洪,筑堤一个土方就要有长、宽、高3个维度,这就发展了三次方程。但我们不能说这就是中学,因为这个知识西方也可以有。意大利两位代数学家发现了三次方程、四次方程的通解,我们也不能说这个通解就是意学。所以科学应该是人类普遍共同的财富,不是某一个民族、某一个国家的专利。

所谓的"仁义道德"就只有中国传统文化中才有吗?1776年亚当·斯密的《国富论》,被看作是自由主义的圣经。亚当·斯密是主张自由市场的,亚当·斯密的自由经济学说为了方便起见我们叫作曼彻斯特学派,但这并不是曼彻斯特的特权,也不是英国的特权。一直到今天亚当·斯密自由市场的理论还在很多的地方、很多的学校学习,你要研究自由市场就要学习亚当·斯密。亚当·斯密的经济学出发点是假设人的自私,每个人都追求自己最大的利润,这构成一个市场,有一只看不见的手,这只手在操纵市场。其实亚当·斯密并不是一个专门宣传自私自利的人,他的自由市场是假定你在自由市场里面,那么经济的规律就是这样的。但是亚当·斯密本人是一个伦理学的教授,他在曼彻斯特大学是教伦理学的,是讲道德学的,《道德情操论》就是他当年的讲稿,现在也有中译本了。所以不能一提自由市场就只是唯利是图,西方也不光是唯利是图,亚当·斯密其实也是在讲伦理道德的。又如近代古典哲学大师康德,他的第二批判是实践理性批判,就是讲道德的。西方也不是不讲仁义道德的,当然也有不讲仁义道德的,中国几千年讲仁义道德,但看鲁迅写的《狂人日记》,什么仁义道德,背后都是血淋淋的"吃人"两个字。学就是学,是人类共同的财富,所以中学、西学之争,争的乃是背后现实的利益,而不是学术上的真理,学术上的真理不分中西,无所谓中学、西学。

这一点也许我的想法不太合时宜,也许有很多人不接受这一点,但我的看法是:学作为学问或学术来说,无所谓中西,只是有先后,有精粗,有高下之别。比如说康德讲的道德和孟子讲的道德相互可通,孟子讲义,康德也讲义,可是康德讲的义比孟子更深刻。原因很简单,康德是18世纪的人,那个时代后于孟子的时代,所以应该比孟子写得更深刻一点。所以我们说学有精粗之分,也有高下之分。比如说牛顿的体系,我们说那还是古典体系,现在的物理学体系比牛顿又高出一个层次,现代的许多原理是牛顿预料不到的,牛顿都是决定论。大家一开始学的都是初等的,然后可以学高等的,再进一步还可以有更高的,所以学问有高低之分,有精粗之分,有正确与错误之分。古代西方认为全世界的东西,都是四种元素构成的——土、水、火、气,中国学说则是五行——物质世界都是金、木、水、火、土五种元素构成的。有的中医理论就是用这种理论来解释的。学问有高下之分,精粗之分,正确与错误之分,但是谁先进就学谁的。任何学问或知识都不是某一个民族先天所独有或后天独占的。不论是人文科学、社会科学或者是自然科学,都不归某一个民族垄断,某一个国家垄断。

在这方面人们的任务就是要善于学习先进的东西,可是在这一点,由于当年的统治者的愚昧,所以中国大大晚了一步。在19世纪90年代,中国有一个杰出的思想家叫谭嗣同,谭嗣同是参加戊戌变法的,后来在北京菜市口被砍了头,谭嗣同写了《仁学》,他把"仁"作为世界的本质。他说仁统天地,仁统宇宙,仁就是世界的本体。我们知道19世纪以前,科学家们都认为宇宙有一种东西叫以太,它是弥漫在全宇宙无所不在的,它是普遍的介质。谭嗣同就把这个观点拿来,说仁就是以太,是弥漫在世界上无所不在的。19世纪70年代,就有两位科学家反复做了实验,证明世界上并不存在所谓的以太,以太是一个假观念,是一个伪观念。像这些观念,历史上是屡见不鲜的。"仁"是中国固有的,"以太"是从西方搬来的,你说谭嗣同的《仁学》是中学还是西学?

在17世纪以前,西方还有一个信条,叫做"自然畏惧真空",即大自然是惧怕真空的,所以大自然没有真空,但是后来科学家们进行了实验,证明真空是存在的,就把过去错误的信条给打破了。过去无论是在中方还是西方都有一个观点认为日月星辰都是围绕大地旋转的,这也符合我们眼睛看到的事实,因为我们日常的生活就是每天看到日月星辰围绕大地转,大地似乎是不动的。但是经过哥白尼的革命之后,大家接受的则是大地也是动的,大地是一个行星,是围绕着太阳转的。人们的传统观念随着对事物认识的变化是可以变的,所以不能说古代的人对于宇宙的看法就是不科学的,因为它符合当时的生活经验。

科学知识是不断进步的,所谓学并没有中西之分,也没有谁战胜谁的问题,科学本身可以有正确和错误、精和粗、高和下的分别,高的可以囊括下的,比较精细的要代替相对粗糙的,真正的科学的东西要代替伪科学。可是真正的科学也在不停地变,因为科学技术是在不断进步的,新的科学技术又把原来旧的代替了,我们对于科学应该是动态的观念,而不是静态的观念。我们如果向北走就可以走到北极,因此我们知道北极在哪里,但是真理在哪里,好像还不是那么简单,不能说朝着真理走就可以找到真理,因为我们不知道真理在哪里,不能说目前的真理就是俟诸百世而不变的。我们知道牛顿体系曾经也被认为是不可动摇的,前面提到的那位同文馆的教习李善兰在介绍牛顿体系的时候就说牛顿的体系是铁案如山。而现在看来牛顿的体系也不见得就是铁案如山。现在无论是谁的理论也不见得就是铁案如山,但是也不意味着就没有价值,正如我们并不认为牛顿没有价值,牛顿还是人类最伟大的科学家,但是我们可以超过他。

至于今天中学和西学之争所争的实质问题是什么,我不太清楚,所以我不敢下一个结论。不过如果作为纯学术来说,我觉得并不发生中学和西学的问题。老一辈的人为了方便起见可以这么说,其实中学有中学的所指,比如说君为臣纲,父为子纲,绝对不能违抗,当时是有其具体的内涵的。我们今天的具体内涵是什么,这一点我不太知道,所以我只能从理论上说我不同意中学和西学的分界,说哪个是中学,哪个是西学。因为某些学在某些历史条件之下可以在这个国家最先发生,这并不应该成为有中学、西学之分的理由。

## 三、近代化的历程

人的意识和具体的物质生活条件是紧密地相结合的。在人类没有文明以前,叫做史前史。史前史的人类生活是完全跟着自然规律的需要走的,完全服从于自然。当然今天也服从自然规律,不过我们可以使自然规律为我所用,为人们服务。但是古代的游牧生活,是不安定的,人的生活和动物的生活差不多,是完全依靠于自然的,人吃的东西、住的地方都是自然的。比如,一个人钻到山洞里去住,或者是把动物的皮剥下来披在自己的身上,这完全是靠自然的恩赐。这种情况下没有我们所说的文明,我们所说的文明是指什么?是人类有了创造,可以改造自然,这一点是最重要的。人类从自然状态进入文明状态,其中最主要的关键就是农业,有了农业人类才能定居,有了农业人类生活才有保障。只有当人类的生活有了比较安定的保障以后,人类才可以创造文明。于是人类创造了文字,文字是人类文明最重要的标志。

我们知道所有的物种,包括狗和马这种非常聪明的物种,它们的生活都是简单地重复上一代的,没有进步。我们今天的马比一千年前、两千年前的马没有进步,可是今天的人比一千年前、两千年前的人的生活却有很大的不同,一千年前、两千年前的人绝对不可能有现在的条件。为什么?因为人类创造了文明。有一个说法大家一定都很熟悉:别人赞美牛顿,牛顿就说我不过是站在了巨人的肩膀上面。因为牛顿以前就有了从哥白尼到伽利略这些伟大的科学家,都给他准备好了道路,他不过是在别人的肩膀上又进了一步,就提出来了牛顿体系,所以他是站在巨人肩膀上。我们今天的飞机已经可以超音速,可是第二次世界大战以前还没有超音速的飞机,在第二次世界大战以前的仅仅40年,才发明了飞机。为什么今天的飞机这么先进,两个多小时已经可以横渡大西洋了,也是因为我们站在前人的肩膀上。以后的飞机一定会比现在还先进。

但是农业社会也有一个缺点,就是进步非常缓慢。因为农业社会的生产基本是重复前一年的方式,虽然农业的生产也有进步,但是进步很慢,牛步迟迟,几十年,几百年都不见得有什么重大的进步,生产方式没有改变,所以人们的生活方式也就随之没有改变。我们看中国历史上的太平盛世,比如说汉代的文景之治,唐代的贞观之治,一直到现在在媒体上炒得很热的康乾盛世,我们可以想象,那时的生活基本上是年年重复,除非是碰上天下大乱,否则不会有什么改变。

可是到了近代就不一样了,近代是一个科学的社会,是一个工业化的社会,我们的生活日新月异。比如说前些年电视还不普及,至少在中国还不普及,现在电视已经普及了,不但是电视,还有照相机、电脑这些东西都普及了。仅仅是20年前,电脑还只有少数人能用,现在几乎人人都在用。这一点给近代社会一个非常有利的条件,就是他可以站在前人的肩膀上进步。

农业社会的特点在于它的生产是单纯的再生产,年年都在重复前一年的东西,生活方式和生产方式不改变,乃是因为科学技术进步的速度缓慢。可是到了近代,生产方式改变了,科学被广泛地应用,形成了工业化的社会。较之传统农业社会的单纯再生产,工业化社会的特点是扩大再生产。我们一个工厂年年可以改进,它的生产设备改进了,它的生产流程改进了,它的生产技术也改进了,所以他的生产规模每年都是在原有的规模上再扩大、再提高。所以它是扩大再生产,而不是单纯的再生产。我们农业社会的生产乃是简单地再生产,工业社会的生产则是扩大再生产。扩大再生产的技术就会影响到人类的思想,科学是一个最根本的条件。我们的科学,乃至我们的学术思想是在不断地进步。十年、八年就有极大的进步,一百、两百年就是翻天覆地的进步,这种进步是古代人梦想不到的进步。

所以我们可以把人类的文明史简单地分成两段,一段就是农业社会,是简单地再生产阶段;第二个阶段就是近代化的阶段,是扩大再生产的阶段。扩大再生产的直接结果就是使得人类的科学技术不断进步,而且与之相适应,人类的思想、意识也不断地进步,是日新月异地在进步的。近代化和传统社会的最大不同就在这一点上。近代化大概是从16世纪开始的,16世纪人类的科学开始进步,到了17世纪牛顿的体系完成了第一步,人类科学的发展史的第一个阶段就是由牛顿的体系来完成的。从此以后,科学不断地进步,人类的思想意识也随之不断地进步,人类的学术也在不断地进步,这个进步是古代所不能想象的。比如说古代的学术,像孔孟之道,讲仁义道德,这可以一直讲到100年前的"中学"都是讲这个东西,可是到了现代,我们虽然也还可以讲孔孟的仁义之道,但是要放在现代的知识背景上来讲,而不是放在古代的知识背景上面来讲,这就有了本质的不同。就好像我们研究古代史,我们可以把古代史复活,但是是在现代的基础上复活古代,而不是简单地复活古代,这一点是非常显著的不同。近代化的历程在西方是从17世纪以后,是在加速度发展,我们现在一年的发展也许相当于从前一百年的发展。

中国的近代化是从什么时候开始的？我想可以说是从19世纪末算起。那时中国开始接触到了近代科学。这里附带说一点,现在有一种观点认为中国学习西方的科学技术是从明末清初西方传教士来中国的那个时候开始的,我不同意这个见解。我认为明末清初传教士对于中国的思想进步的贡献是负面的,近代化的最核心的东西之一（虽然不是唯一的）是近代科学和近代思想,恰好在这一点是中国人自己在19世纪后半叶才开始睁开眼睛看世界的。所以我们近代化的起步要比西方晚了三个世纪,因此人们就错误地认为我们近代化就要学西学,其实我们要走的实质上乃是近代化的道路,这是全世界共同的道路,不论哪个国家,哪个民族都要走近代化的道路。只不过这条共同道路上,西方比其余的世界（包括中国）先进了一步而已,这是大家共同的道路,不是"西方"的道路,不过是西方早走了一步而已,我们中国人也要走这一条道路,所有的国家都要走这一条道路,近代化道路是所有国家共同的道路。由于历史条件不同,每个民族当然有各自过去历史上所形成的特色,但它共同的道路乃是普世的,普遍性终究是第一位的。那这样还有没有中国的特色？中国当然有中国的特色,每一个国家,每一个民族都有它的特色,不光是国家、民族有特色,个人也会有特色,这个路程确实各不相同,但是这里只能有一个标准,而不能有双重或多重标准。假如采用了双重或多重标准,实际上就是取消了任何标准。因为时间的关系,我就讲到这里,谢谢大家。

原载《光明日报》2008年4月10日

# 中学、西学与近代化

## 一、中学与西学

从鸦片战争到今天的一个半世纪里,中学与西学之争是不断的。我原以为1949年后就不存在这个问题,因为1949年后我们的思想应该提高了一个层次,这个问题就不成其为问题了。可是出乎我的意料。这些年——至少自改革开放以来——中学、西学的问题又成了一个争论的焦点。因此我想先谈我对这个问题的理解,再由此来谈现代化,或者说"近代化",这两个词在英文里都是 modernization。

中学西学之争是怎么发生的?鸦片战争中国打了败仗,觉得自己原来的那套东西不行了,要改革,就反思:为什么自认为是天朝上国的被打败了?是因为洋人的船坚炮利。所以那时先进的知识分子提出,要"师夷之长技以制夷"。这可以说是最早的西学,也就是指"夷人"所擅长的技术。又过了一段时间,人们发现船坚炮利不单是一个技术问题,船坚炮利需要有船坚炮利的根据,这个根据就是近代科学。中国没有近代科学,所以这时就形成了一个"西学"的概念,也即"西洋的科学"。这个科学也很简单,是声光化电,也就是化学、物理学、数学。因为没有这些自然科学知识就没有近代工业,我们可以说近代的工业就是科学的实用,就是把科学的原理应用到实业上。所以,这时的人们,至少是先进的知识分子的思想就提高了一步:我们要学习"夷人"的"长技",就要学习"西学"。到了甲午战争的时候,原先中国的藩属蕞尔小国日本把中国打败,这是更加丢脸的事情。人们开始觉得中国的不行表面上是科学技术的落后,但实际上是我们整个学术体系不行。这时候便出现所谓中学西学之争。它实际上把中国的思想界分成两个阵营。一个是西学阵营,他们认为,我们应该学习西学,这里的西学主要还是指西方的科学。另一个可以说是保守的阵营,他们还是要弘扬中国的传统学术和思想。当然也有折中派,折中派的提法也不同,最有名的是清末洋务派首领张之洞在《劝学篇》里说的"国学为体,西学为用"(当然,这个说法并不是他最先提出的)。一直到今天,也有人赞成这个口号。"中学为体,西学为用"说的是,我们中国过去有一套传统,主要指儒家的思想体系,这个才是我们的体,但我们也不能光有这个体,也要有一些技术性的东西,就是西学,就是要学习西方的科学技术,为中学的意识形态服务。这在当时是一个很有力的声音。这个口号在最初一个阶段实质上是为西学争地盘,后来则日益是为中学争统治权了。

其中一个思想家值得一提,他就是清末戊戌变法时候的谭嗣同。谭嗣同有一本重要的著作名为《仁学》。他想在书中构成一个哲学体系,这里面有中国传统的儒家的仁义道德,也引用了一些西方的概念。其实谭嗣同那个时候对西方的了解是很表面的、肤浅的。他特别吸收了西方的"以太"的观念,认为以太就是世界的本体,以太就是仁,仁也就是以太。这件事表明,我们中国参与世界学术思想的主流是很晚的事情。因为在谭嗣同之前20年,也就是19世纪80年代,就有两位物理学家——迈克耳逊(Albert Abraban Michelson,1852—1931)和莫雷(Edward Williams Morley,1838—1923)经过反复试验,证明世界上并不存在以太。而谭嗣同还是在借用这个概念。这里应该补充说明的是,我们也不应迷信科学,对科学应该是一个动态的理解,科学只表明我们现在的认识所达到的地步,将来的进步在某种程度上也就是否定现在的认识。

入了民国之后,中学西学的对立继续存在。袁世凯要求立帝制时的情形在某种程度上也反映了当时思想上这两方面的斗争。袁世凯儒冠儒服祭天祭孔,蔡元培主持北京大学就废除了经学科。此后,在五四运动中便提出"科学与民主"的口号。在历史上,科学有两种,一种是古代的科学,一种是近代的科学。近代的科学是有系统的、有意识的、进行试验的、实证的科学,这种意义上的科学是古代所没有的。当时的西方为什么比中国先进?因为有了近代科学。科学的应用便是近代工业。但是近代科学本身并不能脱离社会而独立,近代科学必须有与其生存相适应的社会条件和政治条件。没有这种政治、社会的背景,近代科学是不会产生的,如果一个政体还是神权政治和封建的经学的意识形态,那是不会有近代科学的。近代科学是讲实证的,而神学是讲天命的。例如洪秀全,他自认为是上帝的儿子、耶稣基督的弟弟,他说的都是真理,那科学就不会有存在的条件。中国过去的专制政体,天子是受命于天,你不能反对。这种思想的专制之下,是不会有科学进步的。再举一个西方的例子,一直到17世纪,人们有一个信条,认为"自然厌恶真空",就是自然界中的任何地方都有物质,自然界是没有真空的。后来法国著名的科学家帕斯卡(Blaise Pascal,1623—1662)做了一个实验,证明自然界存在真空。这个实验打破了古老的信条——只有这样科学才能进步。而中国古代的科学总是古书中找根据,而不是自己去摸索、去做试验,然后得出自己的结论。"曾经圣人言,议论安敢到",如果一个学术到了这个地步,这样的学术是无法进步的。五四运动的口号是"科学与民主",它的对立面则是中国传统的圣贤的立言,是自古人们以为的宇宙中不能触动的大经大法。五四运动虽然有政治性,但它本身应该算是一场思想文化的运动、思想解放的运动。五四之后,科学与民主的思想在我国占了主流,但守旧的思想并没有退出。所以在20世纪30年代的时候,从国民党中央到地方军阀,比如说在北京的二十九军的宋哲元,在山东的韩复榘,在我的家乡湖南的湘系军阀何键,在广东的军阀"天南王"陈济棠,他们都赞成尊孔读经。而尊孔读经的对立面是科学与民主和马克思主义。

我认为,中学西学只是历史上一种方便的习惯提法,不能绕离当时的语境。因为作为知识,"学"有高低之分、粗粗之分、真伪之分但是无所谓中西的。举一个例来说,中国古代的《周礼》中记载,一个圆是"周三径一"。我们可以想象,只要你会做车轮,那么通过长期的实践,就可以知道车轮的周长和直径大概是三比一的关系。而这个知识西方也知道,你不能说圆周率是中学,或者西学。又如,一个直角三角形,中国人知道它是勾方加股方等于弦方,而古希腊的数学家毕达哥拉斯的定理也是这个。作为知识的"学"可能是中国人最早发现的,也可能是西方人最早发现的,但并不能因此就说它是中学或者西学。这里要顺便说明一下,中国原来没有几何学,几何学作为一种系统的学问,是由明朝末年天主教教士利马窦传来的,自明朝末年徐光启翻译《几何原本》之后,中国才有几何学的知识。但这并不意味着几何学是"西学"。利马窦是意大利人,这也不意味着几何学是"意学"。《几何原本》是翻译的欧几里德几何,欧几里德是古希腊的数学家,但是我们也不能说欧几里德几何学是"希腊学",它仅仅是源于希腊,但和希腊并没有本质的关系,别的国家也能学会,这并不属于谁的专利。再往早推一点,几何学实际上是古埃及"测地学",是在尼罗河泛滥之后用来测量土地的,"geo"就是大地,"metry"就是"测量",但我们当然也不能说"geometry"是"埃及学"。

当时还有一个流行的见解,认为西学主要地就是近代的自然科学,是中国所没有的,而中学,也就是孔孟之道、仁义道德是西方没有的。这个说法也不成立。我们知道。声光化电这些近代自然科学由于某些历史的原因最早没有在中国出现,但这并不意味着中国人不能掌握这些东西,近代中国也一样出了世界级的数学家、物理学家。这些学并不是某些地方的特产,只不过是某些地区先出现,某些地方后出现而已,为了方便,我们不妨称之为西学或中学而已。决不能认为某种知识就是属于某个民族的专利。例如声光化电是西学,而仁义道德则是中学,中国也可以讲声光化电,而西方也不是不讲仁义道德。比如大名鼎鼎的亚当·斯密当年在曼彻斯特大学是伦理学的教授,他的著作《道德情操论》也是讲道德的。德国哲学家康德的第二批判《实践理性批判》,就是讲伦理道德的。所以并不是西方人就不讲仁义道德。作为知识来说,无所谓中学西学,所谓中学西学,是我们为了方便起见,按其最早出现的地方来取的一个名字而已。我们知道,近代科学中最具代表性的是牛顿的体系,牛顿是17世纪英国的数学家、物理学家,但牛顿以后,牛顿力学体系的发扬光大不是在英国,而是在法国,法国出来一批沿着牛顿路数走的数学家和物理学家,他们被称为分析学派,在近代科学上获得了极大的成功,但我们只能说法国的科学家对近代科学有极大的贡献,而不能说他们这就是"法学",更不能称之为英学,因为这门学问后来各个国家都可以学到,也都有所贡献。

上面说的主要是自然科学,在社会科学、人文科学方面也同样如此。例如,马克思是德国人,可是你不能说马克思主义是"德学"。所以,就科学的本质来说——这里是指广义的科学,包括人文科学、社会科学——无所谓中学西学,只有正确与错误之分、精粗之分和高低之分。18世纪末的法国大革命把许多贵族都送上了断头台,其中有一个人叫拉瓦锡(Antoine Laurent Lavoisier,1743—1794),他是近代化学之父,近代化学是在他那里才开始成为系统的科学。但他是被送上了断头台的反革命。他科学上的正确与否是一回事，他的政治活动是另一回事，我们不能用后者反对前者，也不能用前者论证后者，这是两回事。我认为，学术中有真伪、高低的问题，但这里面没有中和西的问题，没有民族特色的问题。那么还有没有民族特色？在如下的意义上是有的。例如，中国过去黄河经常泛滥，于是出了许多杰出的治水专家，同时中国的数学和治水有密切的关系——这是我听一个老前辈讲的，他说中国解三次方程比别的国家都早，因为治黄河的时候要修堤坝，要计算堤坝用多少土方，一个土方就是一个立体，就是一个三次方程。所以中国数学的三次方程走在世界的前列。可是你不能说这就是中学。后来过了二三百年，意大利的两位数学家对于三次方程、四次方程找出了通解，你也不能说这个就是"意学"。你只能说它是代数学，是普世的。

中学西学之争实际上是不存在的，我们也没有必要强调学术上的中国特色。强调中国特色的目的是什么？是用这种方法来对抗西学？我觉得这个说法是不能成立的。每个人自然有每个人的特色，每个人都不会和别人相同，这就是你的特色，但你不必特别强调你的特色用以对抗别人。每个民族都有它的贡献。学术是人类共同的财富、共同的事业，大家都应当参与进去。假如强调中学特色是用之以对抗西方的话，那我以为这种办法是错误的。应该是善于吸收别人先进的东西，而不必用这种办法为自己壮胆。什么"21世纪是中国的世纪"等等，我觉得这种说法恐怕不是一种健康的心态，一个健康的心态似乎没有必要去宣传这种东西。宣扬本民族的优越，那是狭隘的民族主义。

## 二 近代化

人类的文明至少已经有六七千年了，而就世界上出现生物学意义上的人来说，已经有几百万年了。北京周口店的猿人据说是 50 万年前的，在东非等地的发现至少是二三百万年了。人类文明史相对于人类史来说，乃是非常短促的一段。

那么什么是文明？我想简单地做一个解说。文明是不断进步的，这是人类和其他任何生物品种都不一样的地方。有些生物也很聪明，比如狗，但狗没有文明，下一代的狗和上一代的狗是一样的，它超不过上一代。

只有人能超过上一代。因为人类有进步,这是人类的特殊之处,文明靠的就是人类的进步。谭嗣同的《仁学》里面讲,世界万物都不外是73种元素构成的,这个观点要比我们的老祖宗进步了,老祖宗认为世界是由金木水火土五行组成的,我这一代人又比谭嗣同晚了两代了,到我做中学生学化学的时候,说所有的物质都是由92种元素构成的,我们今天知道,元素已经有106、107种之多,将来怎么样不知道,但有一点可以肯定,将来我们对物质比今天还有进一步的认识。人类的文明是怎么来的?就是靠人类不断地进步。人类为什么能不断地进步?借用牛顿的话,就是因为我们踩在巨人的肩膀上,所以就可能不断进步。所以我们今天就不要一定以孔孟为准,我们比孔孟高明,高明在哪里?我们踩在他们的肩膀上。人类的文明就是这样进步的。一切其他物种都没有进步,也没有文明。

这个进步里有一个非常重要的因素,就是文字的出现。文字的出现能把人类的文明积累起来并传承下去,如果没有文字的话,我们每一代还是重复前一代,那在某种程度上就和狗的生活一样了。

另有一点也非常重要,就是人类有了农业。在此之前,人类的生活跟动物的生活没有多大区别,像动物那样每天都要觅食,要延续自己的生命,然后生下一代。有了农业,人类才有可能定居,有了安定的生活,才能创造文明。等有了文字,文明就可以不断地积累和进步。我们把农业社会作为人类文明真正的开端。但是,农业社会延续了几千年,一直到16世纪,基本上还都是农业社会。农业社会有一个特点,就是年年重复前一年的生活和劳动,生产方式不变,生活方式也不变,它可以几十年、几百年生活不变、思想不变,所以它的知识的进步是非常有限的。用一个术语来说,这叫做"单纯的再生产",其规模、内容基本年年不变。当然也不是绝对没有进步,但进步是微小的。

但是16世纪以后,西欧开始了近代化的步伐,人类文明进入了近代。近代社会和传统农业社会的最大不同在于它是一种"扩大再生产"。我们知道,资本主义的方式是扩大再生产,它的资本、生产规模可以年年不断地扩大,它的生产技术可以年年进步。这种扩大再生产也影响了生活方式,人的生产方式、生活方式改变了,所以人的思想文化也要随之改变。总的来说,这就是近代化。

我们说,科学要有一个思想的条件,那就是思想自由。如果学术思想没有自由,学术是无法进步的。一个神权政治之下的学术是很难进步的。所以中世纪的西方,科学进步很小。A. N. Whitehend 甚至以为 1600 年的学术水平还远不如公元 3 世纪的水平。近代科学的巨大进步,就是突破宗教教条的限制,不再根据宗教教条,而是根据试验来检验真理。而容许思想自由,就要有一个民主的政体。所以近代民主革命中,"思想自由"被写在了《人权宣言》和《独立宣言》之中。

这里再说一个问题,我们能不能再给民主加上其他的标签,比如说"伊斯兰的民主"或者"印第安的民主"?我想最好不加这样的标签,民主就是民主,不民主就是不民主或者假民主。民主和科学一样,也有粗精之分、高低之分,形式可以有不同,但实质是一样的。比如英国的议会叫"Parliment",美国的议会叫"Congress",英国的议员叫"MP"——Member of Parliment,美国的叫"Congressman",它们的形式不同,各国的语言不同,习俗习惯不同,但民主的实质没有不同。这就好像在西方几何学中一个三角形叫 abc,在中国清代的教科书三角形叫甲乙丙,但三角形就是三角形,没实质的不同。

近代化在西方是从 16 世纪开始的,这一点,西方走在前面,中国要晚得多,中国的近代化到 19 世纪末才开始。据我所知,中国真正接触近代科学是从同文馆总教习李善兰介绍牛顿体系开始的。中国什么时候开始有近代意义上的民主?戊戌变法中倡议要设立议院,要通上下之情。当然这还是有局限的,变法也没有成功,但这是朝民主迈进的第一步。我们知道,在西方,直到第一次世界大战结束以后,妇女才有选举权,换句话说,妇女在此以前是没有人权的。而直到第二次世界大战以后,才出现了女性的国家领导人。妇女占人类的一半,人类的一半都没有参政权,我们只能说在西方此时也很不够民主。真正的近代化是很晚的事情。

近代化主要有两点。一个是科学,科学造成了工业革命,工业革命就是近代科学的应用。另一个是民主,民主制规定人人平等,人人享有一系列的民主权利——生存权、自由权和追求幸福的权利,等等。当然提法也不一样,上面说的美国《独立宣言》和法国的《人权宣言》二者的提法就有所不同,研究历史的话,可以对照起来看,但无论如何,都是朝着以人为本的方向走。有了科学和民主,就有了近代化的社会,有了近代化的社会,就有近代化的不断扩大再生产,所以人类的生活方式和思想意识也不断改变。

毕竟共性是第一位的,特殊性是第二位的,不能用特殊性来否定共性。

近代化的文明还有一个特点,就是如果一个国家或社会先有了什么东西,那么别的国家或社会也都会有。换句话说,近代化是一个全球性的潮流,是一个普世的潮流。比如电灯电话,比如飞机大炮,你有了别人也会有。甚至原子弹也是如此,这一点我比较悲观,禁止是禁止不了的,天才并不集中在哪几个国家里面。当然,别人要有也不能凭空就有,也要有他自己的努力,这个努力也要有个条件,也就是近代化的条件——科学和民主,如果没有科学和民主,就很难有近代化。

我的观点是,只要有一个国家,一个民族近代化,别的国家、民族也迟早要走这条路,这是一条普世的、共同的道路。比如我们去颐和园,出清华西门,沿着马路向西走,20分钟就可以到了。一个姓张的是这么走,一个姓李的也是这么走,但他走的不是姓张的道路,而是自己的道路,所以所有人从清华去颐和园都这么走。当然你要愿意绕远也可以走别的道路,但正确的道路只有这一条。所以我们不能说我们走美国的道路、英国的道路或是苏联的道路,这里面不发生这个问题,科学和民主是一条共同的道路。只要一个国家走了,其他国家也要走,当然有的国家走得不顺利,走得慢性一点,有的走得顺利,走得快一点,但总的方向共同的道路是不可避免的。当然每个民族也有每个民族的特色,但这是第二位的。民族的特色是客观存在,个体之间也会有差异,这是自然的,但第一位的是大家的共性,大家都生活在现代社会里,都要过现代化的生活,特性附属于这共性之下。所以我们不能用强调特殊性来否定普遍性,普遍性是第一位的,特殊性是第二位的。近代化是一切民族的共同道路,尽管各民族带有各自不同的特色。

综上所述,中学西学的对立是不存在的;每个民族都有自己的特色,但这是第二位的,第一位的是普世的。就我们现在来说,现代化是第一位的,民族特性是第二位的。所以我不同意中学西学的对立,不同意复古、要把孔老夫子当年的衣服都穿起来,当然你要是演戏可以,但我们不必强迫大家都穿,毕竟普世的价值是第一位的。这是我对中学、西学与现代化的看法,仅供参考。

原载《社会科学战线》2009年第4期

# 展望新世界的世界和平和世界文化
## ——在第 24 届世界和平国际会议上的发言

各位女士，各位先生：

我很高兴能有一个机会在这次第 24 届世界和平的国际会议上谈一下有关行将到来的 21 世纪的世界和平与世界文化这样一个题目。当然不可能期待在短短的时间里对这样一个大题目做出详尽的论述，我只能是极其简单地说一些个人想法的某些方面。

在即将告结束的这个世纪里，我们看到了人类文明的飞跃进步，人类活动的舞台已经从陆地和水上扩张到了天上和外层空间，人类已经掌握了像释放太阳能一样的核能的奥秘，人类已经有了世界性的各种政治、经济、社会、文化和学术的组织，人类正在以史无前例的速度奔向史无前例的高度。但是同时另一方面，我们也经历了方向相反的事实，人类经历了两次世界大战的空前浩劫，每一次的破坏和牺牲都超过了历史上所有战争的总和。幸而，人类所担忧的第三次世界大战并没有爆发，不然的话，那很可能意味着人类文明以及整个人类物种的绝灭。然而第二次世界大战结束后的半个世纪以来，全世界并未能享太平，反而是到处蔓延着烽火，小的冲突随时有可能引起大的爆炸。我们现在还没有根据可以说：人类已经步上了永久和平与繁荣的康庄大道。不如说，目前人类正面临着机会与挑战二者并存的局面。核武器、人口、生态环境、民族冲突、宗教冲突、政治社会的冲突中的任何一个，一旦失控，都足以致全人类于死命。这可能是我们所知道的人类历史上的任何灾难所无法比拟的。14 世纪中叶的黑死病曾经是人类历史上的最大灾难之一，它使得西欧的人口减少了三分之一，但其所波及的范围也只以西欧为限。假如今天爆发一场全面的核战争的话，其结局很有可能是全人类的毁灭。这种可能性就迫使得我们和我们随后的一两代人有义务负起特殊重大的责任来保卫人类,使之免于沦亡并使我们这个星球免于继续遭到"强奸"(罗素语),使人类无法继续生存下去,人类从来不曾有过目前这种优越的条件,可以步入持久的和平与繁荣;但也不曾有过这么危险的条件,有可能把人类送入地狱。这里,我想借用狄更斯的话来说:这是最美好的时代,也是最恶劣的时代;这是智慧的时代,也是愚蠢的时代;这是光明的季节,也是黑暗的季节;这是希望的春天,也是绝望的严冬。我们前面有着一切,我们前面一无所有,总之,我们既有悲观的理由,也有乐观的理由。然而对这个形势,我们仍然不妨借用狄更斯的篇名来概括:目前我们正在经历着一场"艰难的岁月",但是依靠"我们相互的友情",我们还是会有"伟大的希望"的。

自从工业革命的两个世纪以来,人类的物质文明取得了惊人的进步。值得考虑的是:人类的思想和精神是不是也取得了同样的飞跃,足以和自己的物质条件保持同步,如果人类不能同步有效地调整自己的精神和心态,竟至于和自己所掌握的巨大的物质力量有脱节的危险,那么物质的进步就很可能是为祸人类而不是造福人类了。因此,人类就必须有一次新的觉醒,一场新的人文主义精神的复兴,把人文价值重新置于首位。只有在一种健全的人文精神的引导之下,科学技术的进步才会有益于人类。我们应该正视我们面临着的最切迫的问题,即怎样重建我们人文精神的问题。

整个自然界有它的历史,那是自然史。一切物种也都有其历史,那也是自然史,唯有人类的历史是人文史,也就是说全部人类的历史,都贯穿着人文的动机和思想,它是人文观念和价值的体现。以往几千年的人类文明史,为我们已经积累了无比丰厚的宝贵财富,然而我们没有理由仅仅依靠祖先的遗产而过活。我们仍需不断地创新,开辟新的道路,以适应新的时代和新的环境。一切以往的文化都只为我们提供基础,我们自己还得在这个基础上不断前进,这里的问题之一就是我们应该怎样对待过去各种各样千姿百态各不相同的文化遗产。如果我们大家都不得不共同生活在同一个星球上,我们就必须学会容纳并包涵以往多少是在各自孤立状态之下所形成的各种不同的伟大文化:中国的、印度的、伊斯兰的、近东的、希腊罗马的和西方的,等等,它们以及它们之中所产生的各家各派有时是互相冲突的,乃至互不相容的,然而更多的时候却是互相影响、互相渗合、互相促进的,即使是在互相争论的时候。没有相互之间的交锋,争论和切磋,我们很难想象人类的文化和思想怎么可能进步。一般说来,不同文化与思想相竞争的结果,并不是以彻底消灭对方为代价,而是双方相互的吸收与促进,从而有利于人类精神文明整体的提高。历史的事实表明,不同文化与思想的接触更其是和平的而非暴力的,结果往往是有利于双方,也有益于全人类的发展,多样化的个性与多样化的传统并不是坏事,正是在这个多样化的基础之上,人类文化的整体才会日益丰富,没有各个不同的多样化的传统和个性,人类的文明将会是僵化的、空虚的。

这就要求多样化的统一。没有多样性而只有同一性,就谈不到统一。统一不是一致:统一是多样性的统一,是多中有一,寓一于多,一致是消灭一切异己的思想和见解,统一则是融汇各种不同的思想与见解。一致意味着政治上和思想上定于一尊,乃至唯我独尊,它必然导致政治上和思想上的专制主义。这是与人类文明的进程背道而驰的,统一则表现政治上和思想上的民主精神,一个民族需要保持自己国内的民主,这是一个国家繁荣进步的保证,一个民族也需要努力保持整个世界范围的民主,这是保持自己国内民主的外界条件,没有世界范围的民主,单独一个国家之内的民主是不会稳固的,每个人既是自己祖国的公民,同时也是全人类中的一个成员,是世界大家庭的一个成员。他应该关怀自己的国家,也应该关怀全人类;整个世界和他个人总是息息相关的,他不可能独立于世界大家庭之外,正如他的国家的幸福不可能孤立于全世界的和平与繁荣之外。因此,在作为一个国家的公民的同时,我们每个人也都是一个世界公民。我们的目光不应局限于自己的国土,也要着眼于全世界的历史和人类的未来,中国的古代就有"天下为公"和"世界大同"的理想。两百多年前,哲学家康德写出了《永久和平论》的论文,也是从一个世界公民的观点在规划全人类的永久和平和福祉的,东方和西方哲人们的祈向从古以来并无二致。

事实上,每个人,每个民族都是以其自己的文化成果丰富了全人类的文化宝库,就中国而言,她曾在历史上向人类贡献了火药、印刷术、指南针这些伟大的发明,从而大大改变了世界历史的面貌,正是这些伟大的发明准备好了地理发现、文艺复兴和宗教改革的物质条件,把人类从中世纪推入了近代。当人类历史步入近代之后,西方文明就在多方面开始领先于世界。但总的说来,在人类历史的长河中,每个民族的文明,无论是暂时领先还是滞后,均各有其贡献,所有这些贡献就总和为人类的文明史。或者说,一部人类文明史乃是各民族的文化,古代的和近代的,东方的和西方的,所共同创造的伟业。今天由于全世界已更紧密地连为一体,人们就应该更自觉地继承和发扬人类文化的共同财富。

这个过程并不是简单地抄袭、模仿和复古,而是在前人的基础上不断进步和创新,以适应未来的世界,但如果我们蔑视文化传统,我们就会从零开始,那结果就将不仅是人类的愚蠢而已了。就中国的传统文化而论,她从来就强调和睦与和平的精神(孔子说"和为贵"),她强调中庸是最高的美德,要求人们"致中和",避免过激的手段和走极端,从而使"万物并育而不相害,道并行而不相悖"。她有一种源远流长的民本思想(孟子说"民为贵""君为轻"),她善于吸收外来的文化,在中世纪她成功地吸收过印度文化,在近代,她又大量吸收了西方文化。她历来注重天人调和这一思想,重视人与自然界的调和与平衡。在科学上,她历来有着较为宽容的传统。1600年,Bruno因为相信哥白尼的太阳中心说被烧死在罗马广场的十字架上。这类的事大概是不会在中国发生的。上述这些中国思想的主潮,应该是未来的世界文化所必不可少的内容。自然,中国的历史文化也曾有过不少黑暗的东西,如森严的等级制,皇权主义以及迫害不同意见的思想犯和文字狱,等等。然而无论如何,中国在世界历史上几乎是独一无二维持了几千年高度发展于不坠的文明;在他那无与伦比的苗壮的生命力中,应该有很多的东西是值得今天的世界认真借鉴或继承的。与中国相对照,西方文明曾向人类提供了个人的内在价值和首创精神的观念,她形成了比较完整的民主体制和法制的理论,而她所奠定的近代科学体系及其所派生的工业革命则从根本上改变了人类的传统社会的面貌,奠定了近代世界历史的格局。另一方面,她也同时给世界带来过灾难,尤其是近代的帝国主义和殖民主义。显然,每个民族的文化都有过自己的贡献,也有自己的缺欠和弱点。

人类的文明应该与时俱进,不断地改革和创新。在本世纪人类经历了两次大战和许多的灾难之后,人们觉悟到他们应该更自觉地以日新又新的观念来看待世界和他们自己,旧的问题消灭了,新的问题又出现了,以往的传统文明(例如中国的儒家)有些已经过了时,有些则需要进行新的改造以适应新的时代,对以往一切民族的文化,我们既要看到其中有价值的成分,也要正视其中的不是,既要看到它们的冲突,更要看到它们的互补,以便更好地吸收和利用他们来创造新的世界文化。新的世界文化绝不是要消灭丰富多彩的各个民族文化的独立性,而反之恰好是以各个民族的独创性来充实她自己,正如一个良好的社会绝不要消灭每个人的个性,而恰好是要求充分发展每个人的个性。历史上已有不少这样的先例,18世纪中国文化传到西方引发了一场"中国热"(chinoiserie),直接构成为启蒙运动的一个重要来源和组成部分。近代西方的科学和思想也曾直接刺激了中国的现代化过程。当代西方的科学思想和哲学思想又努力从中国古代的老子和易经中去寻求启发。文化实质上是人类智慧的积累,尽管每个时代各有其不同的表现形式,只要我们摆脱定于一尊的狭隘见解,我们就会看到人类文化的演进有如一曲宏伟的交响乐的展开,五音齐奏,和而不同。

自大狂和自卑感是人类偏见的一对孪生儿,一个极端总是伴随着另一个极端。中国人曾有过"天朝上国"和"万事不如人"的双重变奏,西方同样有过"白种人的负担"和"西方的没落"的双重情结。这是人类思想的癌症。夸大狂和妄自菲薄都不利于正确对待自己的和别人的历史文化,我们需要的是以一种互相尊重和博大宽容的精神来驾驭当今人类日新月异的物质文明,这是人类未来世纪的唯一出路,否则,人类就只能有另一种选择,那就是通过沙文主义,法西斯主义走向自我毁灭的道路。世界正呈现为多元化和多极化的格局,未来世界的统一化和二体化是以"多中有一""一中有多"为其基础的,任何专制主义,无论是对内的还是对外的,思想上的或政治上的,都将违反这一世界主潮而被淘汰。

在20世纪行将结束时,我想我们可以达到以下的共识:(一)和平协商要比战争能更好地解决问题,人类必须学会在同一个地球上和平共处。(二)大地的资源是有限的,为了能更好地继续生存,就应该合理地加以保护,不能再肆无忌惮地破坏自然界的平衡,包括人类自身的再繁殖在内。(三)社会的不公永远是造成冲突和破坏的根源,为了保证有一个良好的生存环境,人们时刻也不能放松对社会正义的关注。(四)思想自由所培育的创造性,乃是文化得以繁荣和进步的根本条件,人们必须小心翼翼地保护它、发扬它,而不是破坏它。

我们正处在一个关键的时刻。此前,从没有哪一代人是处于这样一个与全人类的命运生死攸关的时代。前人未曾考虑过的问题,今天正迎在我们的面前,我以为这就是本次大会所关注的主题。

最后,谢谢大家。

在第 24 届世界和平国际会议上的发言

1996 年 11 月 21—25 日,北京